契丹简史

qi dan jian shi

苏伶 著

民主与建设出版社
Democracy & Construction Publishing House

图书在版编目（CIP）数据

契丹简史 / 苏伶著. -- 北京：民主与建设

出版社, 2016.7

ISBN 978-7-5139-1116-0

Ⅰ.①契… Ⅱ.①苏… Ⅲ.①契丹 – 民族历史 – 中国

Ⅳ.①K289

中国版本图书馆CIP数据核字(2016)第119557号

出 版 人：许久文

责任编辑：李保华

整体设计：@嫁衣公社

出版发行：民主与建设出版社有限责任公司

电　　话：(010)59419778　　59417745

社　　址：北京市朝阳区阜通东大街融科望京中心B座601室

邮　　编：100102

印　　刷：固安县保利达印务有限公司

版　　次：2016年8月第1版　2016年8月第1次印刷

开　　本：16

印　　张：16.5

书　　号：ISBN 978-7-5139-1116-0

定　　价：39.80元

前　言

　　1922年6月21日，在中国内蒙古巴林右旗一座被盗空的古墓中，一位来自比利时的传教士克尔文（Kervgn）发现了一块刻满奇怪符号的石碑。很明显，石碑上的符号是文字，但却没有一个人能够识别这些类似天书的文字。

　　专家们经过研究推断，这些"天书"就是早已经被岁月掩埋的契丹族的文字。结论一出，人们顿时兴奋异常——契丹，一个消失的王朝，一段沉睡的历史，一个远逝的民族，就像他们的文字一样神秘而遥远……

　　由此，这个早已经淹没在历史长河中的民族和帝国，再次进入了人们的视野，成了无数人追逐、热衷的一段传奇。

　　"契丹"的本意是"镔铁"，也就是坚固的意思，说明这是一个剽悍勇猛的民族，就像镔铁一样坚硬不摧。

　　早在1400多年前，契丹就已经出现在了《魏书》中。他们兵强马壮，能骑善射，骁勇善战，弯弓能射雕，纵马能御风，是草原上当仁不让的雄鹰。后来，一位名叫耶律阿保机的部落首领统一了契丹各部，建立了契丹帝国，之后改国号为大辽。

　　契丹帝国在最强盛的时候，曾经雄霸中国北部大片疆域，南到河北、山西北部，北到外兴安岭、贝加尔湖一线，东抵库页岛，西跨阿尔泰山，真正称得上是疆域辽阔、气壮山河。

　　契丹帝国先后经历了五胡乱华、唐、五代、北宋、南宋、元等朝代，并在很长一段时间里，与宋朝形成了南北对峙的格局。

　　就在与宋朝对峙的时期里，契丹帝国达到鼎盛，一度阻断了中原地区通往西方的丝绸之路，以至于欧亚大陆中西部的许多国家误以为整个中国都已经沦陷在契丹的铁骑下。于是，"契丹"这个词成了中国的代称。

后来，意大利的著名旅行家马可·波罗在他的游记里介绍东方时，就用"契丹"来称呼中国。哪怕到了今天，在斯拉夫语国家中，仍然把中国称为"契丹"。

而在中国，提起杨家将，人们自然而然就会想到跟杨家将杀得昏天暗地的契丹军队。

事实上，契丹帝国不仅拥有强大的军事实力，还创造了灿烂的文化。尤其是寺庙、塔刹，自从佛教传入契丹以后，契丹皇帝就热衷于烧香拜佛，自然而然促进了佛教的流行和发展。如今，在黄河以北地区保存下来的古佛寺和佛塔，很大一部分都是契丹帝国修建的，他们巍峨雄伟，历经千年风雨洗礼，却仍然顽强地屹立不倒。

契丹这个马背上的民族，虽然剽悍凶猛，却并没有因此而失去大国风度，他们虚心地学习中原文化，大量吸收中原汉族人才，同时兼容各种文化，在中国北方开创了一派繁华盛世！

然而，风水轮流转，就像其他所有帝国在兴盛之后，总要走向衰落和灭亡一样，随着女真部的崛起，盛极一时的契丹帝国最终走向灭亡。一部分幸存的契丹人被迫西迁，在西域建立起一个新的政权——西辽。

这是契丹帝国最后希望的延续，也是契丹帝国复兴的最后希望。然而，历史的车轮碾过一路繁华，终归淹没在了时间的长河里。西辽帝国虽然也曾一度强盛，但很快就被成吉思汗的蒙古大军所灭。

这个强大的帝国和民族，终于如同过眼云烟一般，在历史的画卷中渐渐褪去色彩，消失得无影无踪！

可是，闭上双眼，我们总会不由自主地浮想联翩：蓝天白云下，莽莽草原上，契丹铁骑奔腾而至，气势磅礴，气吞山河，一幅盛世画卷随之缓缓展开，华美如斯，大气如斯，恢弘如斯……

到底这是怎样一番摄人心魄的气势，怎样跌宕起伏的兴盛与衰亡，怎样奇迹般地留下一个个神话，在中国北方轰轰烈烈地拓创出几百年的辉煌呢？

就让我们一起翻开史册，穿越历史的时空，在波澜壮阔的历史长卷中，共同见证一个搏击长空的雄鹰民族——契丹的兴亡传奇吧！

目　录

第一章
木叶山的传说：契丹族的崛起

　　跟世界上很多民族一样，契丹的诞生也从一个美丽而古老的传说开始，也经历了从民族到国家的艰难历程。但是，当契丹人第一次走出世外桃源，见识到南方世界的富庶与繁华的时候，他们并不知道发展是一个曲折而惊险的过程。他们在还没有做好充足准备的时候，就迫不及待地追求强大，结果带来的不是鲜花与贡品，而是恶狠狠的教训。但，那又怎样？在木叶山的见证下，这一切都不过是一个民族悄然崛起的印证！

青牛与白马的传奇——从传说中走来的契丹人

青牛与白马的传奇

在中国的东北部，流淌着两条重要的河流。

一条叫做土河，也就是今天的老哈河，发源于医巫闾山。

一条叫做潢河，也就是今天的西拉木伦河，发源于大兴安岭南端。

这两条河都从高山上奔流而下，一路翻山越岭，流到平地上，最初的汹涌澎湃也渐渐舒缓，最终，在木叶山下，他们汇合在一起，共同孕育出一片水草丰美的绿色草原。

就在这片神奇的土地上，在很久很久以前，一位骑着雄健白马的神人云游至此，看到这片茂盛的莽莽草原，他震惊了。他松开缰绳，信马由缰，从土河上游，一路顺河东行。

与此同时，一位久居仙宫的天女，也被人间的美景所吸引，降临到人间。她坐着青牛马车，从"平地松林"沿着潢河顺流而下。

神人与天女都沉醉在美丽的景色之中，不知不觉，竟然同时来到了两河交汇的木叶山下。顿时，他们都愣住了，望着出现在自己视线里的人，怔怔出神。

清风拂过，草原上掀起如同海浪般的潮涌，蓝天、白云、碧水、佳人，构成一幅唯美的画面，让两个人忍不住心潮澎湃——他们一见钟情了。

于是，神人与天女结为了夫妻，放开马缰，卸下牛车，在这片美丽的山前草原上定居下来。

神人和天女共生育了八个儿子，这八个孩子长大后，各自成家立业，繁衍生息，最终壮大成了契丹的八个部落。

神人与天女的相遇，青牛与白马的传奇，可能仅仅只是一个传说。然而，契丹人对此深信不疑，所以，每当有军事活动或者遇到春秋祭祀，他们必然用青牛白马作祭品，以此来表达对祖先的敬意。

太祖耶律阿保机建国以后，又在木叶山上修建了始祖庙，神人在南庙，天女在北庙，并塑造了两人以及他们八个孩子的神像，每年按时供奉。每当战争爆发之前，都会来这里祭告祖先，祈求保佑。

你不知道的契丹

除了青牛白马的传说，契丹族中还有三个领袖的传说：

曾有一个叫做道呵的领袖，是一个骷髅的形象，平常待在帐篷里，用毡子把自己盖得严严实实的，谁也看不到他的真实面目。如果族里发生重大事情，族人就用青牛白马作为祭品祈祷，道呵就会变成人的样子，出来帮族人解决问题，事情一结束，他又会马上回到帐篷里，恢复成骷髅的样子。有个人按捺不住好奇心，偷偷去窥视道呵的样子，这个族长却从此消失了。

后来族中又有了一个叫做喎呵的族长，这位族长戴着野猪头，披着猪皮，平时待在帐篷里，族里发生重大事情的时候就会出现，之后又重新回到帐篷里。后来，他的妻子偷走了他的猪皮，他也消失了。

再后来，族中又出现一个伟大的族长，叫做昼里昏呵。这位族长养了二十只羊供族人们吃，每天吃掉十九只，留下一只，到了第二天又变成二十只。

发展带来的意外——契丹八部的分裂

多年以来，契丹族都在辽河流域过着悠闲的游猎生活。他们自给自足，饿了有牛、羊、马肉做食物，渴了有山泉、辽河水以及马奶、羊奶做饮品，穿的是动物兽皮和自己制作的粗布衣服，少与外界相通，仿佛世外桃源一般。

然而，这样与世无争的生活，却也给他们的发展带来了一定的局限——生活条件远远比不上中原的农耕部落。

认识到这一点以后，契丹人纠结了，他们一方面想要拥有世外桃源一般的部族生活，另一方面又渴望过上优越的物质生活。但是，自古好事难两全，怎么办呢？在激烈的争论之后，最终，少数服从多数，契丹族人决定与中原进行试探性的接触。

这时的中原，在经历了五胡十六国乱华以后，北魏迅速崛起，统一了华北，成为雄踞北方的一头雄狮。

契丹，马背上的民族

周围的民族和部落眼看着北魏败胡夏、破柔然、克北燕、服北凉，与南朝隐隐形成对峙之势，马上意识到凭借自己这些武器不够精良、气势不够雄伟、人口不够众多的"小喽啰"，根本没法跟北魏叫板儿，于是纷纷派遣使者，牵着骏马、赶着牛羊、捧着珠宝、抱着珍禽异兽，来到北魏朝贡，以表自己的忠心和对北魏的服膺。

正准备与外界互通有无的契丹族一看机会来了，也马上派遣使者来到北魏请求朝献。北魏皇帝看着众多朝贺部族以及堆成山的贡品，心里一高兴，就准了全部的朝献请求，契丹族自然也被列入其中。于是，再往后的十余年里，契丹族每年都按时派遣使者向北魏贡献名马。

这一年，契丹族同往年一样，派出使者带着礼物浩浩汤汤地前往北魏朝献。却没想到，就是这次普普通通的朝贺，却为契丹日后几十年的命运埋下了伏笔。

朝献的使者头头叫做何辰，他带着礼物来到北魏后，北魏皇帝，也就是显祖文帝拓跋弘正值龙颜大悦之际，竟意外地像接待其他民族的使者一样接待了何辰。这让何辰受宠若惊，他强自保持镇静，但内心仍然波涛汹涌，兴奋、激动之情难以言表。

等到赐宴之时，更见令人震惊的事情发生了，拓跋弘竟然让何辰坐在了最末等的位置。何辰激动得差点晕过去，这可是契丹族从未受到过的礼遇！生平第一次，契丹族终于与其他民族同席而坐、同等而居了！

何辰按捺不住激动的心情，朝献一结束，就快马加鞭带着随从们赶回契丹。一回到契丹，何辰就马上把这个天大的消息告诉首领，并绘声绘色地给族人讲述了这次入魏的所见所闻。

何辰把他一路上看到的北魏兴盛富庶的景象描绘得栩栩如生，让人身临其境。对于当时的契丹人来说，何辰所描绘的繁华景象真如云顶天宫，华丽却遥不可及，更像海市蜃楼，如梦似幻。

"一石激起千层浪"，这在契丹八部掀起了轩然大波，族人们对中原的繁华产生了空前的仰慕之情，并开始与北魏进行互市交易，同时与北魏王朝保持紧密的联系，年年贡赋不断。

契丹人如饥似渴地吸收着中原文化，并巧妙地将其本土化，为我所用，文化、经济、军事等各方面都得到了大幅度的发展与提高。

就在契丹默默壮大的同时，西部的柔然也逐渐发展起来，而且很明显它比契丹的发展速度要快得多，这给了契丹莫大的生存压力。再加上周围其他民族的虎视眈眈，比如地豆于、室韦、豆莫娄、库莫奚、高丽等，契丹人每天都是如履薄冰，小心翼翼，生怕一不小心，就成了周围民族和国家的口中之食。但就算这样，他们还是时常遭到周围民族和国家的侵袭，生活十分艰难。

契丹人很聪明，他们比较了一下自己的实力与对方实力的差距，知道目前自己只能选择一条路——忍。但一忍、再忍、再再忍，契丹终于忍不下去了，首领莫弗（古代北方少数民族部落首领的称谓）贺勿于上书北魏皇帝，情真意切地讲述了自己在大草原的生存之艰难、未来之渺茫，最后请求内附。

北魏皇帝很开心契丹这么信任自己，把未来生存大计都托付于己，大笔一挥，恩准了他的请求。

于是，莫弗贺勿于带着万余口契丹人，三千车马，赶着牲畜，迁徙到了白狼水东，也就是今天的辽宁省阜新地界。在这里，契丹族不断学习中原文化，经济、军事等各方面实力都得到了飞速的发展，甚至开始了向外扩张。

没过几年，北魏灭亡了，中原的新老大北齐政府忙着处理内乱，没工夫搭理北方的民族。这是个发展的绝佳机会，契丹马上抓住时机，加快脚步向外扩张，不断壮大起来。

一开始，契丹先试着攻打西边的柔然，意外地获得了胜利，还杀死了柔然的首领铁伐。契丹人一下子高兴坏了，洋洋得意起来，觉得自己真的天下无敌了，于是挥兵南下，袭击北齐的边境要塞，企图一举拿下北齐，称霸中国北方。

此时，北齐皇帝高洋正为自己的能力和威望能否与之前的北魏相提并论而耿耿于怀，契丹这一举动，摆明了是瞧不起他。恼羞成怒之下，高洋觉得是时候杀鸡儆猴，树立国威了，于是马上下令对契丹进行报复性的还击。

高洋亲自率领军队，气势如虹地向契丹逼近。望着这天兵天将一般的北齐军，契丹人第一次知道了什么叫后悔。

结果，高洋率领的北齐军一路势如破竹，攻克数座城池，一直打到青山（也就是今天的阜新西大青山），契丹输得一塌糊涂，十多万人被俘虏，十万头牲畜被一抢而空。

这给了契丹致命的打击，契丹经济从此一蹶不振，最后不得不臣服于北齐。

然而，祸不单行，此前过快的发展让契丹成了草原新秀，同时也成了新近崛起的突厥族的眼中钉。突厥族发家于草原西部，它先以迅雷不及掩耳之势灭掉了曾经独霸一方的柔然，又开始攻打发展迅速的契丹。此时的契丹经济还没来得及恢复，又没了柔然这个巨大的屏障，毫无抵抗力，简直不堪一击。

面对接踵而至的灾难，契丹人再一次纠结了，他们一直以为发展会让自己壮大，却不知道发展反而给自己招致了各种眼红和嫉妒，甚至是灾难。于是，一部分契丹人提出向东迁徙，远离突厥和中原。

但这一提议很快就遭到了另一部分人的反对，他们已经习惯了中原繁华的经济和生活条件，实在不愿意再回到原始状态。他们坚决地选择了留下来。但突厥并没有因为他们的坚决而心慈手软，而是毫不客气地收纳了他们的领土和人民，最终，这些人被突厥纳入统治范围之内。

从此以后，曾经紧紧团抱在一起的契丹八部分化成三大部分，一部分人成了北齐的俘虏，一部分人东迁，一部分受到突厥的统治。

你不知道的契丹

之前，契丹各部都在各自首领莫弗的带领下，逐水草而居，靠畜牧业为生。后来，随着社会发展，契丹的生产工具和生产技术都得到了大幅度提高，畜产品和猎获物也大大增加，于是，契丹人就开始用本部产品换取中原的农业和手工业产品。

与中原进一步接触以后，契丹人开始以朝贡、回赐、互市贸易的方式与中原进行物质交流。此外，"寇盗""寇抄"也是他们与中原进行物质交流的手段。所谓"寇盗""寇抄"，就是侵扰劫掠。

大唐设立松漠都督府——50年后重相聚

契丹人相信同宗同源的说法，他们一直坚信契丹八部是神人天女所生八子的后代，所谓血浓于水，这种血脉相连的关系是时间与空间都无法隔绝的。所以，近半个世纪的分离，不但没有让他们疏离，反而激发了他们重新聚集在一起的愿望和勇气。

然而，作为草原上的弱者，哪怕是这样微不足道的梦想，也显得曲折而坎坷。

先后经历北齐、突厥等的外来侵略和攻击以后，四分五裂的契丹元气大伤，分散的部族只能在当地统治者的淫威下苟延残喘，默默地维持着最后一点气息，八部重聚的梦想显得遥远而不真实。

就在契丹人为八部无法团聚而忧伤不已时，南方政权发生了天翻地覆的变化：经过多年的南征北战，隋文帝杨坚最终结束了中原地区分裂的局面，建立起一个统一的政权。更重要的是，隋文帝是个明君，他自身勤劳节俭，

辽朝地理位置

不断改革、完善制度，提倡休养生息，以至于隋朝社会民生富庶，人民安居乐业，政治安定，完全一派盛世景象。

这一切，当年因被北齐俘虏而迁居到营州、平州等地的契丹人都看在了眼里。他们看着隋王朝一天天强大起来，意识到南方政权的强大与稳定不是突厥族能够同日而语的，甚至都不能和当年的北魏相提并论。再加上对中原文化、经济的痴迷，最终，他们决定重新归附南方政权。

部落首领莫弗派遣使者来到隋朝，表达了自己对于隋朝犹如滔滔江水般无尽的仰慕之情，表示愿意重新"弃暗投明"，臣服于隋朝。看到有人主动来归附，隋文帝龙颜大悦，举朝迎接，马上同意了契丹人的内附请求，准许他们回到原来居住的地方，继续在白狼山东北部生活，还封了莫弗为大将军。

隋朝对于契丹内附表现出的热情极大地鼓舞了契丹人，很快，东迁的契丹部众也赶着牲畜和马车，拖家带口地迁徙而来，归附隋朝。隋文帝自然喜上加喜，以同样的热情接待了他们，也同样让他们回到原来的居住地，跟刚刚回老家居住的兄弟们汇合。

看到族人们都受到了隋朝的热情接待，并回到了老家生活，被突厥统治的契丹部众激动了，他们无法继续忍受突厥人的控制，回家的迫切欲望蠢蠢欲动，最终一发不可收拾。回家，与兄弟团聚，成了他们的唯一信念。于是，他们默默无言地收拾东西，脱离了突厥的控制，回到了白狼山东北。

有了前两次的例子，这些契丹人以为他们就算不会受到隋朝的热情接待，也会被恩准回到老家生活。然而，千算万算，他们都没有算到，此时的隋王朝并不欢迎他们的内附。

隋文帝很清楚自己所处的形势，他知道大隋江山的北部防线并不牢靠，而北部的突厥一族正在迅速崛起，隋王朝随时都可能受到突厥的威胁。对此，隋文帝觉得中原多年战乱，元气还没有完全恢复，最好不要与突厥发生正面冲突。

突厥统治下的契丹人的回归，无疑是给这原本就不稳固的和平局面安装了一颗定时炸弹，随时都会将其彻底打破，继而一发不可收拾。这是最坏的结果，也是隋文帝最不想看到的结果，所以他下令赐给这些契丹人足够的粮食供给，让他们回到突厥的统治区内，希望将这个"定时炸弹"扼杀在摇篮里。为了表达自己的诚意，他还亲自给突厥可汗写了一封信，为契丹人求情，请求突厥可汗不要因为他们的叛离而惩治他们。

但是，好不容易重聚的契丹人早已经下定了决心，这一次就算死也要死在一起。当隋王朝的诏令抵达时，从突厥统治下回到老家的契丹人坚决地摇头，表示拒绝再次离开自己的族人。隋王朝无奈，最后只好妥协。

于是，分离近半个世纪的契丹八部，终于重新团聚在一起了！虽然此时的契丹八部早已经不是古八部，但这丝毫没有影响他们共同进退的决心。

为了防止再次被拆散，他们总结过去的经验教训，决定成立部落联盟，并由显贵氏族大贺氏担任联盟长，从这时开始，契丹族进入了大贺氏联盟时期。

然而，契丹族的好日子还没有过几天，隋文帝就驾鹤西去了，接任皇位的隋炀帝杨广残酷暴虐，导致天下大乱，群雄竞起，中原地区再次陷入了战火连天的局面。而此时突厥启民可汗去世，他的儿子始毕可汗继承汗位，这位新可汗年轻有为，在他的带领下，突厥实力大增。契丹人眼看南方政权无法继续依附，迫于生存压力，不得不重新臣服于突厥。

很快，突厥成为北方草原的霸主，甚至连刚刚建立的唐王朝都稍逊一筹。但随着中原的统一，唐王朝的实力不断增大，臣服于突厥的契丹又动摇了。

但是反观自身，契丹人清醒地知道，自己的实力太弱了，左边是老虎，右边是狮子，哪一个他都不是对手，让他明确地表明立场，无异于自取灭亡。所以，契丹只好小心翼翼地分别款表称臣，表达自己的温良恭顺。但很明显，契丹人不甘于这样窝窝囊囊地憋屈着，所以，他们时而侵入唐境攻城略地，时而反抗突厥的控制，以此来表达自己对"双面胶"身份的不满。

唐王朝的统治者很清楚契丹人的心思，他们容忍着契丹的不坚定，并积极地拉拢和扶植契丹，明里暗里表示欢迎契丹归附中原王朝。

一开始，契丹人表面点头哈腰，暗地里冷眼旁观。突厥的强大是有目共睹的，他们可不想再重蹈覆辙，万一一个不小心玩火自焚，再次被迫分离，那就太得不偿失了。

但是，随着时间的推移，唐王朝逐渐强盛起来，甚至超过了草原霸主突厥，契丹人心动了。于是，契丹族的君长大贺咄罗试探性地派出使者，牵着名马，带着貂皮等特产，来到长安朝献。唐高祖李渊热情接待了契丹使者，契丹使者感受着天朝上国的风度和气派，默默地在心里打了个好评。从此以后，契丹与唐王朝的来往逐渐频繁起来。

等到唐太宗李世民即位以后，他更加慷慨，先赐给契丹新君长大贺摩会象征可汗权力的战鼓和旌旗——"鼓纛"，又赐契丹君长"国姓"。这让契丹人异常开心，但仍然没能彻底打消他们的顾虑。虽然他们十分想要归附唐王朝，可是总结经验，他们不想再"客居他乡"，被动挨打，所以为了保住最后的地盘，他们宁愿永不表态。

这可急坏了唐太宗了，边疆不稳定，天朝国威就得不到保证，可契丹人就是吃了秤砣铁了心地不归附，怎么办呢？

最后，唐太宗咬咬牙、狠狠心，决定给契丹更具有实际意义的东西——对松漠地区的军事统治权。于是，唐太宗在北部边疆设了个松漠都督府，让契丹君长出任都督，统治包括今天的西拉木伦河南、老哈河上游、朝阳以北、辽河以西的地区。

虽然这片地区在名义上是唐王朝的疆域范围，但实际上，都督才是这里真正的老大，所以，契丹族权衡利弊之后，欣喜地接受了唐王朝开出的条件，正式归附了唐王朝。从此以后，重聚在一起的契丹人就在这里过上了幸福快乐的生活，并不断养精蓄锐，韬光养晦。

你不知道的契丹

在隋炀帝初年，契丹族与隋朝发生了第一次、也是唯一的一次大规模战争。当时，契丹族想趁着隋王朝内部乌烟瘴气之时拣点便宜，派兵劫掠营州，结果偷鸡不成蚀把米，惹怒了隋炀帝。隋炀帝下令让韦云起护送突厥兵讨伐契丹。

韦云起和突厥兵到达契丹领地以后，说他们只是路过此地，要去柳城和高丽做交易。契丹族人信以为真，对入境的突厥大军毫无防备。结果，当突厥军到达离契丹兵营五十里的地方时，突然加速前进，杀了契丹族一个措手不及，契丹族四万多人被俘虏，其中大部分男子被杀害，女人和牲畜则被突厥和隋朝瓜分。

这次战争给契丹族带来了灭顶之灾，他们失去了近一半的人口，经济、军事等各方面都遭受到了空前的严重破坏。

不小心左右了大唐的命运——营州之乱

归附唐王朝以后的契丹，一方面作为唐王朝统治下的臣民，恭恭敬敬地接受唐王朝的调遣，另一方面又作为一个独立的民族存在和发展着，其内部逐渐形成了稳固的部落联盟，共同为了契丹民族的壮大而不懈努力。

对于天朝上国而言，契丹完全不足为惧，甚至有些过于渺小，所以很多时候，大唐王朝并不将这个小小的民族放在眼里，对其经济、军事、制度等各方面的迅速发展，也漠不关心。然而，就是这样一种放任和轻视的态度，让大唐王朝吃了不少哑巴亏，甚至连大唐的命运都因这个毫不起眼的民族而改变了方向。

当时，营州一带连续好几年发生灾荒，农牧无收，百姓生活毫无着落，穷困潦倒，民不聊生。万般无奈之下，契丹君长、松漠府都督李尽忠将灾情上报唐王朝，希望唐王朝能够开仓赈济，解决百姓的生存难题。然而，一次，两次，三次……数次奏请，唐王朝就是迟迟不回复，这让李尽忠十分焦急。

经过一番了解，李尽忠发现他的上书奏请，营州都督赵文翙根本连看都没看，就全部扔进了垃圾桶，然后转身跟家里的姬妾美人饮酒作乐、醉生梦死，仿佛契丹百姓的死活跟他没有半毛钱的关系。

这让李尽忠十分生气。本来赵文翙不把他管辖区内的各族酋长当人看，动不动就骂骂咧咧、拳打脚踢、肆意侮辱，已经让李尽忠十分不满了，如今人命关天，他竟然仍然视同儿戏，只顾着自己享乐，全然不在乎外面饿殍遍野。李尽忠再好的脾气也无法忍受了。一番挣扎之后，李尽忠找到妹夫、诚州刺史孙万荣，说服他跟自己一同起兵反唐。

让李尽忠感到惊喜的是，起义的旗号一打起来，当地百姓就纷纷投靠起义军，义愤填膺地表示要将当时的统治者赶下台，取而代之。李尽忠惊喜之余，连忙调派兵马，筹备战斗，在他的带领下，起义军一路攻城略地，势如破竹。

看着拿下的大片江山，李尽忠激动了，他感觉到胸腔里有一股莫名的热情正喷薄而出，草原男儿的雄心壮志正展翅翱翔，契丹人不用再寄篱人下、担惊受怕的梦想正在一点点实现。

胜利的喜悦给李尽忠壮了胆，给足了他勇气，他勇敢地站了出来，明确表示要与唐王朝划清界限，不再给唐王朝做奴仆，而要翻身做主人，并自封为"无上可汗"。

这时候，唐王朝的执政者是武则天，她在几年前废了刚刚继承皇位的儿子李显，自立为帝，改国号为周，定都洛阳，李显则被她贬为庐陵王，流放在外。

武则天一心想要自己的娘家人来继承皇位，可是一直苦于找不到正当理由，毕竟李氏才是天下公认的正统，她把皇位传给自己的儿子也是理所当然，传给武氏子弟就显得名不正、言不顺，得不到朝廷百官和百姓的支持。

所以，当契丹起兵的消息传到洛阳以后，武则天欣喜若狂，这可是一个天赐良机啊，契丹几乎属于一个弹丸之地，影响力小不说，人力、兵力、物力也都难以与大唐王朝相抗衡，平定叛乱自然是易如反掌的事情。于是，被喜悦冲昏头脑的武则天根本没有详细了解情况，就马上大张旗鼓地安排武氏子弟带兵讨伐，希望以此来给他们创造一个建功立业的机会，好名正言顺地把皇位传给娘家人。

然而，令武则天失望的是，武氏子弟在平定叛乱的过程中表现极其差劲，不是逃跑，就是躲躲藏藏，更有甚者到处滥杀无辜。结果，在这些无才无能的武氏子弟的瞎指挥下，契丹军一路势如破竹，节节胜利。李尽忠和孙万荣更是打出了"何不归我庐陵王"的旗号，明确表示出对武氏家族的不满。

武则天恼羞成怒，连忙派人联系突厥汗国的默啜可汗，想要联手镇压李尽忠的契丹军。

突厥早就对契丹的叛离怀恨在心，接到武则天的来信，默啜可汗十分欣喜，两人一拍即合。于是，突厥大军趁着孙万荣带兵南下之际，偷袭了契丹后方，占领了新城，李尽忠、孙万荣的老婆孩子以及其他留守人众全部沦为突厥的俘虏。

消息传到前线，契丹军心动摇，气势大跌。此时，李尽忠早已因病驾鹤西去了，孙万荣孤掌难鸣，眼看军心涣散，忧心如焚。但武周军根本不给他喘息的机会，趁机发动进攻，契丹军被迫边打边退。孙万荣麾下的奚人眼看契丹战败在即，望风使舵，马上投降了武周军，帮助武周军从背后夹击，契丹军最后一败涂地。

孙万荣带着剩余的部下杀出重围，仓皇逃往潞水东，也就是今天的北京通州附近的北运河东面。连番苦战，再加上一路逃亡，孙万荣疲惫不堪，一停下来就觉得身体要散架一般，只好下令让大家在树林里休息。

跟着孙万荣逃出来的家奴，看着跟随孙万荣的残兵败将，知道大势已去，于是趁着孙万荣休息的时候，将孙万荣杀死了。就这样，契丹反对武周的战争最终以失败告终。

而在洛阳，事情却远远没有结束。这场战争让朝中大臣看到了武氏子弟的不成器，于是，他们趁机纷纷站出来拥护李唐。武则天早就对武氏子弟失望透顶，如今又看到人心所向的是李唐宗室，而不是武氏，她知道，如果自己继续一意孤行，恐怕事情就难以收场了，所以只好顺应民意，召回了庐陵王李显，以实际行动向天下人表示她决定立李氏子弟为嗣。

含恨而终的李尽忠和孙万荣，恐怕无论如何都想不到，他们虽然被武则天定义为"叛军"，却在某种程度上成了大唐的功臣，帮助李唐宗室"夺"回了属于他们的皇位，改变了大唐王朝的命运！

你不知道的契丹

契丹这次叛乱不但左右了大唐的命运，还为中国的文学史涂抹了浓重的一笔。在武则天派出镇压契丹叛乱的武氏子弟中，有一个叫做武攸宜的王爷。这个王爷本身并没有多大才能，甚至也跟其他武氏子弟一样，被打得落花流水。但在讨伐契丹的过程中，这位王爷的手下出了一位著名的幕僚——陈子昂。

当时，陈子昂看到武周军连连败退，于是建议武攸宜派遣万人作为前驱来进攻敌人，结果武攸宜根本不搭理他。之后，陈子昂又向武攸宜进言，武攸宜就生气了，一怒之下把他降为军曹。为此，陈子昂郁闷得不得了，只好跑到附近的景点散心，结果触景生情，诗兴大发，写下了著名的《登幽州台歌》。

权力斗争下诞生的幸运儿——遥辇氏继承可汗

在过去一百多年里，契丹八部的可汗一直从大贺氏里挑选，像遥辇氏这样一个实力微弱的部落，从来没有奢望过有朝一日能够登临大宝。

然而，风水轮流转，迟早到我家，就在遥辇氏一直默默无闻地跟在大贺氏可汗背后南征北战时，好运竟然光顾了，可汗的桂冠不小心落在了遥辇氏的帐篷里，这个部落中一个叫做屈列的孩子被推举为可汗。

屈列战战兢兢地接过这个烫手山芋，左顾右盼，想要找个人帮自己出个主意，但得到的回应只是一片死寂。这个时候，没有人敢站出来反对，不是怕遥辇氏部族，也不是完全赞同废弃大贺氏改立遥辇氏，而是因为畏惧总揽军事大权、能够随意生杀予夺和废立可汗的可突于。

可突于一开始只是契丹族内的一名衙官，由于骁勇善战，屡立军功，深得人心，逐渐成为契丹族内的一颗新星，在族中的声望也越来越高，甚至有赶超当时的可汗李失活的苗头。不过，两人还没来得及成为对手，李失活就死了，李失活的弟弟李娑固继承了李失活的位子。

李娑固很清楚自己面临的形势，他明显不想当傀儡，可是军事大权握在可突于的手里，就等于在枕边放了一颗定时炸弹，想要睡好觉，唯有除去可突于。想通了这一点，李娑固一咬牙、一跺脚，决定先除掉可突于再说，否则自己一辈子都不会有出头之日。

于是，李娑固开始召集心腹，秘密商讨"锄奸大计"，同时不断招兵买马，做好了与可突于决一死战的准备。李娑固非常认真，毕竟这是一件大事，而且是值得背水一战的大事，只要迈出了第一步，就绝没有回头的余地，只能不是你死就是我亡。

就在李娑固为自己的精密计划暗自窃喜，做梦都梦到自己亲手斩杀可突于，从此

嫁给契丹首领李郁于的唐朝燕郡公主

独揽契丹大权而乐醒时，现实给了他当头一棒——他跟部下熬了无数个通宵做好的精密计划被泄露了。

得知李娑固密谋的可突于自然是勃然大怒，马上挥兵而至，反攻李娑固及其部下。大军当前，可突于大军扬起的沙尘漫天漫地，望不到人马，只能看到一片黄沙由远而近杀来，杀气腾腾，气势恢宏，李娑固一下子吓傻了。

这场战争，可突于毫无悬念地胜了，李娑固带着残兵败将狼狈地逃亡营州，寻求营州总督许钦澹的帮助。许钦澹得知事情始末，义愤填膺，马上表示要帮李娑固报仇雪恨，夺回大权，除掉可突于。

于是，许钦澹命令部将薛泰带领五百精兵，联同奚王李大辅和李娑固的军队，一同雄赳赳、气昂昂地朝着可突于大军而去。结果，又被可突于打得落花流水。不仅如此，可突于还临阵斩杀了李娑固和李大辅，生擒了薛泰。

可突于自然而然成了契丹部的老大，就在所有人都以为他会自立为可汗的时候，他做出了一个令人意外的决定——推举李失活的另一个弟弟李郁于为可汗。

可突于很清楚当时的情况，虽然他与李娑固的战争属于族内战争，但是一方面唐王朝的官员许钦澹掺合进来了，另一方面唐玄宗李隆基即位以后，当时还靠在突厥这棵大树下的李失活就马上带领部众复归唐王朝，唐玄宗一高兴，重新设立了松漠都督府，任命李失活为都督，之后的可汗也都继承松漠府都督这一职位，可以说，契丹可汗不仅仅是契丹的可汗，更是唐王朝的官吏。

如今，他让唐王朝吃了败仗不说，还杀了唐王朝的官员，想必皇帝老儿肯定早就被气得吹胡子瞪眼了。要知道，唐王朝若是大军压境，就不仅仅是他可突于吃不了兜着走那么简单了，只怕整个契丹都得给他陪葬。左思右想以后，可突于马上让李郁于派遣使者入唐谢罪，同时请求唐王朝的认可。

唐玄宗听了使者的话以后，龙颜大悦，也就顺水推舟地给了李郁于封号，并嫁了个燕郡公主给他。

可惜，好景不长，没过多久，李郁于就病死了，他的弟弟李吐于继位。李吐于跟可突于不断明争暗斗，想要夺回大权，结果一败涂地，带着燕郡公主逃往唐王朝。

可突于又立了李尽忠的弟弟李邵固为可汗。但李邵固是个明显的"亲唐派"，这让可突于忍无可忍，最后一怒之下把李邵固杀了。

就这样，掌握军事大权的可突于一次又一次地废掉自己的首领，寻找听话的"傀儡可汗"，唐王朝虽然对此有所不满，可由于鞭长莫及，只好听之任之。

但是，这一次可突于纠结了，似乎不管立大贺氏家族的哪一个为可汗，他们都会想方设法地除掉他，独揽大权，他的利益永远都无法保障。那么，要怎样才行呢？

经过数天不眠不休的思考以后，可突于想出了一个两全其美的办法——在其他实力较弱的家族中选择可汗。于是，出身于遥辇氏的屈列就成了这个幸运儿，被可突于推上了汗位。

屈列乃至整个遥辇氏对此都心惊胆战，时刻如履薄冰，生怕自己随时都会步前几位可汗的后尘，所以，族内一切大小事务，屈列都会先行问过可突于，然后才做决定。这让可突于非常高兴，他觉得自己这次终于选对人了。

但是，远在长安的唐玄宗却不高兴了，他一而再、再而三地容忍可突于，而可突于却丝毫不加收敛，反而变本加厉，一次又一次地废立契丹可汗。终于，当可突于兴高采烈地立了遥辇氏的消息传到长安，又大张旗鼓地表示要跟唐王朝划清界限，从此与突厥一家亲时，唐玄宗忍无可忍了，他下令让幽州长史赵含章等人发兵讨伐契丹，结果大获全胜。

但可突于是铁了心要跟唐王朝对抗到底，他从突厥搬来救兵，大肆侵扰唐王朝北方边境，以宣示他才不怕唐王朝！唐王朝负责守边的幽州长史薛楚玉率领万骑反击，结果由于过于轻敌而损失惨重。这个消息传到长安，唐玄宗龙颜震怒，恨不得直接把薛楚玉给千刀万剐了。等到好不容易平静下来，他马上派遣大将张守珪为幽州长史，讨伐可突于。

张守珪是个聪明人，他知道唐王朝的大军虽然厉害，但是与契丹和突厥这些擅长骑射的民族硬碰硬，就算最后侥幸获胜，也是损失惨重。所以，他思前想后，决定从契丹内部下手。

他知道，大贺氏当了一百多年可汗，对权力和可汗之位的看重肯定是根深蒂固的，而遥辇氏只不过是个不起眼的弱小部落，想要大贺氏心甘情愿地让出可汗之位，让遥辇氏从此平步青云，那肯定比登天还难。

于是，他找到了一个人。这个人叫做李过折，是被推翻的大贺氏一族的人物，当时正在松漠都督府里做衙官。张守珪知道他对可突于独揽大权十分不满，于是，就暗中派人与他联系，希望能够联手除去可突于。

李过折分外高兴，他早就看可突于不顺眼了，可是自己一没实力与可突于对抗，二没把握能一举击败可突于，万一偷鸡不成蚀把米，那就太得不偿失了，所以他只好按兵不动，静观其变，伺机而动。

张守珪使者的到来正合了他的心意，两人一拍即合。于是，张守珪带兵正面攻击可突于，李过折则按照计划暗中埋伏。最后，张守珪大败可突于，可突于看部下军心涣散，只好率兵后撤。到了晚上，李过折就趁着夜色斩杀了可突于和屈列可汗，坐上了契丹可汗的宝座。

然而，可能真的大贺氏气数已尽，经过可突于来来回回的折腾，大贺氏的实力和威望早已经日薄西山，虽然屈列只当了几天的可汗，但在契丹族内，新兴的遥辇氏却是众望所归。李过折当上可汗以后，契丹族人却都不愿意买他的账，渐渐地，连他的部下也有了反叛之心。最后，李过折的部下耶律涅里杀了李过折全家，推举遥辇氏的李怀秀为可汗，也就是历史上的"阻午可汗"。

就这样，契丹的领导权最终还是落在了被命运意外选中的遥辇氏手中，此后的历代可汗也都从遥辇氏选出，总管族内一切事务。耶律涅里则总揽军事大权，世代继之，直到他的后人耶律阿保机建国，追封他为"辽始祖"。

你不知道的契丹

遥辇氏联盟的首领称为可汗。各部落首领称为夷离堇，从部落贵族中选举产生，他们的权力非常大，不仅能够共同参与决定联盟内的重大事务，而且还能够任免联盟首领。

遥辇氏联盟的军事首长也称为夷离堇，涅里就是联盟首任夷离堇。后来，夷离堇的职位逐渐被部落中的显贵家族所控制，一直由迭剌部的夷离堇兼任，他们不但掌握着联盟的军事大权，还决定着联盟对外的征伐权，进而控制了整个联盟的一切裁判权。遥辇氏后期，迭剌部首领甚至也可以举行柴册礼。所谓柴册礼，就是积薪为坛，可汗受群臣所上玉册，然后燔柴祀天，是王权的象征。这表示这一时期夷离堇的权力已经不在可汗之下！

大唐王朝的"隐形杀手"——催生"安史之乱"

"营州之乱"让契丹成了大唐王朝的功臣，促使李唐宗室夺回了皇权。但契丹族给大唐王朝带来的惊喜却不止这一件，八十多年以后，契丹族又给大唐王朝送上了一个别开生面的贺礼——"安史之乱"。

"安史之乱"的主人公安禄山原本只是一个混迹街头的小混混，整天游手好闲，无所事事，甚至连生计都得不到保障。如果不是契丹人，恐怕他一辈子都只能这样浑浑噩噩，无法平步青云、呼风唤雨，更无法在历史上留下

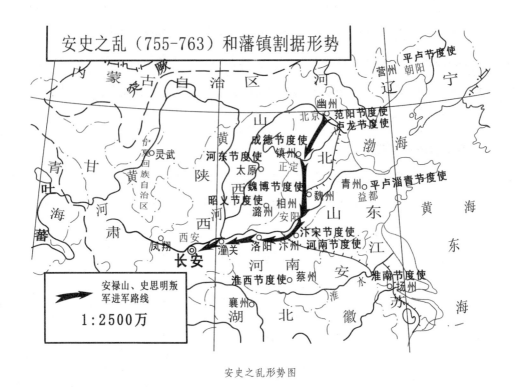

安史之乱形势图

大名了。

那时，契丹族内发生内乱，可突于杀死了可汗李邵固，立遥辇屈列为可汗，想要带着契丹部众投靠突厥。李邵固的老婆东华公主仓皇逃回唐王朝，向朝廷报告了可突于的反叛，并哭着请求唐玄宗为她报仇。

唐玄宗早就对可突于忍无可忍，趁着这次机会，决定好好教训教训可突于，于是马上派兵讨伐契丹。无奈人算不如天算，唐军却连吃败仗。最后，唐玄宗派遣大将张守珪为幽州长史，讨伐可突于。

张守珪很清楚"知彼知己、百战不殆"的道理，他认为之前的将领连吃败仗，并不是带兵打仗的能力不行，而是根本不了解契丹内部的情况。所以一到达军营，张守珪就立即召集部将开会，让他们紧急招募熟悉契丹情况的幽州当地人入伍。

一时间，幽州城内人满为患，很多人都慕名而来，既有想趁机换几两银子花花的，也有想借此机会施展抱负，万一一不小心从此平步青云，那岂不是美上加美？安禄山的家里也早已经揭不开锅了，为了赚钱，他也来凑热闹了，而且幸运的是他被选中了。

刚进部队的安禄山，一没推荐人，二没高学历，三没战功奇才，所以只能做一个小小的捉生将（一种低级军官）。但他勇猛善斗，精明狡黠，很快就展现出卓越的军事才能，屡立奇功，得到了张守珪的赏识，将他收为养子。

但这样一个偏远地区的小小将领，就算再有奇功战绩，再骁勇过人，恐怕也只能一辈子生活在养父张守珪的光环下，不会有太大的发展。就在这时，契丹人给安禄山创造了他人生中的第二次机会。

在一次战斗中，安禄山仗着自己骁勇过人，能够以一当百，不听他人劝告，贸然前进。结果中了契丹人的埋伏，全军覆没，只有安禄山一人死里逃生，逃回了幽州。

张守珪大怒，马上下令要依法处斩安禄山。临刑之前，安禄山大喊："男子汉大丈夫，谁不想灭掉奚人和契丹？为什么要杀我！"

这时候，张守珪的怒气已经消了。一冷静下来，他就后悔了，安禄山这次贸然前进、导致全军覆没固然有错，但他的确是个将才，而且人非圣贤孰能无过，因为一次过错就斩杀一个良将，实在很可惜啊。但身为幽州长史，话已出口，怎能无故收回呢？

张守珪绞尽脑汁，终于想到一个两全其美的方法：把安禄山解送到长安，让皇帝来处置。而他自然在呈文里努力地帮安禄山说好话。

唐玄宗看到张守珪的呈文以后，果然如张守珪所料，觉得安禄山是个难得的人才，于是就下令赦免了安禄山，只是免去了他的官职，让他做个普通士卒在军前效力，戴罪立功。

就这样，契丹人给安禄山创造了一个因祸得福的机会，让他在皇帝面前露了脸，在朝野中也成了一个小有名气的人物。

安禄山回到幽州以后，张守珪对他更加青睐有加，并不断给他创造机会，让他戴罪立功，甚至把接待朝廷派往幽州的各方面人员的任务也交给安禄山去做。

安禄山生性圆滑，善揣人意，又懂得谄媚巧言、阿谀奉承，再加上刻意讨好、巴结，那些朝廷派来的官员都被他哄得心花怒放，每次都是拎着大包小包的礼品，兴高采烈地返回长安。这一招果然奏效，没过多久，安禄山就在朝廷里赢得了一片赞誉。

"吃人嘴软，拿人手短"，那些享受过安禄山奉承拍马、巴结贿赂的官员，回到朝廷以后，不断在唐玄宗面前夸赞安禄山，说他才能卓越，卓尔不凡，是个难得的人才，又为他只能做个小小的士卒感到惋惜，言外之意，自然是希望朝廷重用他。

唐玄宗早就对安禄山有了一个先入为主的好印象，又听到这么多从幽州回来的大臣异口同声地夸赞他，于是顺水推舟，开始一步步提拔安禄山。于是，借由契丹发家的安禄山开始平步青云，最终当上了平卢节度使。

这时候，可突于已经死了，阻午可汗是个和平主义者，他带领契丹部众重新投降唐朝，表示愿与唐王朝重修旧好，永结友谊。唐玄宗自然十分高兴，不仅赐阻午可汗汉名李怀秀，让他做松漠府都督，还封他为崇顺王，嫁了个公主给他。

阻午可汗过够了担惊受怕的生活，早就想过几年太平日子，唐王朝的回应让他感激涕零，一回家，他就奋发图强，带着族人全心全意搞发展，暂时将战争抛到了九霄云外。

这可急坏了安禄山。契丹不惹是生非，他就没有用武之地，自然也就没法继续升官发财。可是，契丹人太平日子过得风生水起，死活就是不肯犯境侵扰，安禄山总不能写封信给阻午可汗，让他起兵造反吧？

这当然没有难倒安禄山。他思索良久，决定人为地激发契丹对唐王朝的不满。这一招果然奏效，在他不断派兵侵掠契丹以后，契丹人对唐王的信赖越来越少，不满越来越多，从一开始的派人讲和，逐渐变成了带兵反击。

安禄山心花怒放，眼看契丹与唐王朝的战争已万事俱备只欠东风，他便狠了狠心，决定再下一剂狠药。

这天，安禄山在自己的府上摆下了鸿门宴，邀请平卢附近的契丹、奚族等族的首领和将士来参加宴会。在酒席上，他用药酒灌醉了这些首领和将士，把他们统统杀了，并把首领的头颅砍下来，派人送去朝廷报功。

对于安禄山这次的功劳，朝廷上下举朝欢腾，唐玄宗更是欣喜若狂，觉得自己没有看错人，不仅大肆赏赐安禄山，还称他是自己倚重的"安边长城"。安禄山一边谦虚地接受了唐玄宗的赏赐和夸赞，一边又趁机索要军饷和粮草，扩充自己的实力。此时唐玄宗龙颜大悦，对他的请求自然统统恩准了。

但契丹人却不干了，他们无法继续忍受唐王朝这种无休止的侵扰了，于是，阻午可汗和涅里杀了唐朝公主，发动了叛乱，举族投奔回纥。

安禄山一看形势不对，契丹不陪自己玩了，那自己凭借什么谋求政治利益？万一搞不好，皇帝觉得边境安定了，自己也没啥利用价值了，就来个兔死狗烹，那他安禄山辛辛苦苦奋斗大半辈子，绞尽脑汁地谄媚巧言，费尽心机地阴谋阳谋，岂不都成了竹篮打水一场空？

安禄山越想越不对，尤其看着契丹都懒得搭理他了，他知道自己的好日子要到头了，他纠结了。但他并没有因此而灰心丧气，在某天灵光一闪以后，安禄山决定先下手为强。于是，安禄山在范阳起兵，发动了叛乱，攻向洛阳。"安史之乱"从此揭开了序幕。

这是契丹始料不及的，他们想不到他们成就了安禄山，却也因此将大唐从强盛推向了衰落。

你不知道的契丹

阻午可汗一开始并不是"亲唐派"，而是心向突厥，所以上台以后，马上带着契丹族众投靠了突厥。

但是，此时欧亚草原上的回纥民族正在不断壮大，没过多久，回纥民族就灭掉了突厥，建立了回纥汗国。阻午可汗一看连突厥都被灭了，吓得心惊胆战，连忙举族投奔唐王朝。唐王朝并没有追究他之前的过错，而是封他为松漠府都督、崇顺王，并把静乐公主嫁给了他。

之后，阻午可汗很想太太平平过日子，同时努力发展壮大本民族，却没想到半路杀出个安禄山，逼迫他再次叛唐。

第二章
契丹帝国的缔造与扩张：建国与南下

草原是一个缔造英雄的摇篮，然而，在过去的数百年里，契丹族始终没有诞生一个真正的英雄，一个能够带领契丹走向辉煌的英雄。于是，一个改变历史、改变契丹族现状的英雄应运而生了，他就是耶律阿保机。在他的努力下，一个延续两百多年的契丹帝国诞生了！在数代人的努力下，这个草原帝国迅速地壮大起来，并让南方政权俯首称臣，俨然成为草原上升起的一颗新星！

民主选举产生的契丹王——耶律阿保机

辽太祖耶律阿保机画像

公元872年的一天，契丹族迭剌部耶律家族的一座帐篷里，霞光万丈，香气宜人，周围的妇女、嬷嬷忙得手忙脚乱，都在伺候即将分娩的那位孕妇。忽然，一声响亮的啼哭传来，接着耶律家族的当家主母抱出了一个体如三岁孩童的婴儿，这就是后来带领契丹不断壮大的耶律阿保机。

看到如此异象，再想起媳妇怀孕时做了太阳坠入怀中的胎梦，阿保机的奶奶真是又喜又恨。她知道，出生即有祥瑞之兆，表示这个孩子绝非寻常，长大后一定能够做出一番大成就。然而，考虑到当时的情况，她不免又生出无限担忧。

当时的契丹族内部，权力斗争极其剧烈，阿保机的爷爷、父亲和叔伯都已经卷入其中，整个家族每天都被紧张和担忧的雾霭笼罩，无时不刻不小心翼翼，如履薄冰。

阿保机出生就如此与众不同，必然会让对手把他当作潜在的竞争对手，在他还没有自保能力的时候就先下手为强，将其铲除，以绝后患。经过一番慎重考虑之后，阿保机的奶奶决定把阿保机带在自己的身边，并涂黑了他的脸，藏在附近的毡帐里。

奶奶的预料果然没错。阿保机从一出生就显示出了超乎寻常的能力，出生没几天就会爬了，三个月就会走路。会说话以后，阿保机更是出人意料地自称有神人相护，甚至经常猜中还没发生的事情。

这时候的阿保机虽然只是一个黄口小儿，但所思所想所说，已经都是族内事务了。甚至连他担任契丹夷离堇的伯父，都常常找他讨论重要事情，征求他的意见。

等阿保机长大以后，更是卓尔不凡：身长九尺，丰上锐下，目光如炬，能够拉开一百五十公斤的大弓，而且机智勇敢，能骑善射，深受族人的拥护和信任。痕德堇可汗见阿保机如此英勇善战，是个难得的人才，就把他调到自己身边，担任自己的亲兵卫队长——挞马狨沙里。

虽然挞马狨沙里只是一个小官，但阿保机却做得有声有色，并在此期间充分展现了自己卓越的军事才能，先后带领部下降服大小二黄室韦、乌古部等几个部落，赢得了族人的一片好评。

转眼间，阿保机已经三十岁了，凭借非凡的才华和战功，阿保机被推举为迭剌部的夷离堇，掌握了部族的军事大权。这时，正值血气方刚的阿保机首先要做的自然是建功立业，带领族人开拓一方更广阔的天空。

他不断带兵四处征战，接连攻破室韦、奚等部落，又南下进攻汉族聚居地，俘获了一些汉人和大量的粮食、牲畜等。胜利带来的丰厚战利品，在促使迭剌部经济实力和作战实力迅速提升的同时，也为阿保机树立了更多威信。

后来，阿保机如愿地继承了伯父的于越职位，独掌部落联盟的军政大权。这时候，虽然阿保机不是可汗，但对于靠武力征服而立足的草原民族而言，掌握了军政大权，就等于掌握了整个契丹联盟。可以说，这时候，阿保机已经是契丹实际上的老大了。

阿保机果然没有令族人失望，当上于越以后，他不断带兵攻伐周围部落，并开始向南发展势力，不仅获得了丰厚的战利品，也使契丹民族的实力和威望大大提高。

渴望强盛的契丹人，深深地意识到一个严峻的问题：想要成为草原霸主，必须要有一个像阿保机这样强大的领导人。

然而，回顾他们的联盟盟主痕德堇可汗，实在让人汗颜得五体投地。他不仅仅是个碌碌无为的平庸之辈，继位以后毫无建树，而且还是个胆小如鼠的软弱之人，遇到事情不是以强有力的手段加以解决，而是首先被吓得屁滚尿流。

一次，在契丹族与幽州刘氏父子的战争中，痕德堇可汗的儿子被俘虏。痕德堇可汗得知消息以后，愣了半天，直到身边的人催促才回过神来。就在大家等着他慷慨激昂地发誓与刘氏父子不死不休的时候，他却默默地退了出去，不但没有发兵解救儿子，反而挑选了五千匹好马，恳求刘氏父子允许他用马匹换回儿子。

刘氏父子大感意外，同时也觉得痕德堇可汗是个软柿子，能捏就得好好捏，于是一口回绝了痕德堇可汗的要求，并暗示他拿出更多"诚意"。

契丹族人听说以后，异常气愤，觉得刘氏父子欺人太甚，纷纷表示要跟他们决一死战。但痕德堇可汗根本不理会族人的义愤填膺，而是恭恭敬敬地向刘氏父子乞求结盟，承诺从此以后定期纳赂，同时连夜带着族人跑回北地，不敢再贸然南进。

这一切都让争强好胜的契丹人十分不爽，他们费尽心机，想要激发痕德堇可汗"开窍"，但无奈总是徒劳无功。

终于，有人想出了一个好办法，于是就对痕德堇可汗进言说刘仁恭每年秋霜以后，都放火烧毁契丹人的牧地草场，导致族内大量牲畜因为缺乏草料而饿死，甚至族人也因为忍饥受饿，常有饿死，希望痕德堇可汗为族人讨回公道。

可令契丹人大跌眼镜的是，痕德堇可汗在冥思苦想几天以后，召开部落会议，表示应该送给刘仁恭更多的宝马良驹，好请求他卖给契丹一些草场。

阿保机十分清楚，痕德堇可汗的这些软弱作风，让族人非常不满。于是，他利用这个大好机会，提出遵照合法的传统制度选举可汗。

按照契丹人的风俗，做可汗的人必须有德行功业，否则就该退位让贤。软弱无能的痕德堇可汗在位期间，不仅没有帮助族人聚敛财富，也没有壮大契丹，甚至让契丹人脸上蒙羞，所以，阿保机的建议一提出，就得到了族人们的强烈支持。

结果，阿保机毫无悬念地赢得了大部分族人的支持，成为契丹联盟的新可汗。

成为契丹可汗以后，阿保机仍旧带兵四处征战，将契丹的领土扩张到了现在的长城以北的大部分地区，并与李克用会盟，相互交换战袍、战马等，一起打败了刘仁恭，获得了大量财富。

另一方面，阿保机不断培植个人势力集团，建立了自己的侍卫亲军，还建立了专门管理皇族事务的宗正官，也就是惕隐，为日后的建国称帝做好了准备。

你不知道的契丹

阿保机的伯父耶律释鲁有个老婆萧氏，跟耶律释鲁的小儿子耶律滑哥相互爱慕，勾搭成奸。耶律滑哥担心父亲知道自己与庶母的苟且之事以后会惩罚自己，于是联合耶律辖古只和萧氏的兄弟设计害死了父亲。消息传出，被释鲁扶植起来的迭剌部夷离堇耶律辖底连夜逃跑，迭剌部一夜之间危机重重，内乱随时都会发生。

这时候，阿保机还只是一个小小的挞马狨沙里，但他不惧艰险，挺身而出，主动向痕德堇可汗请缨，承担起破案重任。令人惊喜的是，他很快就将案件侦破了，将耶律辖古只、萧氏及其兄弟绳之以法，稳住了迭剌部的局势。也正是这次事件，让阿保机成功地坐上了迭剌部夷离堇的位子。

帝国版图的进一步扩大——征服奚族

随着汗位不断巩固，耶律阿保机便将更多的精力放在了征服其他草原民族上，企图打造一个新的草原帝国。征服室韦、乌古、女真等部落以后，阿保机将目光转向了西面的部落，首当其冲的就是奚族和黑车子室韦。

契丹归猎图

黑车子室韦是个小民族，在契丹铁骑的连番征伐下，很快就屈服了。而奚族，却仍旧顽强地跟契丹作斗争，这让阿保机十分头疼，却也激发了他非征服奚族不可的欲望和决心。

奚族，一开始叫做库莫奚，隋朝的时候简称为奚族。契丹在独立登上历史舞台之前，只是一个名不见经传的小部族，就躲在库莫奚部落联盟的羽翼下生存。

后来，随着契丹族的逐渐壮大，两个民族便在和平谈判的基础上分道扬镳，各自独立发展：契丹族游牧在冷径山以东的潢水、土河流域，奚族则生活在冷径山西面的土河上游地区。

这样过了好几百年，两家时而亲如一家：这家有了困难，那家也会帮忙，那家有了危机，这家也会伸出援助之手。时而兵戎相见，恨不得杀个你死我活，从此独占冷径山东西。然而，斗来斗去，两个民族谁都没有此消彼长的趋势，反而共同繁荣、共同强大起来。

一山不容二虎，两只老虎斗争久了，就肯定有一个占上风，一个落下风。在长期联合与斗争的过程中，契丹渐渐掌握了草原生存的规律，并不断自我提高，成为了一只猛虎，稳稳地占据了上风。

特别是阿保机的祖父辈担任夷离堇的时候，契丹已经成为周围部落中的佼佼者。强大起来的契丹一想到几百年来的纠缠不休，真是恨得夜不能寐、食不知味，他们觉得分出胜负的时机已经到了，于是开始对昔日的伙伴兼敌人——奚族大规模用兵。结果显而易见，奚族大败，一些部族被迫归附契丹。

之后，在契丹的不断征伐下，奚族渐渐分成了三大部分：一部分成为契丹的俘虏，也就是被征服奚；一部分游牧在燕山山脉中东段以北以及琵琶川地区，为东部奚；另一部分西迁到燕山山脉西段地区，为西部奚。

在阿保机担任夷离堇的时候，契丹劝降了东部奚，并不断加强对东部奚的管束，这使得东部奚中一些不愿被契丹奴役的人，不断逃离到西部奚。阿保机当上可汗以后，契丹内部一些反对阿保机的人也投奔去了西部奚。西部奚就这样一下子成了阿保机的眼中钉、肉中刺，阿保机无时无刻不想着除之而后快。

就在这时，被征服奚中一部分被安置在乌马山的部落爆发了叛乱，阿保机怒火中烧，在平定叛乱以后，迁怒于西部奚，亲自带领大军雄赳赳、气昂昂地朝着西部奚挺进。

西部奚所处地形险峻，易守难攻，再加上契丹军初来乍到，不熟悉地形，几轮攻击下来，契丹军没有占到半分便宜。

这让阿保机恼羞成怒，他想起了过去几百年，他的祖先们与奚族旷日持久却始终平分秋色的战争，他痛恨那种只有流血死亡和冲锋陷阵，却没有胜利的战斗。同时，他也十分清楚，一旦战争陷入持久战，那将对自己十分不利，不说士卒们会思念家乡，士气低落，迟迟看不到胜利也会打击士卒们的信心，更何况他们远道而来，一旦粮草不接，那将会输得惨不忍睹。

想到这些，阿保机渐渐冷静下来，开始思考新的征服西部奚的办法。终于，他灵光一闪，决定双管齐下：一边不断挥军征伐，让西部奚知道契丹的厉害，一边派人前去劝降。

然而，令阿保机意外的是，劝降的效果并不明显。由于西部奚中既有奚族中的反契丹分子从中作梗，又有投奔过来的反对耶律阿保机当政的契丹贵族不断游说，结果，投降的奚族部落寥寥无几，就算有几个今天投降了，明天又可能改变主意，叛离而去。

这让阿保机十分恼火。于是，他重整兵马，重新制定作战方案，紧急部署，开始全方位、大规模地扑杀西部奚。一时间，契丹兵马气势熏天，厮杀声响彻苍穹，一路势如破竹，没过多久，就完全拿下了大半个西部奚，剩余的一小部分仓皇撤退到伪州境内，直到辽太宗耶律德光获取幽云十六州以后，才彻底归附契丹。

这一切，东部奚都看在了眼里。他们当初是没动一刀一枪就归附了契丹，所以没有想到契丹竟然如此凶猛，差点灭了整个西部奚。看着同族人的悲惨遭遇，他们心底汹涌澎湃，仿佛看到了自己部落的未来。一些人再也忍耐不下去了，开始光明正大地反对契丹的统治。

阿保机眼看一波刚平、一波又起，觉得自己放任奚族太久了，是时候好好教训教训他们了。于是，他马上挥师东进，分兵征讨东部奚。结果自然是大获全胜。

就这样，西部奚和东部奚都被契丹相继征服了，奚族所居之地也归契丹所有，契丹帝国的版图得到了进一步的扩大，南到燕山山脉（也就是长城一线），西到阴山。

你不知道的契丹

西部奚和东部奚成为了契丹的属部以后，新的问题又出现了，奚族与契丹部落联盟有着相同的一套管理体制，如果把奚族强行纳入契丹属部管理，废除他们原有的政权机构，显然不现实。可是，不然又该怎样管理奚族呢？

阿保机并没有被这个问题难倒。他决定向中原王朝学习，将奚族部落重组，保留原来奚族王族的五帐，并让他们继续享受原来奚王族的待遇，全部由奚王府管辖。除此以外，奚王府仍然有相对独立的部落自由主权，这样一来，奚族就成为了名副其实的"一国两制"下的"民族自治区"。等到辽圣宗时期，奚王献出了牙帐地，开始完全由契丹部落来管理。

家族内部的王权之争——诸弟叛乱

阿保机当上可汗以后，混得可谓是风生水起。他不断对外征伐，对内调整，使得可汗的权力越来越大，逐渐成为至高无上的象征。然而，就在阿保机洋洋得意于自己的丰功伟业之际，各种羡慕嫉妒恨也接踵而至，越来越多眼红的人开始默默地做起了可汗梦。

当时，按照契丹传统，可汗之位是世选制，也就是说凡是耶律家族的成年男子，只要有能力和功绩，就有机会成为下一任可汗。但是，阿保机做可汗做上了瘾，不想按照传统让出汗位，这样一来，他那些已经成年的叔叔和

契丹第一面正式颁发的职官金牌

弟弟们就不乐意了，纷纷暗中磨刀霍霍，企图以武力解决可汗换届问题。

最先忍耐不下去的是剌葛、迭剌、寅底石、安瑞四人。他们勾结在一起以后，没事就关起门来商量如何除掉阿保机，夺得可汗之位。日子久了，就被安瑞的妻子发觉了。她了解到安瑞四人要密谋造反以后，整天心惊肉跳、寝食不安，最后终于狠下心向阿保机告密。

阿保机勃然大怒，决定先下手为强，于是马上派人将谋反的四个弟弟抓了起来。但是，他们毕竟是自己的亲兄弟，阿保机实在不忍心杀他们，就跟他们"敞开心扉"地深入交谈，表示自己并不是要霸占着可汗的位子不放，但也要等下次改选再说。

四个弟弟见阿保机不但没有处罚他们，还这么情真意切地跟自己谈话，深受感动，纷纷表示愿意相信阿保机。为了给他们吃上定心丸，阿保机带着他们一起登山杀牲，向天发誓说下次可汗改选大会上一定会交出汗位。

下次换届大会很快就来了，这让阿保机恨得牙痒痒，因为就算别人不知道，他自己也很清楚之前用的只是缓兵之计，可汗之位他还没坐够，怎么能随便让出去？可话已出口，怎么办呢？这时，阿保机正带兵攻打周围部落，他灵机一动，就派人告诉弟弟们他现在军事繁忙，实在抽不出时间参加换届大会。

弟弟们一看，又被阿保机放鸽子了，心里十分不爽，就凑在一起商量到底该怎么办。商量来商量去，他们得出一个跟之前一样的结论：只能借用武力来逼迫阿保机退位让贤了。这一次，除了上次的四个人，新任惕隐耶律滑哥也加盟到了反叛队伍中。

经过一番密谋，他们决定趁着阿保机带兵征伐术不姑部的机会，劫持阿保机参加换届大会。于是，带兵攻打平州凯旋的剌葛，在半路上调转矛头，阻挡了阿保机的归路，企图以此强迫阿保机召开可汗换届大会，并交出象征可汗权力的战鼓和旌旗——"鼓纛"。

阿保机万万没有料到，自己的兄弟竟然在他凯旋之际向他发难，一时间，震惊、愤怒汹涌而至。但他毕竟久经沙场，定力过人，很快就冷静了下来，开始思考该如何应对这个麻烦。

可汗换届大会是契丹传统，弟弟们并没有错，而之前自己也说了要参加这次的改选，如今又以各种理由拒绝参加，所以才让他们抓住了把柄。想通了这一点，阿保机意味深长地笑了，既然他们谨遵"传统"，那么就让所谓的"传统"来对抗他们吧。

阿保机不再搭理想跟他鱼死网破的弟弟们，而是带兵南下，同时秘密召集各部夷离堇到军前开会。在一个叫做十七泺的地方，阿保机与赶来开会的各部夷离堇会合了。

阿保机告诉他们，今年又是改选年了，之前由于自己军务繁忙，没能举行，这次一定要举行了，毕竟这是老祖宗留下来的传统，我们必须得尊重。

各部夷离堇也都是聪明人，早就知道阿保机与弟弟们之间的矛盾，知道他们正为了可汗之位跟阿保机处处为难。再看这次所谓的改选大会，阿保机的四个弟弟一个也没到，于越耶律辖底和惕隐耶律滑哥也不见踪影，就连迭剌部夷离堇耶律剌葛也没露面，这毫无疑问，是阿保机在走过场，好按照传统混个名正言顺的连任。

再环顾帐外，阿保机的大军环绕四周，戒备森严，几位夷离堇深知阿保机根本没有给他们任何拒绝的机会。于是，各部夷离堇都不约而同地投了阿保机的支持票，并高高兴兴地举行了"柴册礼"，恭贺阿保机连任契丹可汗。

按照契丹习俗，只要举行了"柴册礼"，不管这个人是不是被众人推举出来的，都是合法可汗。这样一来，弟弟们就无话可说了。

阿保机为自己的机智深感欣慰，并马上派人通知还在北面等着他回去的弟弟们。弟弟们一看大局已定，顿时都傻眼了，连忙派人来向阿保机请罪。阿保机有惊无险，又获得一个"皆大欢喜"的结局，心情好得不得了，也就不再追究弟弟们的叛乱之罪，只让他们悔过自新。但为了防止这样的事情再次发生，阿保机任命耶律曷鲁总管军国事，并担任迭剌部夷离堇，剥夺了耶律氏旧贵族对迭剌部的控制权。

然而，可汗宝座的诱惑实在太过强大了。当阿保机的弟弟们意识到传统的约束已经对阿保机毫无意义以后，他们终于按捺不住内心的欲望和愤怒，决定跟阿保机决一死战。

可汗改选大会召开以后不到半年，阿保机的母亲宣简皇太后萧氏、妹妹余卢睹姑、养子涅离衰、契丹大巫神速姑等人，连同阿保机的弟弟们，一起发动了叛乱。

一开始，这些人先商议好拥立剌葛为新可汗，并准备好了"鼓纛"。然后，迭剌和安端按照事先的计划，假装去朝见阿保机，企图伺机劫持阿保机去参加他们已经准备好的可汗改选大会。

悲剧的是，这次的阴谋又被阿保机识破了。阿保机将计就计，依靠自己的军队战胜了迭剌和安端，收编了他们的一千名骑兵，然后亲自带兵前去围剿剌葛。

但剌葛也不是善者，他早就做好了两手准备，一得到消息说阿保机正朝自己杀来，马上派出军队直扑阿保机的行宫。

当时，阿保机倾巢而出追击剌葛，只留下妻子述律平和她的部分亲兵看守大帐。述律平的亲兵大败，剌葛的军队顺利地烧毁了辎重、庐帐，夺走了象征可汗权力的"鼓纛"和祖先的神帐。

述律平知道一旦失去"鼓纛"和神帐，阿保机的可汗之位就真的岌岌可危了。面对数倍于己的敌人，述律平咬咬牙，亲自带兵拼死抵抗。很快，得到消息的阿保机就派来了援兵，述律平大喜，马上派人追赶敌军，顺利地夺回了"鼓纛"，却让反叛军逃走了。

另一方面，北上追击剌葛的阿保机并没有硬碰硬，而是根据地势，先派人在前面埋伏堵截，又派兵在后追赶，前后夹攻。结果，剌葛大败，将好不容易夺来的神帐往路边随便一扔，带着仅剩的部下仓皇而逃。

阿保机却没有继续追赶，而是带兵在土河驻扎下来，让部下好好休整。每天，阿保机都悠闲地在土河边散步，没事看看蓝天、白云，跟部下齐聚一堂，日子过得悠然自得。他并不着急，他知道剌葛的部下很快就会思念家乡，那时对方的士气就会一落千丈，士兵也早已无心恋战，就算他不出兵，也已稳操胜券。

一切果如阿保机所料，剌葛的部下很快就士气低迷、意志消沉，阿保机趁机大举进攻，结果毫无悬念地大获全胜，擒获了剌葛。

之后，阿保机重新任命了迭剌部的夷离堇和惕隐等官，并处罚了参与叛乱的人。

经过这三次平叛，阿保机基本把家族内部的反对势力消灭干净了，这也为他日后建国称帝扫清了障碍。

你不知道的契丹

所谓"柴册礼"就是积薪为坛，皇帝受群臣所上玉册，然后燔柴祀天。这是契丹族的一种传统礼仪。只要举行了"柴册礼"，不管是谁，也不管这个人是不是大家推举而出的，都算是合法可汗。

主动辞职是为了更好的发展——主动辞职与建国

觊觎可汗之位的，其实远不止耶律阿保机的兄弟们，还有契丹的其余七部。只是，在迭剌部成为联盟首领的这么多年里，迭剌部发展迅速，经济、军事等各方面实力都遥遥领先，远非其余七部可同日而语。所以，其余七部只好按兵不动，强迫自己隐忍着对可汗之位的渴望。

当了解到阿保机的弟弟们也对汗位虎视眈眈以后，其余七部暗自窃喜，下定决心决不抢先动手。果不其然，没过多久，迭剌部内战爆发，阿保机与弟弟们的汗位之争从暗斗转为了明争，其余七部马上好整以暇，隔岸观火，准备等他们两败俱伤，好坐收渔翁之利。

这场内战，迭剌部损失惨重，元气大伤，经济和军事都受到了很大的破坏，原来部落中有上万匹马，如今百姓连出门都得步行。

这一切，自然瞒不过其余七部的眼睛，他们看到迭剌部的实力一下子倒退了好几十年，马上意识到自己的机会来了。

这时候，乌古部发生叛乱，阿保机正亲自带兵征讨。其余七部知道这是将阿保机赶下台的绝佳机会，于是马上暗中相互联络，密谋除掉阿保机。

当阿保机平定叛乱，兴高采烈地班师回朝时，却在路上遇到了前来"逼宫"的其余七部。他当然不会以为这些人是在列队欢迎自己，看他们的架势，他马上意识到，这些人是想趁着他兵疲马惫，又无支援，要挟他恢复旧的可汗选举制度，让出可汗之位。

大军当前，阿保机回头看看自己身后早就疲惫不堪的兵马，他深深地知道，这一次不能再像对待诸弟叛乱那样完全靠武力来解决问题了，只能智取。可是，要如何智取呢？

这些人既然敢陈兵境上，以兵阻道，逼他就范，那必然已经做好了充分的准备。一旦言语不和，或者自己拒绝他们的请求，难免兵戎相见。

而他们又跟自己的弟弟不同，自己的弟弟怎么闹腾，那都是他迭剌部的家事。但七部夷离堇就不一样了，一旦双方撕破脸皮，闹得不欢而散，不仅可能导致契丹内乱，甚至还可能使好不容易发展壮大的契丹分崩离析，彻底瓦解。

阿保机思前想后，发现目前唯一可行的办法就是自己让步，但就此让出可汗之位，他又怎么甘心？于是，阿保机对七部夷离堇说："我想过了，我决定辞去可汗的职位。不过，我担任可汗九年，俘虏了很多汉人，我想带领他们到炭山古汉城，自己另起炉灶，治理一方，不知道这样可以吗？"

七部夷离堇一下子都愣住了，你看看我，我看看你，一时之间不知如何是好。他们设想了几百几千种可能，甚至想到了谈判失败，双方被迫兵戈相向，结果当然是七部大军完胜，耶律阿保机被斩首马下，七部顺利地将迭剌部赶下台，从此可汗轮流做。却偏偏没有想到，阿保机竟然这么痛快地主动辞职了。

辽代服装以长袍为主

没动一刀一枪就让阿保机退位让贤，这自然是再好不过的结果了。七部夷离堇心花怒放，再考虑阿保机的要求，也就不觉得过分了。毕竟他们本来就担心阿保机回到原部再带兵杀回来，现在他主动要求另起炉灶，那实在是太皆大欢喜了。

于是，阿保机带着迭剌部和契丹部落中被俘虏或归附而来的汉人来到滦河一带的炭山古汉城。

炭山古汉城原先是西部奚的地盘，后来阿保机征服西部奚，这里也就归契丹所有了。经过几年的发展，炭山古汉城已经成为一座具有一定规模的商业城市。

阿保机带领部众到来以后，采取汉族谋士的建议，进一步修建城郭房屋，大力鼓励耕种，再加上当地盛产盐、铁，经济很快发展起来。一段时间以后，迭剌部的经济、军事实力和人口数又稳居契丹八部之首了。

看着欣欣向荣的新部族，阿保机觉得时机已经成熟了，是时候返回大本营，让那七个逼迫自己退位让贤的部族重新选自己当可汗。要知道，这一口气他已经忍得太久了，再不好好发泄一下，迟早得憋出内伤。

但是，阿保机的妻子述律平却不这样认为。她觉得重新当上可汗，也不过仍是三年之期，三年之后还得重新选举，即便阿保机仍然能够连任，但每隔三年，可汗之位都得经受一次挑战，而且反对者也仍然不会善罢甘休，之前的诸弟之乱和七部逼宫仍然有可能发生。想要从根本上解决这一问题，就只有一个办法——斩草除根，永绝后患。

阿保机如同醍醐灌顶，茅塞顿开，于是马上开始着手诛杀诸部夷离堇，决定以兵统一契丹。

可是，要怎样神不知鬼不觉地杀掉七部夷离堇呢？这的确是个难题。

阿保机在与妻子述律平商量之后，决定利用炭山古汉城的特产——食盐做文章。

契丹族一向以游牧为主，生活所需的食盐根本没法自给自足，而炭山古汉城拥有盐池，盛产食盐，契丹七部所需的食盐都来自这里。于是，阿保机就对七部夷离堇说："我们这里有盐池产盐，各部所需的食盐都由我们供给，可是大家只知道吃盐很方便，却不知道盐池也有主人。这样怎么可以呢？你们都应该来犒劳犒劳我才对！"

　　七部夷离堇一听，觉得很有道理，也未加多想，就定下了一个日子，带着牲畜和美酒来到迭剌部。阿保机亲自迎接了他们，并举行了盛大的宴会招待他们，七部夷离堇感激涕零，纷纷举杯推盏，大口吃肉，大碗喝酒，喝得不亦乐乎。

　　就在宴会气氛最热烈，七部夷离堇都喝得醉醺醺的时候，只听一声哨响，埋伏在四周的迭剌部将士一拥而上，将七部夷离堇全部杀死。这场契丹版的鸿门宴就是契丹历史上著名的"盐池之变"。

　　之后，阿保机顺利地统一了契丹八部，并在公元916年正式称帝、建国，国号契丹，建元神册，自封"大圣大明天皇帝"，册封妻子述律平为"应天大明地皇后"，并立长子耶律倍为太子，彻底废除了部落世选制，开始实施皇位世袭制。

　　之后，阿保机完善了护卫制度，建立"斡鲁朵"制，也就是宫卫制度，培养特殊的皇权侍卫，随时随地跟随自己左右。

　　与此同时，阿保机又重用汉族知识分子，确立各项制度，健全法制，并制定了契丹第一部法典——《决狱法》，使契丹帝国从此有法可依。又实施"因俗而治"的管理方法，管辖统治区内的各个民族，实行中央南北官制，北面官制以契丹制度管理契丹本部，南面官制以汉人制度管理汉人。

　　此外，阿保机又让耶律突吕不等人，在汉族知识分子的帮助下，吸收汉字的特点，创造出了契丹文字，称为"契丹大字"。

　　从这一时期开始，契丹不再是随处迁徙的游牧民族，逐渐成为拥有无数城市、村落的国家，正式走向帝国之路！

你不知道的契丹

　　在历史上，契丹的国号曾有过几次变动：公元947年，辽太宗耶律德光改成了辽；公元983年，辽景宗耶律贤的皇后萧绰执政以后，又改成了契丹；公元1066年，辽道宗耶律洪基又改成了大辽，从此以后，契丹帝国再也没有改过国号，直到灭亡。

与中原的第一次大规模正面交锋——窥视燕云

称帝以后，阿保机并没有停止征伐，而是继续带兵征伐突厥、吐谷浑、党项、沙陀等部落，甚至想趁机南下，进一步扩大契丹帝国的版图，建立强大的草原帝国。

但是，南下并非易事，纵观老祖宗们与中原王朝打交道的历史，阿保机知道只有等到天时地利人和再动手，才是万全之策。

苍天不负有心人，很快，阿保机就等到了这么一个机会——晋新州的裨将卢文进带兵来投，并邀请阿保机一同南下。

卢文进原来是桀燕皇帝刘守光的手下，后来晋王李存勖派兵攻打幽州，刘守光和父亲刘仁恭被俘获并斩首，卢文进一看形势不对，马上表示愿意归降。李存勖见卢文进仪表不俗，是个人才，便同意了，把他安排在弟弟李存矩手下当差。

李存矩为人骄横跋扈，贪图享受，十分懒惰。一次偶然的机会，他见到了卢文进的女儿，顿时惊为天人，被其迷得神魂颠倒，也不管卢文进同不同意、女儿愿不愿意，强行把她带回家中，纳为侧室。卢文进十分恼火，可也是敢怒不敢言。

但李存矩平时坏事做尽，很快就得到了报应，军中发生叛乱，李存矩被杀。身为副官的卢文进得知以后，抱着李存矩的尸体放声大哭："你们害死了将军，让我以什么脸面去见晋王啊！"

卢文进平时对待手下十分和善，深得军心，众人一听，也知道因为自己的鲁莽害了卢文进。于是，纷纷提议拥立卢文进为主帅，脱离后唐，另起炉灶。

事已至此，卢文进也没办法了，只好同意了属下的提议，带兵返回新州。新州守将杨全章已经得到消息，知道卢文进反叛，拒绝他们进城。卢文进只好带兵去攻打武州，结果大败，无奈之下，只好投奔契丹。

阿保机自然也知道卢文进投靠契丹是无奈之举，他并不是真的想在契丹长住下去，而是想借契丹的力量，帮他在长城以南获得一块属于自己的土地。但阿保机并不怕他不全心全意为契丹服务，这么一个小小的汉将，他还没有完全放在眼里。所以，当卢文进献计，怂恿阿保机趁着李存勖在河北大战的机会，进取其山北八军的时候，阿保机欣然同意了。

所谓山北八军，就是李存勖在幽云十六州的八个军镇。阿保机本着擒贼先擒王的原则，先让卢文进带领汉军攻打山北八军统帅总部所在的新州。

新州守将是个名副其实的胆小鬼，看到卢文进带领大军气势磅礴地杀来，厮杀声响彻云霄，顿时吓得面如土色，惊慌失措之下，他根本顾不得自己的职责了，连滚带爬地弃城而逃。契丹兵不费一兵一卒就顺利拿下了新州。

这时候，李存勖正在魏博（也就是今天的河北大名）亲自带兵与朱梁大军作战。听说卢文进叛变，还当了契丹人的前锋，顿时火冒三丈，马上命令幽州节度使周德威带兵前去讨伐。

两军在新州西相遇，大战一场，周德威被打得落花流水，损失三万多人。眼看这样下去，自己必败无疑，周德威只好下令退回幽州。一回到幽州城，周德威马上下令关闭城门，死守幽州，拒不迎战。

阿保机见状，挥兵而上，把幽州城里三圈外三圈地围了个水泄不通。

周德威吃了一次亏，坚决不肯再出城迎战，任凭契丹军和卢文进带领的汉军在城下破口大骂，不断挑衅，他就是岿然不动，充耳不闻。他知道，单凭自己，是很难取胜的，如今最好的办法就是守城不出，等待援军到来。幽州城城墙坚固，易守难攻，坚持半年都不会有问题，所以他耐下性子，开始坚守不出。

这下阿保机郁闷了，草原上刀光剑影见得多了，不管势均力敌还是彼此悬殊，都会直截了当地面对面，昏天暗地地厮杀一通，一决高下。鹿死谁手，那都听天由命。却从没见过有谁战败之后，躲起来拒不迎战的。周德威如今死不露面，仗都没法打，总不能俩人"纸上决战"吧？这可如何是好？

这时，卢文进闪亮登场了。他告诉阿保机，在中原，因为人们都修筑城郭而居，每逢战争，势必会遇到一方守城不出的情况，所谓水来土掩兵来将挡，一物必有一物降，对方既然有守城之策，我们就有攻城之计。

阿保机一听，郁结之情顿时烟消云散，决定让汉军做全军的"军师"，带领契丹军攻取幽州城。

契丹军正为不知如何是好而发愁，气势大跌，如今听说汉军有攻城妙计，士气大振。于是，两军合作，开始夜以继日、日以继夜地攻打幽州城。

周德威也不是善类，他严密部署，让守城士兵借着居高临下的优势，不断往下扔滚木、礌石，施放冷箭，来阻止契丹军和卢军的进攻。在守城军的严密阻击下，契丹军和卢军一次次被迫退回来，但他们毫不气馁，很快就又冲了上去，再被逼回去，再次打回来……

这样的攻守大战持续了很多天，却全无效果。阿保机不禁有些恼火，卢文进灵机一动，马上献计，地上攻城不行，何不从地下攻城？于是，他带领汉军和契丹军从城外挖掘地道，准备从城墙底下挖到城内，从地道攻入城内。

阿保机和卢文进本以为这一招万无一失，禁不住要提前设宴庆功了，却没想到喜悦很快就被接着传来的噩耗击溃了。

原来周德威意外发现了契丹军和卢军的意图，却并没有揭穿他们，而是将计就计，在城内相应的位置挖出壕沟，找到契丹兵马挖掘的地下通道出口，然后将熔化的铜水一股脑灌入通道中。契丹兵马猝不及防，死伤严重，被迫取消这一工程计划。

卢文进气结，连忙紧急部署，采用空中攻城的策略，在城外用土堆起一座座土山，居高临下攻城。然而，卢文进有"张良计"，周德威有"过墙梯"，他也紧接着变化守城方式，再一次阻止了契丹兵马。

这样纠缠了接近两百天，幽州城迟迟没有攻下，所谓的攻城也变成了彻彻底底的围城。阿保机心急如焚，一方面不想就此放弃这个南下的大好机会，另一方面又觉得如此攻城实在太浪费人力物力财力了，内心纠结不已。

这时，李存勖仍在跟朱梁大军作战，不过他也知道幽州这边已经快到极限了，就算城墙不破，城内也快断粮了，于是马上命令李嗣源和李存审带领七万兵马前去救援。

阿保机得知消息，马上派兵阻击，结果数次大战，都一败涂地。阿保机围城旷日持久却始终无果，内心早就已经动摇了，这下连番战败，顿时有些灰心丧气，知道自己还不是中原兵马的对手，于是只好带兵撤围而去，新州诸镇又重新回到了晋军手中。

你不知道的契丹

在这次战争的前一年，阿保机也曾试图南下。他先包围了朔州，朔州守将是李克用的干儿子李嗣本，当时他刚从河北前线回到朔州，大部分兵马还没撤回，结果抵挡不住契丹兵马的进攻，朔州城被攻破，李嗣本也被活捉。

之后，阿保机又派人给云州守将李存璋送信，让他给契丹兵马提供钱财和粮草，否则就踏平云州。结果，李存璋根本不买他的账，还斩杀了送信的使者。阿保机大怒，带兵直扑云州，将云州团团包围，但云州城池坚固，易守难攻，契丹攻城多日，迟迟攻打不下，阿保机无奈，只好转去蔚州。

随后，阿保机接连攻掠蔚州、新州、武州等地，抢掠了大量财物、人口和牲畜，兴高采烈地满载而归。

草原之王生平唯一的惨败战役——望都之战

幽州之战后，阿保机南下受挫，所以就专心处理国内事务，希望带领契丹再上一个台阶，促使经济、军事等各方面实力大幅度提高，为下一次南下做准备。但很快，没等他准备完毕，中原王朝就又向他伸来了橄榄枝。

这一次，除了卢文进，还有定州节度使王处直的儿子王郁。王郁本来是李克用的女婿，李存勖的妹夫，因为"王镕事件"而改投契丹。

王镕是镇州节度使，因为杀了两个反对自己的臣僚，引起了部下将士们的不满和恐慌，他的干儿子张文礼趁机鼓动闹事。这天晚上，王镕正在自家后院跟道士一起恭恭敬敬地焚香受箓，突然，一千多名将士翻墙而入，冲进来把他杀死了。

之后，张文礼诛杀了王镕的长子和其他王氏子孙，自己做起了"镇州留后"，也就是镇州节度使代理人、下任镇州节度使。

李存勖得知王镕被杀的消息以后，顿时火冒三丈，觉得张文礼也太不把他当回事了，竟敢擅自杀死他亲自任命的官员，还自封了留后，看来不好好教训教训张文礼，他是不知道镇州到底是谁说了算！于是，李存勖传令下去，准备发兵攻打镇州。

张文礼得知以后，吓得脸色惨白，之前自己只想着夺权了，竟然还忘了王镕背后的大靠山，这可怎么办是好？想来想去，他发现，目前只有一条路可走，那就是请求契丹的帮助。于是，张文礼暗中派人联系卢文进，让他说服阿保机出兵援助。

与此同时，王镕的邻居、定州节度使王处直听说李存勖要亲自征讨镇州，也吓得魂不附体。他之前归附李存勖是迫不得已，心里一直都盘算着怎么脱离李存勖，另起炉灶，他知道李存勖对此也心知肚明。所以，这次李存勘征讨镇州，肯定会顺便把定州也收了。

难道就这样坐以待毙，等着李存勖收了自己的地盘和脑袋吗？王处直用力摇摇头，绝对不行！可是，要怎么办呢？打又打不过人家，逃就等于把定州双手奉上！忽然，他想起了在李存勖手下当差的儿子王郁。

于是，王处直情真意切地给儿子写了一封信，让他出关搬救兵，并承诺事成以后让他继承自己的家业。

王郁看到信以后，开始十分不屑。当年王处直在侄子王郜手下当差时，想要杀害王郜，王郜连夜逃到了晋王李克用那里，当时王郁也跟着堂哥一起投奔了李克用。之后，王郁混得越来越好，还娶了李克用的女儿，当上了新州节度使，混得可谓是风生水起、有声有色。所以，跟老爸也一直存有芥蒂，甚至有些老死不相往来的味道。

如今，老爸竟然跑来让他去搬救兵对付李存勖，这不等于让他公然背叛李存勖吗？王郁觉得这笔买卖很不划算。但是，再看老爸开出的条件，把整个家族基业都给他，王郁心动了，毕竟家业再小，那也是自己的地盘，在李存勖麾下混得再好，那也是寄人篱下。

挣扎一番以后，王郁决定跟老爸合作，于是，他秘密潜出关外，找到阿保机，请求他出兵援助。

但是，很明显，阿保机并不想此时南下。

卢文进和王郁当然很清楚阿保机在担心什么，于是凭借三寸不烂之舌，将此时南下的好处一一列出，并明确指出此时南方政局动荡不安，自顾不暇，正是契丹趁虚而入的好机会，否则过了这个村就再难找这个店儿了。

最终，阿保机被他们说动了，于是，亲自率领十万兵马，从古北口长驱直入，一路攻城略地，势如破竹，一直攻打到幽州城下，再次包围了幽州城。

这时候，幽州节度使周德威已经死了两年了，负责镇守幽州城的是晋将李绍宏。李绍宏远没有周德威的才能，看到契丹大军浩浩汤汤地杀来，吓得面如土色，屁滚尿流，连忙招呼部将退回幽州城，迅速地关闭城门，拒不迎战。

阿保机费尽心机攻打幽州城，但无奈幽州城固若金汤，任他使出三十六计，也难以撼动一分一毫。再回想起上次幽州受挫，阿保机郁闷了，难道这次还要止步于此？

就在这时，传来了王处直被杀的消息。原来，王处直跟儿子王郁的交易被干儿子王都知道了，王都害怕王郁抢了自己的利益，于是煽动将士的不满情绪，趁乱杀死了王处直，自己做起了定州留后。

王郁听说老爸王处直被杀，勃然大怒，于是费尽口舌劝说阿保机暂时放弃幽州，先挥兵南下，攻打定州。

阿保机正在为幽州迟迟攻打不下而发愁，王郁的建议让他豁然开朗，于是听从了王郁的建议，绕过幽州城，直奔镇州和定州，并在路上顺手攻取了涿州。

很快，契丹大军就将定州城团团围住了。

然而，还不等阿保机正式攻城，意外却发生了——天气骤变，下起雪来。

与中原军队不同，契丹军队并没有什么后期保障队伍，也没有专门押送粮草的人马，所有的粮草都由将士自己准备。一般来说，每次出征，契丹将士都只允许携带很少的粮草，其他的都是走到哪里，在哪里就地解决，或抢掠，或放牧。

所以，恶劣天气的突然降临，一下子给契丹大军带来了很大的困难，导致粮草无法相继。

更悲剧的是，正在带兵攻打镇州的李存勖听说契丹兵马南下攻打定州，也马上亲自带了五千兵马朝定州赶来。

阿保机不敢怠慢，马上分兵阻击，结果还是被李存勖杀了个措手不及，大败而归。阿保机再次落败，惊慌失措，连忙下令撤往望都。由于撤退过于慌乱，他随军来到定州的小儿子耶律牙里被晋军俘虏。

李存勖当然不肯善罢甘休，带兵一路追到望都。这时候，阿保机也刚刚到达望都，还没安顿好，就看到李存勖带兵气势磅礴地杀来，他恼羞成怒，带兵出城迎战。

这一战，李存勖所领不过五千人，而阿保机却有十万之众，在数量上远远超过了李存勖。所以，阿保机分析利弊以后，马上调整阵型，将李存勖的兵马团团围住，准备来个瓮中捉鳖。

李存勖坐在高头大马上，睨着黑压压的契丹大军，脸上毫无惧色，镇定自若地指挥部队拼死硬打，毫不输于契丹军。一时间，双方陷入了昏天暗地的混战之中。

然而，双方兵力太过悬殊，阿保机使用人海战术，一个倒下了，后面的接着顶上，将士前赴后继，源源不断。很快，李存勖就支撑不住，渐渐处于下风了。

李存勖很清楚现在的状况，知道再战下去，已经不是你死我活的问题了，自己必然全军覆没。于是，他马上下令，让将士伺机突围。但是，十万契丹大军组成的包围圈实在太过庞大了，尝试了一次又一次，始终找不到突围而出的机会。

李存勖渐渐有些绝望了，难道真是天要亡我？

就在这时，远处传来一阵震耳欲聋的喊声，李存勖定睛一看，竟然是自己的部下李嗣昭带着援军赶到了，不禁大喜，再次振奋精神。

援军的赶到，让晋军士气大振，而契丹人马却一下子乱了阵脚，纷纷溃败下去。李存勖见状，马上挥军而上，打了契丹军一个落花流水。

阿保机见大势已去，慌忙下令迅速北撤。

卢文进还想劝说阿保机继续战斗，但阿保机抬头看着漫天飞雪的苍茫天空，说："是老天不让我到这里来。"说着，就命人把王郁绑了起来，率领大军向北撤去。

"屋漏偏逢连夜雨"，契丹军一路往北撤退，但越往北走，雪却下得越来越大，平地上积雪都达到了数尺深。

积雪过厚，天寒地冻，粮草难济，这给契丹兵马带来了巨大的损失，不断有人马因饥寒交迫而倒下，一望无际的雪地上留下无数兵马的尸体，惨不忍睹。等到撤退到古北口时，十万大军只剩下不足两万了。

这是耶律阿保机生平第一次、也是唯一一次输得如此惨烈的战役，被称为"望都之战"。

你不知道的契丹

望都之战后第三年，阿保机有生之年最后一次率兵南下攻掠幽蓟地区。但是这次，他并没有亲自出马，而是让二儿子、新任的契丹天下兵马大元帅耶律德光为先锋官。耶律德光一路攻城掠地，很快就拿下了平州、幽州以及镇州的曲阳、北平等地。

就在这时候，李存勖在魏州建唐称帝。阿保机得知以后，知道中原局势变化，很难有利可图，李存勖这颗眼中钉又实在太过棘手，于是留下卢文进、赵思温驻守平州，自己带领大军返回契丹。

威震西域——耶律阿保机西征

耶律阿保机从平州返回以后，本想进一步休养生息，但是眼看着李存勖灭了朱梁，建唐称帝，耐性再好，他也坐不住了。

阿保机十分清楚，一旦中原政权的局势稳定下来，李存勖首先要对付的就是契丹。

当年，李克用临死之际，交给儿子李存勖三支箭，让他替自己完成三个心愿，即讨伐刘仁恭、消灭朱梁、北击契丹。如今，刘仁恭灭了，朱梁也亡了，如果不是因为李存勖正忙着完成中原统一大业，腾不出时间和精力对付契丹，恐怕契丹早就被讨伐了不知几十甚至几百次了。

等到李存勖完成统一大业，面对中原王朝的百万雄师，契丹别说是想要再涉足中原，就是想管理好自家的事情，统一北疆，都是难上加难。

阿保机越想越确定，必须要趁着李存勖刚刚灭亡朱梁，忙着平定中原藩镇的机会，赶紧统一北疆。于是，阿保机决定亲自率军西征，统一草原诸部落。

但是，这时候距离上次南下中原惨败而归，还不到三年，契丹元气还没恢复，这时候大规模用兵，明显不是明智之举。阿保机知道肯定会有很多人反对，所以，为了以防万一，他事先做足了准备，然后把诸部首领和文武大臣都召集起来，决定学习中原人的策略——以情动人，以理服人。

他告诉大家，圣主明君，多少年才出一个，而他耶律阿保机很幸运地被老天选中，成了这个承天命来统领众生的圣明君主，所以他一定会竭尽全力、呕心沥血、鞠躬尽瘁地为了壮大契丹而不懈努力。

他又说，如今，契丹政治制度完善，对子孙可以放一万个心了，但是人生有期，三年之后的初秋就是他驾鹤西去的日子，然而革命还没成功，他怎么能够死得瞑目？所以，趁着还有一点时间，他一定要抓紧采取行动，为契丹做出最后一份贡献。

阿保机说得情真意切，句

耶律阿保机戎装图

句发自肺腑，在场众人听得目瞪口呆，惊惧不已，一时间不明白为什么他们崇拜的神一样的男人会说出这样一番话。等到他们回过神来，明白了其中的深意之后，阿保机已经整装待发，准备带着契丹大军向西挺进了。

西征大军先征服了叛服无常的乌古、敌烈诸部，然后沿着胪朐河溯流西征，翻过狼居胥山，到达古回鹘城。

古回鹘城主要居住着三大部族，即阻卜诸部（也就是鞑靼）、黠嘎斯部和嗢娘改诸部。这三大部族各有特点，而且实力都很强大，非常棘手。

阿保机没有急着攻打，而是先派人调查了解各部的实际情况。结果发现，阻卜诸部分为三十姓鞑靼和九姓鞑靼，是实力最强且最难征服的部族；相对而言，黠嘎斯部和嗢娘改诸部就容易对付多了。

于是，阿保机"因材施教"，重点派兵攻打阻卜诸部，同时派人去黠嘎斯部和嗢娘改诸部做说客。这一招果然奏效，很快，三十姓鞑靼就被征服了，接着九姓鞑靼也被迫臣服，与此同时，早已被契丹大军吓得魂飞魄散的黠嘎斯部和嗢娘改诸部也无条件归附。

阿保机龙颜大悦，马上派人在鄂尔浑河流域凿石取水，用车送回木叶山和潢水，向老祖宗传达这一好消息，让他们知道如今契丹真的是疆土辽阔了。然后，他又立碑记录这次西征的丰功伟绩，并与新归附的部落首领们杀鹿祭天。

不过，阿保机并没有就此满足，他望着草原尽头，想起契丹过去摇摆在或突厥或柔然或回纥与中原王朝之间，内心跌宕起伏，久久无法平静。如今那些昔日的草原帝国都相继衰落了，取而代之的是他的契丹帝国，所以，既然来到了这里，不去问候问候"旧主人"，他心里真的过意不去。

这时候，已经是隆冬时节，刺骨的寒风和浓重的沙尘扑面而来，越往西走，前进越艰难。但阿保机心意已决，所以毫不犹豫地带着契丹大军拔营而起，浩浩汤汤地向西而去。

很快，契丹大军就到达了金山（也就是今天的阿尔泰山）脚下。这里是突厥民族兴起的地方，如今居住着突厥、回纥、沙陀、吐谷浑、阻卜等部落。

在这众多部族之中，回纥是最难对付的。回纥汗国灭亡以后，大部分回纥人都向西搬到了河西走廊，定都甘州（也就是今天的甘肃张掖），所以被称为甘州回纥；另一部分人则搬到了高昌（也就是今天的新疆吐鲁番市），被称为西州回纥。

西州回纥过惯了安稳日子，不喜欢打打杀杀，所以当雄才大略的草原新秀阿保机担任契丹可汗以后，嗅到了危机气息的西州回纥就马上派人来到契丹，表示愿意称臣纳贡，此后，一直很乖巧听话。

这次，听说阿保机亲自率领大军西征，他们一开始并不相信，直到契丹大军黑压压地从天边一直压到边境，这才如梦初醒，马上屁颠屁颠地主动派人跟阿保机联系，表达了对于契丹帝国的无限忠诚。对此，阿保机十分高兴。

但西州回纥的兄弟部族甘州回纥就没这么听话了，听说契丹大军压境，不但不跟阿保机联系，还迅速休整军队，准备随时作战，这让阿保机十分头疼。

经过一番慎重考虑，阿保机决定采用"先兵后礼"的策略对付甘州回纥，先派出大军全面扑杀，然后再对其进行说降。面对浩浩汤汤的契丹大军，甘州回纥的军队简直不堪一击，被打得溃不成军，连都督必离遏都被契丹军俘获。

这下阿保机的心情阴转晴了，他亲自接见了必离遏，并费尽口舌地给他做思想工作，晓之以大义，动之以真情，最后终于成功说服了必离遏，让他回去动员甘州回纥的首领乌母主可汗快快投降。

必离遏本以为落在敌人手里，不被大卸八块，也肯定性命难保，没想到不但没有性命之忧，还被好吃好喝地伺候了一番，所以对契丹充满了好感。一回到甘州回纥，他就马上找到乌母主可汗，把阿保机交代的话，更加煽情地转述了一遍："我知道你背井离乡很不容易，非常思念故国，只要你乖乖归顺，我马上帮你复国。但是，如果你坚决不肯回去，那我也实在没办法，只好代替你管理那块土地了。"

乌母主可汗很清楚阿保机是在威逼利诱，但是他既没有被恐吓住，也没有被眼前庞大的诱惑蒙蔽双眼。当然，他更知道就算他这时候归附了契丹，也难保从此安享太平。可那毕竟是以后的事情了，此时大军当前，他必须得做出一个选择。

一番思考以后，乌母主可汗最终还是选择了投降，但他并没有接受阿保机的好意回到故地复国，而是表示大家都在甘州居住久了，已经适应了这里的生活，不想再长途跋涉，还是选择留在甘州。

对于这个皆大欢喜的结局，阿保机十分开心，龙颜大悦之下，顺手攻下了浮图城，攻掠了党项诸部，彻底拿下了整个西方边邑，这才兴高采烈地班师回朝。

从此以后，契丹帝国的疆域向西推进到了金山，北到色楞格河流域，南接长城一线。与此同时，也开通了一条草原"丝绸之路"，西域国家的商人们纷纷沿着阿保机开通的道路，来到契丹西楼皇都做生意，促进了契丹与西域的经济、文化交流。

你不知道的契丹

契丹的国都是西楼，这里的"楼"并不是我们现在所说的高楼大厦，而是一种对游牧政权首领驻牧地的泛称。在游牧民族，首领的驻牧地是整个汗国的政治和经济中心，所以相对比较繁荣，建筑物也比较多，时常存在着一些两层以上的固定建筑物，所以这个地区就被称为"楼"。

耶律阿保机当上契丹可汗以后，不想继续在大贺氏、遥辇氏的驻牧地办公，所以把汗国的政治和经济中心往西搬迁到了耶律氏显贵的驻牧地。为了与原来的政治统治中心区别开来，就把原来的驻牧地叫作"东楼"，新的驻牧地叫作"西楼"。

横扫东北腹地的闪电突袭——灭亡渤海国

西征结束以后，耶律阿保机回到西楼皇都没几天，整个契丹正在为他的凯旋而欢庆，却没想到，好事成双，又一个好消息驾着彩云腾空而至。

带来好消息的是两个使臣。早在西征之初，阿保机就派出信使前往日本国和新罗国打探虚实，好为东征渤海国做准备。这次，日本国和新罗国听说阿保机西征凯旋，大惊之余，纷纷派来使臣觐见阿保机，表示愿意与契丹友谊地久天长，不仅如此，新罗国还明确表示愿意出兵协助契丹攻打渤海国。

这让阿保机十分高兴，但另一方面，他又担心李存勖会插手。就在这时，阿保机得到消息，李存勖因为吴国和西蜀迟迟不肯归附而恼羞成怒，派出大军进攻西蜀。也就是说，现在李存勖根本没有功夫也没有能力搭理契丹，更别说救援渤海国了。

阿保机欣喜若狂，简直是天助我也！他马上召集各部首领和文武大臣，召开军事会议，讨论东征渤海国的具体事宜。

但是，军事会议却没有阿保机想象得那么顺利，大家是公说公有理、婆说婆有理，你一言我一语，意见就是统一不起来。

有的十分支持阿保机的决定，说李存勖正忙着对付西蜀，没法顾及北方，所以现在是攻打渤海国的最佳时间。要知道"机不可失，时不再来"，应该抓住时机，马上东征渤海国。

有的却无条件反对，他们挖出过去几百年的历史，拿契丹跟渤海国进行比较，最后得出一个结论：无论是经济还是军事实力，契丹都远远逊色于渤海国，以契丹现在的实力，拿什么跟渤海国相抗衡？还是再等上十年二十年吧。

有的基本保持中立，他们不反对攻打渤海国，却也不支持马上攻打。这些人认为契丹刚刚结束西征，人疲马惫，应该先休养生息一段时间，等到兵强马壮，再攻打渤海国。

这些人都坚持自己说的最正确，谁都不肯让步，争论不休。阿保机郁闷了。他把大家召集起来开会，可不是听他们辩论的。他一开始设想的是等他说完攻打渤海国的提议以后，大家会为他的伟大提议而欢呼雀跃，然后全票通过，同时再提前庆贺他一番，却没想到谁都没有理解他的用苦良心。这可怎么办是好？

打仗讲求天时、地利、人和，现在天时和地利都准备好了，没想到人不但没和，却乱作一团。无奈之下，阿保机只好带着满腔郁闷宣布散会，让大家回去冷静冷静，再好好讨论这个问题。

这天，阿保机带人到黎谷（也就是今天的内蒙古赤峰市巴林左旗石房子村北的辽祖陵）打猎，想趁机散散心，看看能否灵光一闪，想出能够说服大家的好主意。没想到运气非常好，打了很多猎物，就和侍卫们一起兴高采烈地抬着猎物返回行帐。

突然，阿保机发现行帐上趴着一条一丈多长的怪物，若隐若现。侍卫们很快也发现了，他们从没见过这样的怪物，吓得魂飞魄散。阿保机小声嘱咐侍卫不要大惊小怪，转身迅速地拿出箭，弯弓搭箭，只听"嗖、嗖"两声，那只怪物就扭曲了几下，掉在帐前了。

阿保机指着地上的怪物说："这是一条龙。"一时间，阿保机黎谷射龙的事情传播开来，大家都说这是一个好兆头。

阿保机趁机再次召开军事大会，并说他想要东征渤海国，主意还没确定下来，不成想龙却出现在他面前，而他轻而易举就把龙杀了，这说明什么？

说明一个问题，那就是他耶律阿保机这次东征渤海国，必然是大胜利。

契丹族向来信奉萨满教，相信神灵的存在，如今听阿保机说得句句在理，大家都觉得黎谷射龙是个吉兆，于是纷纷表示赞同东征渤海国。

阿保机龙颜大悦，意气风发，马上调集全国的精锐部队，又征调了回纥、党项、沙陀、乌古、敌烈、阻卜、室韦、奚等部族的精兵强将，保险起见，又组织了一支汉军，并派出使团给李存勖送礼品，让他误以为自己正安享太平日子，可谓是做足了准备。

然后，阿保机就带着皇后述律平、太子耶律倍和二儿子耶律德光，率领大军雄赳赳、气昂昂地日夜兼程赶往渤海国，并在渤海国还没来得及侦察到契丹动向的时候，以迅雷不及掩耳之势，迅速地包围了渤海国扶余府。

这一天正好是除夕夜，扶余府的守城官员和将士正在家里欢欢喜喜地过除夕，谁也没有想到契丹大军会在这时候攻打城池。得到消息以后，纷纷跑上城楼，想看看是不是有人在开玩笑。结果，不看不知道，一看吓一跳，城门外黑压压的一片全是契丹兵马，寒风呼啸，旌旗猎猎，把守城官员和将士吓得屁滚尿流。

其实，扶余府是渤海国最接近契丹的地方，这里的守城军队也是一等一的精锐之师。但是，渤海国太平日子过久了，从百姓到国王，从小卒到将军，早都忘了世上还有打仗这回事，别说居安思危、随时准备战斗了，就连战斗精神都荡然无存了。

如今，阿保机带领着草原上最精锐的大军，如狼似虎、凶神恶煞地攻打过来，扶余城的守军惊慌失措之下，毫无招架之力。结果，契丹大军毫无悬念地攻破城门，占领了扶余城。

之后，阿保机听从太子耶律倍的建议，放弃征缴粮税的想法，带领大军直取渤海国的首都忽汗城。

扶余城被包围的时候，渤海国的国王正在忽汗城跟大臣、后妃们欢度春节，得知契丹攻打扶余府，这个昏庸无能的皇帝一改平时昏君的本色，马上召集大臣开会，商量对策，并组织了三万人马，让老相带领，前去救援扶余府。

当时，阿保机也派出了一万人马作为先锋部队，前去攻打忽汗城。两军在半路上狭路相逢，自然谁也看谁不顺眼，都恨不得把对方碎尸万段，立即拉开阵势，大战一场。结果，渤海兵溃败，落荒而逃。契丹先锋部队当然不肯善罢甘休，马上休整队伍，快速前进，很快就来到忽汗城下。

渤海国王当时正在焦急地等待着前线的好消息，结果好消息没等到，却等来契丹军兵临城下，顿时吓得魂飞魄散，六神无主。

眼看忽汗城马上就成了契丹的囊中之物，渤海国王倒冷静下来了，他还不想死，他想要活命，可想要活命该怎么做呢？如今只有一条路能给他活着的希望——主动投降。于是，围城第三天，渤海国王就派人去告诉阿保机：他要投降。

阿保机恩准了他的请求，渤海国王顿时松了一口气，在第五天，穿着白衣，举着白旗，牵着白羊，带领三百多名官员开城投降。

这让阿保机十分满意，他真没想到东征如此顺利就圆满地画上了句号，现在他只要充分表现一下他的大国风度和帝王气度就行了。于是，他很高兴地接待了渤海国王及其大臣，并表示以后渤海王族还可以继续住在城里，又下令不准契丹兵马入城扰民，更不能拿群众一针一线，只派了十三个将士进城清点府库，清缴兵器。

结果，城里的宫卫亲兵们不干了。他们本来就不赞成开城投降，更不愿意做契丹人的阶下囚，如今看到契丹人耀武扬威地入城，得意之色溢于言表，心里越想越不痛快。于是，他们私下密谋，神不知鬼不觉地杀死了入城清点的十三名契丹兵将，关闭城门，向城外的契丹大军正式宣战。

渤海国王本来就在为自己成了亡国之君而郁闷，一听宫卫亲兵们造反了，而且情绪激昂，一下子转忧为喜，又想到之前阿保机围攻幽州两百日，最后还是无功而返，顿时有了希望，马上精神抖擞起来，决定做一回贤明圣主，带着宫卫亲兵们孤注一掷，凭借忽汗城坚固的城墙跟契丹对抗到底。

这下阿保机真的怒了，恨不得直接踏平忽汗城，于是他马上命令大军不惜一切代价攻城。

忽汗城的守军与幽州可谓是天壤之别，没过多久，忽汗城就重新被契丹军拿下了。渤海国王发现这个真相的时候，契丹军已经攻入城中。听着外面越来越近的厮杀声，他吓得魂不附体，终于彻底绝望了，再次举起了白旗表示投降。

看到这么快就拿下了忽汗城，阿保机心情大好，也就好风度地赦免了渤海国王及其大臣，但却无法原谅渤海国王的朝三暮四。为了出一口气，他对渤海国王和王妃进行了人格侮辱，把他们的名字改成了自己两匹坐骑的名字。

你不知道的契丹

征服渤海国以后，整个东北地区都纳入了契丹版图中。契丹帝国的疆域涵盖了长城以北的整个疆域，西至金山（也就是今天的阿尔泰山）以西，北至色楞格河流域，南接长城一线，东南与朝鲜半岛相接，东临东海，东北到外兴安岭和鄂霍次克海。

这个疆域正是后来清王朝的北疆疆域，而现在中国版图就是在清王朝的版图基础上确定下来的。所以，可以说，现在中国版图的北方和东北疆域轮廓，是由契丹帝国开拓出来的！

没有法定继承制度的尴尬——述律平左右皇位

东征渤海国胜利以后，耶律阿保机的毕生心愿算是告一段落了。精神一放松下来，他的健康也跟着放松下来，在班师回朝的路上，走到扶余时，忽然病倒了，还没来得及交代后事就驾鹤西去了。

这下麻烦了，阿保机没留下遗嘱，那该由谁来继承皇位呢？朝中大臣你看看我，我看看你，谁也不敢吱声。

按理说，阿保机生前曾经立了长子耶律倍为皇太子，还封他为人皇王，这已经是明确表示要让耶律倍继承皇位。但对于封建制度思想还不完善的契丹人来说，他们根深蒂固的世选"贤者"的思想还在蠢蠢欲动，所以根本没有几个人信服"皇太子"的封号，形势一下子陷入了僵局。

这时候，一个女人毅然决然地站了出来，她先怀着崇敬之心歌颂了一番阿保机的高尚品质和丰功伟绩，然后深切地表达了对阿保机的缅怀之情，最后表示皇子年幼，主少必会导致国疑，所以暂时由自己临朝称制代行皇权。在众人惊讶与错愕的目光里，她面不改色地接过了朝政大权，心安理得地做起了"皇帝代理人"。

这个女人不是别人，正是阿保机的老婆、契丹帝国的皇后述律平。

述律平的老爸是回纥人，老妈则是阿保机的姑姑。按照氏族传统，耶律家和述律家是通婚的两个部落，双方都应该在对方的部落里寻找结婚对象。所以，在述律平十四岁时，按照传统嫁给了大自己六岁的表哥耶律阿保机。

述律平不像汉族女儿一样柔柔弱弱，相反，她是个狠角色，不仅眼光犀利、手段毒辣，而且精于骑射，经验丰富，具有卓越的政治和军事才能，是耶律阿保机建国过程中必不可少的左膀右臂。再加上契丹不像中原王朝一样限制女性参政，所以她的能力和实力都得到了充分的展示，是契丹人眼中与耶律阿保机不相上下的神一般的存在。

她跟阿保机一共生了三个儿子一个女儿，大儿子就是太子耶律倍，二儿子是天下兵马大元帅耶律德光，小儿子叫做李胡。

在这三个儿子里，她最喜欢的就是二儿子耶律德光。因为耶律德光虽然文采稍逊，但跟她一样精于骑射，武略出众，拥有一颗强大的军事头脑，这才是她心目中草原帝王的最完美形象。当然，更重要的一点是，耶律德光的老婆是她的女儿质古与弟弟室鲁所生的孩子，也就是她的外孙女兼内侄女萧温，所以，耶律德光继承皇位，会是对萧家最大的保护。

而大儿子耶律倍，是个彻彻底底的汉文化狂热分子，敬仰孔子和儒家学说，不喜欢打打杀杀，张口闭口都是儒家的仁义道德。

有次，阿保机跟耶律倍讨论中国的传统文化到底是佛教还是儒教，耶律倍不假思索地回答"儒教"。在他的影响下，阿保机登基以后，也在契丹建立了孔庙，并经常让耶律倍主持祭孔仪式。相对于骑马射箭，耶律倍更爱博览群书，研究阴阳、医药、音律、绘画等，完全是一个博通经史的儒者。

这令述律平十分反感。所以，虽然她明知道丈夫是想让一个宽厚仁慈、具有儒者风范的皇帝指点后世江山，但还是无法控制内心的不满，在心里默默地给大儿子打了个差评。

至于小儿子耶律李胡，这时候才十六岁，真的太年幼，再加上他才能平庸，性情残暴，根本不是当皇帝的料，自然就被排除在皇位候选人之外了。

述律平是个聪明人，她知道就算自己百分百挺二儿子耶律德光，也无法阻止那些阿保机和汉文化的虔诚追随者力挺阿保机选中的继承人耶律倍。而且，就算按照"贤者居之"来裁定，这两个儿子各有千秋，估计也会难分高下。那怎么办呢？

述律平决定先下手为强，开始不遗余力地铲除她认为可能影响她决定皇位继承人的大臣们。

这天，述律平把那些被她在心里默默地打了问号的大臣们召集起来，然后问道："你们思念先帝吗？"

这些大臣都是阿保机的忠实追随者，对阿保机的忠心日月可鉴，而且阿保机对他们恩重如山，他们怎么会不思念呢？现在被述律平这一问，这些人激动之情难以抑制，便不由自主地向述律平表达了对于先帝迫切的思念之情。

述律平听了，半天不说话。许久，才说："你们既然这么思念先帝，就去见他吧。"然后，就下令把这些大臣统统送进祖陵陪葬了。

杀了一个潜在反对者，还有千千万万个潜在反对者。述律平知道那些对阿保机赤胆忠心的人，很可能表面上对她心悦诚服，暗地里密谋夺权，拥立耶律倍继承皇位。所以，一旦当她觉得哪个人可疑的时候，她就随随便便找件事，让那个人"替她传话先帝"，在阿保机的牌位前将他杀掉。

这天，汉官赵思温不知道哪里得罪了述律平，述律平也以同样的方法让他去侍奉先帝。

赵思温虽然是武官，却不是个直肠子的莽夫，他马上站出来，当着满朝文武大臣，问述律平："先帝亲近的人，谁也没法跟太后相提并论，太后为什么不以身殉葬呢？让我们这些臣子去侍奉先帝，怎么比得上太后让先帝如意呢？"

满朝大臣暗地里纷纷给赵思温拍手称好，都等着看述律平被堵得哑口无言、尴尬不已，但述律平却面不改色，马上回答说："儿女年幼，国家却不能一日无主，所以我暂时不能跟随先帝而去！"说着，就挥动佩刀，毫不迟疑地砍下了自己的右手，命人把这只手送进阿保机的墓中，代替自己殉葬。

这一次，原本述律平是在被逼无奈下才出此狠招，没想到却收到了意外的效果，她自断手腕的狠辣劲头，让满朝文武百官领教了这位太后的杀伤力，从此以后再也没人敢跟她唱反调了。

述律平对这种现状十分满意，她觉得时机已经成熟了，是时候进行她的下一步计划——把二儿子耶律德光推上皇位。

这时候，辽祖陵正好完工了，选择良辰吉日将阿保机入葬陵寝以后，早已知道母亲心思的太子耶律倍决定主动辞职，于是，带着群臣向述律平请命，让弟弟耶律德光继承大统。

这让述律平十分开心，但为了表示一下自己的公平公正，她让两个儿子骑马并立，然后对满朝文武和贵族们说："他们两个都是我的儿子，我对他们一样喜爱，所以，让我选择他们其中一个继承皇位，实在很难。所以，还是大家来选吧，选择谁做你们的新皇帝，就牵起他的马缰。"

虽然述律平客气得很认真，但大臣们都知道他们不能当真，十六个月的杀戮已经把他们吓得神经衰弱了，谁还敢跟她对着干？于是，纷纷牵起了二皇子耶律德光的马缰，太子耶律倍则被孤零零地晾在了一边。

述律平看着这样的推选结果，心花怒放，于是就"顺应民意"，让耶律德光继承皇位。也就是辽太宗，他尊述律平为"应天皇太后"，册立萧温为皇后。

你不知道的契丹

阿保机班师回朝来到扶余时，后唐使臣姚坤前来觐见。姚坤告诉阿保机，李存勖已经被杀，李克用的义子李嗣源继承皇位，并向阿保机表达了李嗣源愿意与契丹通好的心意。于是，阿保机趁机逼迫姚坤同意把幽州让给契丹，但好说歹说，姚坤就是不同意，阿保机大发雷霆，想要杀掉姚坤，在众人的劝说下，才勉强同意先把他关起来以后再说。

这时，又传来消息说阿保机的弟弟耶律迭刺被刺杀身亡，阿保机本来就余气未消，这下直接怒火攻心，一下子晕倒在床上。经过几天几夜的治疗，阿保机的病情始终不见好转，而且越来越重。与此同时，有人看见阿保机的帐篷上空盘绕着一道类似黄龙的烟状物，盘绕了一会儿就进入了帐篷，然后天空就被紫气黑气弥漫，过了一天才渐渐消散。第二天，又有陨石降落在帐篷前，没过多久，阿保机就驾鹤西去了。

抛弃故国的皇太子——耶律倍投靠后唐

辽太祖耶律阿保机的长子耶律倍画像

作为长子，从父亲的地位逐渐提高开始，耶律倍就完全被当成接班人培养着、呵护着、宠爱着。在所有人的眼里，甚至在他自己的眼里，有朝一日阿保机驾鹤西去，他必然就是继承人的不二人选。

然而，人算不如天算，他有个强大的老爸，也有一个强大的老妈，而且这个老妈还不喜欢他，所以他就悲剧地被命运玩弄了。

看着老妈不断诛杀支持自己的大臣和显贵，耶律倍对于皇位的最后一点希望也渐渐变成了肥皂泡泡，慢慢幻灭了。但是他很快调整好了心态，决定安安心心当个东丹王，辅佐弟弟将契丹发扬光大。

然而，他的弟弟耶律德光却没调整好心态。耶律德光知道自己的能力跟哥哥伯仲之间，从没有分出个高低胜负来。

小时候，有一次老爸阿保机为了考验他们，让他们三兄弟在一个风雪交加的日子里分头外出捡柴，结果除了怕冷嫌累、只随便捡了几根柴敷衍了事的李胡，他和哥哥耶律倍也是平分秋色：他出门后看到柴就捡回家，虽然杂乱，但速度快且数量多；而哥哥耶律倍捡的柴都是干燥且长短相近的，而且捆得整整齐齐地带回家。所以，兄弟二人都得到了老爸的夸奖，说他们都是能担大事之人。

从小到大，两个人一路比较，却都是这样势均力敌。他擅长打仗，随着老爸南征北战，屡立战功，年纪轻轻就被封为天下兵马大元帅。而哥哥耶律倍也不含糊，虽然武略稍逊，但博览群书，待人宽厚、仁爱，广得民心，深得老爸喜爱，而且似乎比他更得民心，所以他就更加不得不防了。

特别是如今自己又是凭借老妈这个大靠山才继承皇位的，尽管大部分反对他的大臣都被老妈送去给老爸阿保机陪葬了，但哥哥耶律倍始终是他的心头大患。

可是要怎么处置耶律倍呢？这的确是个问题。

耶律德光念在手足之情的份上，并没打算斩草除根，只是想找个方法处置他，让他安安稳稳地在自己手下干活，有力出力，有智出智，然后为自己和契丹帝国鞠躬尽瘁，死而后已，而他当然也会风风光光地把哥哥给安葬了，说不准一高兴还会追封几个封号。

可是，该让他担任什么职务呢？耶律德光思前想后，觉得还是放他回东丹国比较合适。

东丹国就是原来的渤海国，阿保机拿下渤海国以后，将其改名为东丹，并封耶律倍为东丹王，穿天子冠服，设置百官，国王有充分的自主权。可以说，东丹国就是契丹帝国的一个特别行政区，虽然名义上归契丹所有，实际上是个"国中之国"。

所以，耶律德光又纠结了，东丹国在处理国内事务、外交事宜等各方面，都可以绕过他这个皇帝，俨然一个独立小国，而且那里政治、经济、文化、社会等各方面发展都比契丹本土好很多，放耶律倍回去，岂不是等于放虎归山，等着他慢慢养精蓄锐、韬光养晦，然后反过来扑杀契丹本土？到时候别说一个老妈，估计搬出十个老妈都不管用了！

耶律德光又一想，其实哥哥耶律倍是个十分容易满足的人，如今天下太平，让他回物阜民丰的东丹国，估计他会十分心满意足，从此写诗、画画、弹琴、唱歌，过起与世无争的神仙生活。

不过，耶律德光十分清楚，这也只是假设，耶律倍这个"独立皇帝"存在一天，他就等于在枕边放了一颗定时炸弹，随时都会受到威胁。那该怎么办呢？

耶律德光为这事纠结了很久，终于有一天，他灵光一闪，决定把东丹国都迁到辽阳东平郡。这是一招很精妙的棋，辽阳东平郡是契丹国的一个地方建制，耶律德光把东丹国都搬到这里，也就是变相地把东丹国降为了地方建制，耶律倍东丹王的封号也就名存实亡了。

于是，耶律德光一方面把耶律倍留在皇都，没事跟他表现下兄弟情深，一起喝喝酒，打打猎，问候问候老妈，祭拜祭拜老爸，另一方面就命人搬迁东丹国。等到一切都安置妥当以后，这才放耶律倍回东丹。

耶律倍早就已经没啥想法了，他觉得弟弟雄才大略，手段强硬，颇有老爸阿保机的风范，肯定是个好皇帝，而且还有老妈做靠山，他还是接受现实比较好，安安心心过几天太平日子算了。所以，对于失去皇位、东丹国搬迁，他都没有什么太大的反应，完全一副既来之则安之的样子，开始专心致志地建书楼、置画室，没事画个画、写个诗、弹个琴、唱个曲、写个文章、打个猎，日子过得好不快活。

这让耶律德光更加不安了，这个哥哥啥反应都没有，你哪怕背后骂我两句，做个小人儿扎我两下，我心里也踏实啊。可现在，耶律倍完全一副天塌下来不关他事的样子，这不会是掩人耳目，然后暗度陈仓吧？

耶律德光越想越不对，于是没事就把耶律倍召回皇都"嘘寒问暖"，或者隔三差五亲自跑去东丹国看望耶律倍。

这样观察了一年多，耶律德光也没发现什么可疑迹象。但他还是不放心，于是，他想方设法地拉拢耶律倍的属下，让他们充当自己的耳目，监视耶律倍的一举一动。

这下耶律倍不自在了。自己把皇位让出去了，把东丹国也放弃了，现在想安安心心地陶冶情操，做个"富贵闲人"，你也不让我舒坦，难道真的非要置我于死地吗？

就在这时候，中原王朝后唐的皇帝李嗣源听说耶律德光与耶律倍两兄弟在闹矛盾，也想插一脚，浑水摸鱼。于是，李嗣源给耶律倍写了封信，邀请耶律倍去中原游览观光，住上几年，顺便避避难。

一开始，耶律倍并不把李嗣源的邀请当回事，他是堂堂契丹国的皇子，当今契丹皇帝的亲哥哥，东丹国的国王，去异国他乡住几年、避避难，这算什么事？

但李嗣源也铁了心地想要拉拢他，又三番五次地派人来劝他投靠后唐。

这天，耶律倍正在海上渔猎，李嗣源的说客又来了。这位说客详细地给耶律倍阐述了继续留在契丹的危险，晓之以理，动之以情，终于凭借三寸不烂之舌说服了耶律倍。

于是，耶律倍对身边的属下说："我把天下都让给了陛下，现在他却怀疑我心怀不轨。既然如此，倒不如我们离开契丹，去别的国家吧，也好成全泰伯让国之名！"

但是，这毕竟是背井离乡，临行之际，耶律倍站在海边，回顾故国，这里是他生长、生存的地方，如今就要离开了，此去经年，不知道何时才能再回来。

耶律倍顿时思绪万千，感慨万端，于是找来一块木板，刻下一首小诗："小山压大山，大山全无力。羞见故乡人，从此投外国。"

刻完之后，耶律倍凝神看了几遍，将木板插在海边，然后带着爱姬高美人乘筏载书泛海投奔后唐去了。

你不知道的契丹

后唐明宗李嗣源以天子礼仪迎接了耶律倍，又把后唐庄宗李存勖的妃子夏氏嫁给了他，还给他赐姓、拜官，可谓是荣宠至极。李嗣源死后，他的义子李从珂即位，后来石敬瑭与契丹相约南下，李从珂吓得魂不附体，想要拉着耶律倍自焚，耶律倍当然不愿意，李从珂恼羞成怒，命令属下把耶律倍杀死了。

耶律倍死后，被一位僧人草草收尸。后来，石敬瑭为了讨好契丹，亲自为耶律倍服丧，并在耶律倍灵前放声痛哭，以王的礼仪给耶律倍举行了盛大的葬礼，风风光光地把他葬在了洛阳郊外。后来，石敬瑭又追封耶律倍为燕王，并派人把他的灵柩送回契丹，辽太宗耶律德光把他改葬在医巫闾山，赐谥号文武元皇王。

"老"儿子奉上大礼包——石敬瑭割让幽云十六州

耶律德光即位的时候，契丹基本已经完成了草原统一大业，所以，在搞定哥哥耶律倍、平定几个小叛乱以后，他就把大部分精力都放在了经济发展上。

这样过了几年，耶律德光看着蒸蒸日上、繁荣富强的帝国，觉得是时候考虑帝国的下一步发展战略了。就在这时，从南方来了一个叫做桑维翰的人，口口声声说自己是来替主子石敬瑭认亲的，想要认下耶律德光这个爹。

耶律德光顿时无语了，石敬瑭比自己大了十多岁，却跑来要认自己当爹，不是开玩笑吧？不过他又一想，要算起来，这个石敬瑭的确跟自己有那么一点点关系。

石敬瑭年轻的时候曾经跟着李克用的义子李嗣源混，那时候正好李克

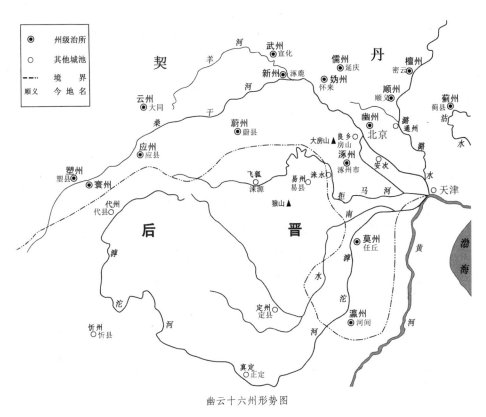

幽云十六州形势图

用、李存勖父子与后梁朱温打得"热火朝天"，石敬瑭就抓住时机，冲锋陷阵，立下了不少汗马功劳，甚至还多次救李存勖于危难之中，所以很快就得到了重用，并逐渐成为李嗣源的心腹。后来，李嗣源把自己的女儿嫁给了他，并让他统率亲兵。

这样算起来，石敬瑭是李克用的孙女婿，而李克用曾与辽太祖耶律阿保机结义金兰，也就是说，石敬瑭的确是耶律德光的子侄辈。

可是，后唐与契丹的结盟关系早已经破裂，所谓的兄弟之情自然也无从谈起，这时候，石敬瑭跑来认亲，到底是为了什么呢？耶律德光不禁仔细分析起中原的形势来。

李存勖称帝以后，昏庸无道，残暴不仁，渐渐失去了民心，导致魏州兵变。李存勖得知以后，勃然大怒，马上命令李嗣源带兵前去平叛。结果，到了魏州以后，李嗣源的军队也发生了叛乱，与魏州的叛军联合在一起，拥立李嗣源为皇帝。

李嗣源大惊之下，自然是连连推辞，但石敬瑭却不干了，他费尽口舌劝服李嗣源自立为王。最后，李嗣源带兵攻取洛阳，杀了李存勖，理所当然地当上了皇帝。这次事件中，石敬瑭立下了大功，所以从此平步青云，一直坐到河东节度使的位子。

这时候，李嗣源已经死了，他的儿子李从厚即位。李从厚比较疑神疑鬼，总觉得老爸的干儿子、凤翔节度使李从珂和河东节度使石敬瑭手握重兵，肯定会心怀不轨，时刻都准备着杀了自己，取而代之。这让他十分纠结，吃不好，睡不好，日思夜想着该怎么削弱他们的势力。

李从厚身边的人自然很快就发现了他的心事，于是有人给他出了一个主意，让李从珂和石敬瑭对调一下位子。

李从珂和石敬瑭当然不愿意，尤其是李从珂，听说以后顿时火冒三丈，在凤翔起兵造反，带兵直扑洛阳。石敬瑭审时度势，于是也起兵造反，幽禁了李从厚，然后去向李从珂请功。最后，李从珂派人杀了李从厚，自己当上了皇帝。

但是，李从珂只是李家的养子，这个皇位继承得并不名正言顺，而且他手里的兵马不多，人也很懦弱，所以他这个皇帝当得十分窝囊，甚至连皇后的首饰都拿出去犒劳将士。

而石敬瑭不仅是李家的正牌女婿，还坐守最大的藩镇之一河东，实力比李从珂强了不知多少倍，这让李从珂十分不安。石敬瑭自然也知道自己被猜忌，所以参加完李嗣源的葬礼以后，也不敢提出要回河东，整天愁眉苦脸，郁郁寡欢，最后竟然瘦得皮包骨头，不成人样，最后还是老婆向曹太后求情，才得以回到河东。

回到河东以后，石敬瑭整天提心吊胆，小心翼翼，如履薄冰。最后，他决定试探试探李从珂，于是就假装上书要辞去马步兵总管的职务，请求到其他地方做节度使。要是李从珂同意，就说明他还在怀疑自己。可惜，李从珂根本没有体会到石敬瑭的深意，大笔一挥，恩准了石敬瑭的奏请，让他到别的地方做节度使。

这下可真的刺激到石敬瑭了。他先装病不走，然后又说李从珂只是李嗣源的养子，应该把皇位让位李嗣源的亲生儿子李从益。

李从珂本来就对自己名不正、言不顺这事耿耿于怀，被石敬瑭这么一闹，顿时恼羞成怒，下令罢免石敬瑭的所有官职，并派张敬达带兵前去讨伐石敬瑭，还把石敬瑭住在洛阳的两个儿子和一个弟弟给杀了。

这下石敬瑭不干了，决定彻底跟李从珂撕破脸皮，来个鱼死网破，你死我活。但是他也很清楚，自己兵力不如张敬达，要取胜很难，只能在邻居中找一个帮手。经过一番思考以后，他最终选中了契丹这个亲戚。于是，就命令桑维翰来到契丹认亲并求助。

耶律德光了解到石敬瑭的情况以后，发现石敬瑭的确被欺负得很惨，不禁动了恻隐之心。但更重要的是，他觉得经过几年的韬光养晦，契丹国力大增，也是时候出去露一手，以振契丹雄风了。于是，他爽快地答应了石敬瑭的请求，决定南下救救这个远亲。

不过，救援计划还没开始实施，意外就出现了。

原来石敬瑭包围了后唐军队以后，李从珂就马上派赵德钧、范延光、符彦饶兵分三路，火速前去救援张敬达，又让赵延寿带人支援。

在这三路兵马中，赵德钧的实力最强，可是在这火烧眉毛的时候，他却讲起了条件。李从珂无奈，只好按照他的要求，让他统领三军。但赵德钧还不满足，又得寸进尺地提了各种要求，最后要求李从珂允许他把自己的军队和范延光的军队混编，由他一个人说了算，这摆明了就是要吞掉范延光的军队。

李从珂勃然大怒，马上派人通知范延光，让他小心赵德钧，并彻底无视了赵德钧提出的各种要求，其至当着众大臣的面破口大骂赵氏父子目无君王、卑鄙无耻。

见李从珂"敬酒不吃吃罚酒"，赵德钧也怒了，一怒之下，他就决定叛离后唐，改投契丹，于是派人给耶律德光送来大批贵重礼物，请求耶律德光支援自己夺取后唐江山，并承诺只要自己当了皇帝，肯定与契丹结为兄弟盟国，永世修好。

一边是与自己沾亲带故的远亲，一边是兄弟盟国，耶律德光陷入了深深的思考之中。他不会忘了老爸耶律阿保机南下失败的惨痛经历，所以深深地明白，这种情况下，自己一定要慎重选择支持对象，否则只会偷鸡不成蚀把米。更重要的是，他得考虑清楚把注押在哪一边，获得的利益才最大，"前途"才最光明。

石敬瑭当然很清楚耶律德光的所思所想，于是，他马上火急火燎地又派桑维翰来求见耶律德光。这次，他不仅让桑维翰带来了丰厚的礼物，还开出了三个令人眼前一亮的条件：向契丹附表称臣，以对待父亲的礼仪对待契丹；成功以后，把卢龙一道及雁门关以北的十六州，也就是幽云十六州，全部送给契丹；以后每年进贡大批财物。

这三个条件深深地打动了耶律德光，龙颜大悦之下，他马上表示继续支持石敬瑭，并指着大帐前面的一块石头对桑维翰说，我已经答应石郎了，直到这块石头烂掉，才会改变我的决定。

得到确定答复的石敬瑭欣喜若狂，马上在太原称帝，建立后晋政权。

与此同时，耶律德光派出五千精兵前去帮助石敬瑭攻入洛阳，并派韩延徽等人前往晋都册封石敬瑭为"大晋皇帝"。

石敬瑭对耶律德光感激涕零，称帝以后，马上派人送上了幽云十六州的图籍，同时承诺每年孝敬契丹三十万匹布帛，并对耶律德光百依百顺，每次写信都用表，以此来表示君臣有别，称耶律德光为"父皇帝"，自己称

"臣"，是"儿皇帝"，而且每逢过年过节，都会孝敬大量珍奇异宝给耶律德光。

就这样，耶律德光不仅认了一个"老儿子"，还收到了"老儿子"送来的特大礼包——幽云十六州。

从此以后，契丹军队就在幽云地区驻扎下来，势力进入河北、山西两地，耶律德光又把皇都改名为上京，原来的南京改为东京，幽州改为南京，契丹帝国的统治中心正式南移。

你不知道的契丹

赵德钧因为和后唐决裂，所以失去了属地，最后只好攻占了潞州，作为暂时的容身之所。但是，他们父子的所作所为引起了部下将士的不满，不少将领纷纷带着部下离去，结果潞州城都没能守住，被耶律德光在班师回朝的路上擒获，带回了契丹。

到了契丹皇都，赵氏父子见到述律平，想要用自己的财物田宅换回自由之身。述律平得知以后，就问赵德钧："你要献给我的财宝都在这里了，可是田宅在哪里呢？"赵德钧说："在幽州。"述律平笑了："幽州现在是谁的地盘？"赵德钧冷汗直下："是太后的。"述律平点点头，反问道："既然幽州已经是我的地盘，那还用得着你献给我吗？"赵德钧顿时哑口无言，一年以后，在幽州郁郁而终。

契丹直接统治中原的唯一尝试——太宗南下称帝

耶律德光收了一个听话又贴心的儿子，还轻而易举地得到了梦寐以求的幽云地区，兴奋之情实在是只可意会无法言传。可惜，这种好日子过了没几年，"老儿子"就驾鹤西去了，这让耶律德光十分郁闷，因为他不知道继位的孙子会不会像儿子一样乖巧孝顺。

继承石敬瑭皇位的是他的侄子石重贵，石重贵的父母很早就去世了，所以从小跟随在石敬瑭身边长大。石敬瑭把他当自己的亲生儿子看待，而他自己也非常争气，谨言慎行，质朴淳厚，精于骑马射箭，跟随在石敬瑭身边出生入死，身先士卒，屡立奇功，算得上石敬瑭的左膀右臂。

当初，石敬瑭当了皇帝以后，要带兵去洛阳，但得留一个儿子镇守太原，就问耶律德光应该留哪一个儿子，耶律德光指着石重贵说："就留这个眼大的就行。"于是，石重贵就被留下来镇守太原，全权负责河东地区的所有事务。

也就是因为这件事，石敬瑭对这个侄子更加看重了，不断给他加官晋爵，最后干脆封他为王爷，还想把皇帝之位传给他。

石敬瑭临死之际，忽然想明白了，觉得皇位还是得留给自己的儿子，于是就留下遗嘱让儿子石重睿做接班人，但没想到，他一闭眼，他的托孤大臣冯道就和掌权的侍卫亲军都指挥使景延广拥立了石重贵。

石重贵当上了后晋的皇帝以后，思考的第一个问题跟"爷爷"耶律德光如出一辙。他也很郁闷，自己到底该以什么身份面对契丹帝国呢？叔叔石敬瑭已经自称"儿皇帝"了，难道自己要自称"孙皇帝"？

这时，拥立石重贵当上皇帝的景延广大义凛然地站出来了，他仗着自己拥立新皇有功，傲气十足，自然也不把契丹放在眼里，于是就辞严义正地表示石重贵应该向契丹称孙而不称臣。

石重贵顿时恍然大悟，于是马上派人通知契丹，表示自己好歹也是大晋的皇帝，而且坐上这个皇位也没凭借契丹什么帮助，所以只能跟契丹做邻居，给耶律德光做孙子，却不能称臣。

这让耶律德光龙颜震怒，恨不得直接挥军南下，踏平中原。但此时，他还是比较理性的，不想跟中原把关系搞得太僵，也就把怒气强压了下来。

这一切都被身居幽州的赵延寿看在了眼里，他了解到耶律德光的不满以后，顿时看到了希望，多年的皇帝梦再次死灰复燃。于是，他开始不断在耶律德光耳边添油加醋地说石重贵的坏话，煽风点火，怂恿耶律德光惩治这个不听话的孙子。

耶律德光最终还是被说动了，与此同时，他又发现后晋发生了大灾害，军队死亡过半，不由得大喜，觉得这的确是讨伐后晋的最佳时机，于是马上调集军队，先派赵延寿、赵延昭为前锋，带领五万精骑，兵分几路南下攻打贝州，过雁门关，长驱直入。

消息传到洛阳，石重贵大惊失色，这才如梦初醒，意识到自己一时热血沸腾闯下了大祸，连忙召集大臣商量对策。大臣们纷纷建议石重贵御驾亲征，以显示大晋威风，振奋将士精神，石重贵无奈之下，只好御驾亲征。

但是，当望见契丹大军杀气腾腾地扑来，石重贵顿时吓得魂飞魄散，把来之前的信誓旦旦统统抛到了九霄云外，仗还没开始打，就迫不及待地写信求和。

此时，耶律德光正踌躇满志，意气风发，怎么可能说退兵就退兵？直接撕毁了石重贵的求和信，表示这仗打也得打，不打也得打。石重贵无奈，只好硬着头皮迎战。

这一打就是一年多，两场较量下来，耶律德光没讨到丝毫便宜。

等到第二场较量结束后，本来就不赞成南下用兵的述律平终于坐不住了，她找来儿子耶律德光，力劝儿子放弃继续攻打后晋，赶紧议和才是上上之策。

耶律德光当然不肯，南下中原不仅是他，也是老爸阿保机乃至老祖宗们的梦想，如今大门已经打开了，只要再加把劲儿，应该就能成功了，怎么能说退兵就退兵？

述律平十分清楚耶律德光的心思，就问耶律德光："如果让汉人来做契丹皇帝，你觉得可行吗？"

耶律德光摇摇头，当然不行！

述律平就告诉儿子，对于契丹人来说，道理是一样的，就算得到了汉地，也没法长久地住下去，而且到时候万一发生什么意外，那后果简直不堪设想。

在述律平的一番劝导下，耶律德光决定就势下台阶，与后晋议和，从中原撤兵。

但是，这并不表示耶律德光就真的从此放弃南下的梦想了。一年后，他重整旗鼓，再一次带领契丹大军，浩浩汤汤地杀来。

石重贵却并不把这当回事，前两次的侥幸胜利早就冲昏了他的头脑。他觉得自己连爷爷耶律德光都打败了，早就天下无敌了，所以自信满满地对大臣们说这次要先取瀛莫，安定关南，再收复幽燕地区，踏平塞北。

令他想不到的是，这次命运却跟他开了个莫大的玩笑，大将杜重威在契丹大军面前节节败退，但杜重威不以为耻，反以为荣，回到军中就跟将领喝酒作乐，完全不把战争当回事。更神奇的是，杜重威不积极主动地谋划怎么击退敌人，反而不断向石重贵索要粮草，甚至当将士们在沙场浴血奋战时，他也不派兵支援，反而不断后退。

这无疑给了契丹军莫大的精神鼓励，他们很快就包围了杜重威的部队。

这时候，杜重威的军中士气低下，将士们都心急如焚地等待着杜重威想出一个妙计，然后带领全军突围而去。但显然，杜重威根本就没兴趣考虑突围的问题了，他果断地找到耶律德光，要求投降。

耶律德光十分清楚杜重威心里在想什么，所以也假装许诺他当中原王朝的皇帝，甚至还让他穿上龙袍在军中绕了一圈。杜重威满心欢喜，就放心大胆地把全军休整好，交给了耶律德光。

石重贵正在皇宫里跟大臣们提前开庆功宴，听说杜重威反叛的消息，顿时面如土色，急忙调集其他兵马赶去抵御契丹大军。

然而，杜重威手里的大军是整个后晋的主力军，如今主力军都没了，其他兵马又怎么会是契丹大军的对手呢？更何况，杜重威投降以后，他的部下张彦泽马上率军掉头攻打后晋，形势十万火急。

在契丹大军与张彦泽兵马的联合攻击下，后晋军连连败退，最后都城也被团团包围。石重贵眼看大军压城，无路可走，连忙交出国宝、金印投降，并希望跟太后一起出城迎接耶律德光。耶律德光早就对石重贵痛恨至极，恨不得把他千刀万剐，果断地拒绝了他的请求。

之后，耶律德光按照中原皇帝的仪仗进入开封，入城以后，又换上汉族皇帝的服装，接受文武百官的朝贺，过了一把汉族皇帝登基称帝的瘾。

你不知道的契丹

契丹皇族除了契丹姓"耶律"，还有一个汉姓"刘"，与耶律家通婚的述律家也还有一个汉姓"萧"。这都要归功于耶律阿保机。

耶律阿保机非常崇拜汉高祖刘邦，所以就认刘邦的祖宗唐尧为祖，给自己起了个汉名叫"刘亿"。之后，他又把北府宰相一族赐姓"萧"，也就是将他们比作刘邦的宰相萧何。北府宰相一族，也就是他的老婆述律平的娘家。

看到阿保机这么热衷于姓氏，其他很多部落也跟着行动起来，有的把自己的姓定为耶律，有的借用萧姓，于是，契丹就形成了耶律和萧这两大姓氏。所以，在契丹，姓耶律的不一定是皇族，为了将其与皇族区分开来，这些普通的耶律氏都被称为"庶耶律"。

第三章
在摸索中前行的帝国：暂时衰退与稳定

　　一个帝国的兴盛，往往是艰难的。尤其是契丹这样一个从未经历过"国家"这一概念的民族，前行的道路必然充满坎坷与荆棘，这也注定了契丹帝国发展不可能一帆风顺，势必会在历史长河中起起伏伏。好在低谷过后，帝国终于迎来了稳定与和平！

被赶上皇位的辽世宗——耶律阮即位

当年，遥辇氏当上可汗完全是可突于被逼无奈时做出的选择，所以遥辇屈列才被莫名地赶上了可汗之位。没想到，时隔多年，这样的历史竟然重演，耶律德光驾鹤西去以后，耶律倍的儿子耶律阮也被赶鸭子上架当了皇帝。

耶律阮出生的时候，契丹帝国已经建成了，他的老爸耶律倍也已经当上了皇太子，所以，作为皇太子的儿子，又是皇嫡长孙，耶律阮从小就享受着耶律家族的最高待遇，过着令人艳羡的王子生活。

后来，耶律倍让出皇位，被迫远走后唐，耶律阮的人生也跟着起起伏伏。等到耶律倍客死他乡，耶律德光高兴之余，忽然良心发现，觉得自己的确很对不起哥哥，于是就把对哥哥的歉疚转移到了侄子耶律阮身上，像对待亲生儿子一样关心、爱护耶律阮，不仅把他封为永康王，还经常带他南征北战。

这次南下攻打晋国，耶律德光自然也带着耶律阮来了。这就在无形之中为耶律阮继承皇位埋下了伏笔。

耶律德光南下攻打后晋的过程中，采用的军队管理还是老祖宗那一套，士兵随身携带很少的粮草，剩下的都沿路烧杀抢掠而来，哪怕进入开封以后，也毫不客

契丹铁骑

气，心情一好就大肆洗劫一通。

中原百姓一开始能避则避，能躲就躲，结果，开封城周围数百里的人一下子都跑光了，只剩下一些老弱病残，因为跑不了只能默默地忍受着契丹军的凌虐。

那些投降契丹的汉人官员，一看正牌王师都这么祸害人间，自然有样学样，也毫不客气地发挥自身的昏庸品质，趁机鱼肉乡里。

中原百姓本来对于契丹夺取家园就愤愤不平，这下看到契丹人和汉人官员都没打算好好安慰安慰他们，心里十分窝火。一开始，他们因为害怕契丹军努力隐忍着，但眼看着契丹军和汉人官员丝毫不加收敛，他们一忍再忍，终于忍耐不下去了，展开了强烈的反抗。结果，各地百姓纷纷响应，反抗的声音此起彼伏。

这让耶律德光一时手足无措，这才想起老妈述律平的话，契丹人来统治中原，的确会很不妥。

于是，他深刻地反思了自己的过失，发现如果一开始能够扶绥百姓、和协军情，跟中原百姓推心置腹，像对待契丹百姓一样对待他们，那么中原人心归契丹，绝对是迟早的事。但如今，说什么都已经来不及了，自己已经错失了收买民心的最好时机。

无奈之下，耶律德光只好以回家看望老妈为借口，带领大军匆匆离开开封，返回契丹。

就在北返的路上，耶律德光突然患上了急病，高烧不退，随行的太医想尽办法救治，甚至把他身边堆满冰块、让他吞冰入腹，可就是退不了烧。这样折腾了没几天，耶律德光就驾鹤仙游了。

这给跟从耶律德光出征的将领和大臣们带来了一个难题，该选谁来做接班人呢？

如果按照父子相承的原则来，那么毫无疑问，耶律德光的长子耶律璟及其兄弟是最佳人选。

但是，他们都很清楚，太后述律平早就有心让自己的小儿子耶律李胡继承皇位，早在几年前，她就开始怂恿耶律德光立耶律李胡为皇太弟了，因为这样一来，述律平仍然是皇太后，而且耶律李胡资质平庸，无才无德，她以太后身份临朝称制也罢，挟天子以令诸侯也罢，都没关系，反正军政大权始终会落入她的手里。

而且，耶律李胡不仅是个"扶不起的阿斗"，更是一个"嗜血魔王"，性情残暴，稍微不顺他意，他就会把人黥面刺字，甚至把人活活剥皮抽筋，或者抛进水火里面活活淹死、烧死。在整个契丹，他的名字比妖魔鬼怪还好用，一提到他的名字，上至高官贵族，下至平民奴隶，都会吓得面色惨白，冷汗直流。

要是让述律平得逞，耶律李胡做接班人，那么就意味着他们不得不生活在两个嗜血魔王的淫威下，那是一种什么样的生活，经历过述律平残杀耶律阿保机旧臣的人都能够想象出来，必然是水深火热、生不如死。

更重要的是，述律平本来就反对南下用兵，现在耶律德光又在南下用兵的途中死亡，述律平肯定会把账都算在他们这些跟随耶律德光出征的人头上。

想到这些，这些大臣们纠结了，尤其是当年被述律平残杀的大臣的后代们更是心惊胆战，难道先辈的悲剧真的要在自己身上重演？

想来想去，这些大臣们一致决定，这一次要将主动权握在自己手里，不但不能让述律平得逞，还要将她一军！于是，他们决定在述律平得知耶律德光死亡的消息之前，拥立耶律倍的儿子耶律阮为皇帝。

耶律阮并没有被这突如其来的惊喜冲昏头脑，他很清楚目前的形势，自己不仅要面对支持耶律璟的人，还要应对可怕的奶奶述律平，但是他也并不是不想当皇帝，毕竟这个皇位原本就应该是他老爸的，继而自然是他的，如今他也不过是拿回属于自己的东西。

于是，他马上找来了耶律安搏，商量到底该怎么办。耶律安搏是耶律迭里的儿子，当年耶律迭里因为支持耶律倍而被述律平处死，所以耶律安搏当然是无条件地支持耶律阮继承皇位。他见耶律阮还在犹豫，就晓之以大义，动之以真情，让他当机立断，不要耽误时机。

就这样，在耶律德光死后的第二天，耶律阮就在叔叔的灵柩前正式继承了契丹帝国的皇位，史称辽世宗。

你不知道的契丹

耶律阮跟随叔叔耶律德光攻克开封以后，在后晋宫里见到了宫女甄氏，这时候她已经四十多岁了，比耶律阮大了十岁，可是风韵犹存，端庄秀雅。耶律阮对她一见钟情，在登基以后，册立她为皇后。甄氏也因此而成为契丹唯一一个不姓萧的皇后，更是唯一一个汉人皇后。

不过，因为甄氏是汉人，契丹贵族纷纷表示不满，最后耶律阮迫于压力，只好又把自己原来的妃子萧撒葛只册立为皇后，于是，契丹一下子就有了两位皇后。

皇权争夺中的祖孙对峙——横渡之约

耶律阮匆匆忙忙地在军前即位，其实就是为了赶在奶奶述律平立耶律李胡之前。当消息传到契丹皇都，述律平果不其然地火冒三丈，连死了儿子都没心情悲痛了，马上派天下兵马大元帅耶律李胡带兵讨伐"逆徒"耶律阮。

遗憾的是，耶律李胡根本就是个"扶不起的阿斗"，除了吃喝玩乐、耍王子脾气，带兵打仗简直一窍不通，很快就被打得落花流水，落败而逃。

述律平恼羞成怒，不但不反思儿子的失败完全归功于他自身的无能，反而更加觉得耶律阮可恨了，于是亲自整顿兵马，和耶律李胡一起来到上京城外的潢河（也就是今天的西拉木伦河）岸边，准备跟孙子来个你死我活。

与此同时，她又暗中派人拉拢耶律阮军营中的将领，企图让他们临阵倒戈，但悲剧的是，耶律阮的部将竟然没有一个人肯反叛，甚至连皇都里的官员也纷纷站在了耶律阮一边。

述律平纠结了，她不相信自己会落得个众叛亲离的下场，于是质问耶律阮的部属萧翰为什么要背叛自己。

萧翰毫不客气地告诉述律平，当年她为了立耶律德光为皇帝，无缘无故杀害了他的亲人，他早就对她恨之入骨了，这次不过是天时地利人和，他才趁机弃暗投明而已。

述律平气得半天说不出话来，她没想到自己横行一世，现在竟然被几个后辈秋后算账，不禁越想越气。一怒之下，她命令耶律李胡把耶律阮军中贵族和将士的家眷统统抓了起来，扬言说，如果自己被打败了，就拿这些人做祭品。

这是一个非常好的筹码，甚至说是很有力的威胁。耶律德光的部将们得知自己的家眷被抓，心里都忐忑不安，连之前信誓旦旦说要跟述律平顽抗到底的决心也变得弱不禁风了。

然而，事实上，大部分契丹官员都不愿意窝里斗，更不愿意看到自相残杀的情况发生，所以述律平的做法，在动摇耶律阮军心的同时，也导致她自己大失人心，很多将士偷偷归降了耶律阮。

这边耶律阮坚决不肯让出皇位，那边述律平气势汹汹，两军就这样隔着潢水对峙起来，一场骨肉相残的大战随时都可能爆发。

眼看着战争一触即发，那些被述律平扣押家眷的耶律阮将领心急如焚，都火急火燎地劝说耶律阮跟太后坐下来好好谈谈，和平解决皇位继承问题。

但耶律阮知道，现在回头已经晚了，想要跟奶奶和谈，唯一的办法就是自己把皇位让给叔叔耶律李胡，但这是他最不可能接受的条件。所以，他的态度也十分坚决。

就在众臣束手无策的时候，一个人大义凛然地站了出来，表示他愿意帮助耶律阮和述律平解决这场危机。

这个人叫做耶律屋质，担任契丹帝国的惕隐工作，能够职掌皇族政教，协调皇族内部的关系。他非常善于谋划，很得述律平的信任，这时候正跟随在述律平左右。

一开始，耶律阮担心耶律屋质会很难对付，就给述律平写了封信，表示愿意好好侍奉奶奶述律平，想以此来离间述律平和耶律屋质。

述律平一眼就看穿了耶律阮的把戏，把这封信拿给耶律屋质看。耶律屋质看完以后，毫不避嫌地说太后和耶律阮应该尽可能和谈。他说："太后辅佐太祖平定天下，开创契丹帝国，是对契丹的江山社稷有功的人，所以我很高兴为您效力。如果太后怀疑我，那么即使我想效忠，恐怕也有心无力了。现在，要是双方能够坐下来好好谈谈，那么事情也就很容易解决了，要是您不愿意，那就应该马上开战。但是，您首先要知道，一旦开战，人心动摇，国祸不浅，还望太后三思而行。"

述律平不由得陷入了深深的思考中，耶律屋质说得很有道理，一旦开战，那将后患无穷，契丹好不容易开创的盛世景象也将毁于一旦，甚至还可能让其他人渔翁得利，实在很不划算。

耶律屋质看到述律平有所动摇，忙趁热打铁："李胡和永康王都是太祖的子孙，不管他们谁当皇帝，皇位也没有落到别人手里，所以，永康王当皇帝有什么不可以的呢？"

最终，述律平听从了耶律屋质的劝告，决定跟耶律阮议和。于是，耶律屋质自告奋勇，带着述律平的亲笔信，过河去找耶律阮和解。

耶律屋质见到耶律阮以后，马上先发制人，劈头盖脸地数落了耶律阮一顿，说他没有得到太后的认可就私自继承皇位，现在又兵临皇都，要知道这契丹天下可是太后和太祖共同打下来的，他这么做怎么能得到臣民的拥戴呢？

耶律阮自知理亏，连忙解释说自己是被将领拥立的，是不得已而为之。然后又质问耶律屋质，当年太后废长立少，放着现成的太子不立，却改立耶律德光，难道她老人家就不理亏吗？

耶律屋质的确是个称职的和事佬，如果内战搞得国家支离破碎，部落瓦解，民不聊生，实在不是一个好皇帝该做的事。言外之意，自然是希望耶律阮能够跟述律平和解。

耶律阮不以为意，在他看来，述律平的军队都是乌合之众，想要打败他们简直易如反掌。所以，和谈根本是多此一举，毫无必要。

耶律屋质却不这样认为，他说："就算您能轻易击败太后，可是太后和李胡都是您的亲人，您打算怎么处置他们呢？更何况战争才刚开始，到底谁会取得最后的胜利还是未知数。而且退一万步讲，就算您幸运地获得了胜利，到时候，恐怕李胡一不做二不休，也会真的把被囚禁的诸位大臣的家眷杀害。这样看来，只有议和才是解决问题的最好办法。"

耶律屋质所说的话，耶律阮当然十分清楚，所以，他决定听从耶律屋质的安排，跟奶奶述律平坐下来好好谈谈，把不满都说出来。

谈判一开始，双方是公说公有理、婆说婆有理，耶律阮和述律平唇枪舌剑，你来我往，谁都没有想要让步的意思。

这让耶律屋质十分郁闷，于是他忍不住站出来说："你们既然相见了，就是决定要和解了，还这样你不让我我不让你地相互指责，到底是为了什么呢？真想开战，那么何必和谈？"

听了耶律屋质的话，祖孙二人都冷静了下来，让耶律屋质帮自己主持公道。

这正是耶律屋质想要的效果，于是，他问太后："当年人皇王还生龙活虎，活得好好的，为什么要改立太宗皇帝呢？"

述律平马上把责任推到耶律阿保机身上，说是阿保机留下的遗旨，要求立耶律德光为皇帝。

耶律阮虽然心里不服，但是爷爷阿保机早就死了多年了，不管是真是假，自己也没法去找爷爷出来问个清楚，只好勉为其难地接受了述律平的说法。

耶律屋质又问耶律阮："大王为什么在军中擅自称帝，甚至都没有提前通知太后？"

耶律阮正为刚才述律平的解释不满，于是愤愤不平地说："当年，按照礼法，应该是我父亲继承皇位，结果奶奶却改立叔叔，最后逼得我父亲远走他国，客死异乡。"

耶律屋质马上严厉地说："太后固然有不对的地方，但是人皇王背叛自己的国家，投靠后唐，难道这是一个儿子、一个皇子、一个大臣应该做的事情吗？而你身为孙子，现在却带兵攻打奶奶，丝毫没有谦逊礼让的意思，你觉得这样做符合孝敬之道吗？"

耶律阮顿时哑口无言。述律平却心情大好，差一点就拍手称快了。

然而，耶律屋质却没打算就这么结束，他话锋一转，质问述律平："太后偏心，废长立幼，立太宗皇帝为帝，结果导致众人心中愤恨不平，最终引发了今天这场争端。事情发展到这一步，永康王固然有错，但太后也难辞其咎。您是一国之母，既然知道自己做错了，就应该及时反思自省才是，现在却跟孙子争个没完，这样下去，骨肉相残，国家瓦解，生灵涂炭，契丹亡国就不远了！"

述律平当年跟随耶律阿保机打天下时，亲身经历了诸弟之乱，当时民不聊生、生灵涂炭，契丹国力直线下降，自然十分清楚耶律屋质所说的后果绝对不是危言耸听。所以，她马上表示自己绝对不想看到那样的情况发生，但她此时更关心应该由谁来继承皇位，按照她的意思，她还是希望自己的儿子耶律李胡继承皇位。

耶律屋质马上表示反对，他明确表示永康王做皇帝才是真正顺天意、合人愿的事情，而且他已经在耶律德光灵柩前即位了，还有什么理由更换他人呢？更何况，按照礼法，皇位应该传给嫡长子，哪有传给弟弟的道理？最重要的是，耶律李胡性情乖僻暴虐，完全不得人心，让他做皇帝，恐怕天下百姓也不会答应，甚至还会导致大失民心。

述律平被他一番话说得哑口无言，也只好不再一意孤行。

于是，述律平与耶律阮达成了正式的会议决定，又被称为"横渡之约"，承认了耶律阮这个皇帝的合法地位，三十一岁的耶律阮终于成了契丹帝国名正言顺的皇帝，并追封老爸耶律倍为"让国皇帝"。

你不知道的契丹

述律平自从嫁给耶律阿保机以后，就多次跟随阿保机南征北战，虽然是个女流之辈，但巾帼不让须眉，总是冲锋在前，奋勇杀敌，获得了大批俘虏。她发现自己的俘虏中很多人都有一技之长，灵光一闪，决定把他们挑选出来组建一支私人军队，也就是属珊军，即盖比珊瑚之宝的意思。这次，述律平率军南下，跟孙子耶律阮争夺皇位，主力军就是属珊军。

皇帝权威的宣示——世宗打击述律氏

站在权力顶峰的人，从来都不会轻易放弃权力，哪怕已经败在政敌手里，他们也很难甘心，往往会暗地里聚集力量，准备随时反扑回去，杀对方一个措手不及。述律平就是这样的人。

横渡之约以后，述律平和耶律阮都回到了皇都，耶律阮也的确像之前说的，有事没事去给奶奶述律平请安问好，嘘寒问暖，完全一副乖巧孙儿的模样。

述律平表面上也俨然一副慈祥奶奶的模样，但时间久了，她就装不下去了，越看这个孙子越不顺眼，她实在无法忍受一个不听自己话的皇帝坐在龙椅上，尤其这个皇帝的龙椅还是从自己手里夺走的。

这时候，她的宝贝儿子耶律李胡也开始行动了，明里暗里地在皇都四处活动，想要趁着耶律阮根基未稳，把他从龙椅上踢下去，自己当皇帝。

述律平了解到自己这个胸无大略、残暴嗜杀的儿子还没死心以后，不但没有反对，更没有睁一只眼闭一只眼，而是积极主动地配合他暗中活动，图谋大位。

对于这个儿子，其实述律平比谁都了解，她很清楚李胡一没能力，二没德行，只懂得贪图享乐，就算是在和平时代做了皇帝，也不会给国家带来什么好运。但是，作为一个母亲，她始终无法拒绝儿子的要求。

李胡是述律平最小的孩子，也是最依赖她的一个。

她一共有四个孩子，女儿长大以后早早就出嫁了，根本没来得及跟她推心置腹。大儿子耶律倍被她剥夺了皇位继承权，自然对她怨恨有加，最后干脆抛弃国家和老婆孩子，渡海而去。二儿子是自己推上皇位的，按说应该对她感恩戴德了，但始终跟自己貌合神离，时刻想着从自己手里夺走军事大权。

眼看着孩子一个个长大成人了，翅膀硬了，完全不需要她这个母亲

契丹贵族

了，她心里的失落感越来越强烈。幸好有小儿子李胡，他常年跟随在自己身边，虽然他没有哥哥们的才华，也很不得人心，甚至时常惹些麻烦，但这正好满足了她这个做母亲的心理。只有李胡最需要她，所以，述律平觉得自己应该好好保护这个儿子，给他一切他想要的东西。

这一次也不例外。儿子要谋反，述律平义无反顾地表示支持，哪怕对手是自己的孙子，她也决不心慈手软。作为儿子的靠山和军师，述律平一步步计划着谋反大计，心里默默地为自己这块老姜的狠辣和犀利而得意。

然而，她高兴了没几天，噩运就来了——她和耶律李胡图谋废除耶律阮的活动被耶律阮发现了。

其实，耶律阮根本没有述律平想的那么单纯。回到皇都以后，他并没有高枕无忧，相反，他心里很清楚，虽然自己得到了奶奶述律平的认可，成了名正言顺的皇帝，但并不表示奶奶就会放弃立叔叔耶律李胡为帝的梦想。而她表面上越平静，暗地里的阴谋可能越可怕。

所以，耶律阮暗地里派人盯着述律平和耶律李胡，只要他们一有什么风吹草动，就马上先下手为强。

没想到，还真被他逮到了狐狸尾巴。他丝毫没有心慈手软，马上派人把述律平和耶律李胡抓了起来。

可是，新的问题又出现了，到底怎么处置他们呢？耶律阮纠结了。

按照契丹法律，贵族谋反，主犯要被处死，他的家族也要全部抓去充作奴隶。可是，述律平和耶律李胡不是普通贵族，一个是开国国母，一个是皇帝的叔叔。尤其是述律平，她曾跟随耶律阿保机南征北战，共同缔造了契丹帝国，在国民的心目中，那可是神一般的存在，而且她背后的萧家更是势力强大，要是处理不好，恐怕会后患无穷。

想来想去，耶律阮始终没想出一个完美的办法。忽然有一天，耶律阮一觉醒来，灵光一闪，豁然开朗：自己已经是名正言顺的皇帝，奶奶也已经七十岁了，就算想兴风作浪，恐怕也是心有余而力不足了，而叔叔耶律李胡就是个扶不起的阿斗，根本成不了气候，所以，严格来说，他们根本对自己构不成任何实质性的威胁。那自己还跟他们叫什么劲儿呢？

想通了这一点，耶律阮顿时神清气爽，马上做了一番情深意切的感慨，说述律平是爷爷耶律阿保机的老婆，叔叔耶律李胡则是爷爷唯一活在世上的儿子，他们就是爷爷在这个世上最亲密的人，让他们去伺候爷爷实在是再合适不过了，然后就将述律平和耶律李胡打发去了祖州城的石屋，伺候死去多年的爷爷耶律阿保机，同时将参与谋反的随从们该杀的杀、该关的关。

耶律阮说得好听，是伺候耶律阿保机，只是负责祭祀阿保机行了，其实就是将他们软禁于此。但是，耶律阮证据确凿，两人又无力回天，只好默默地收拾东西，搬到了石屋里伺候耶律阿保机。

但耶律阮并没有就此罢休。他很清楚自己的所作所为，已经在无形中挑战了述律平的娘家——二国舅帐。于是，他一不做二不休，干脆重手出拳，明里暗里地打击二国舅帐的势力。

二国舅帐就是述律平的两个兄弟，萧敌鲁和萧阿古只。当年耶律阿保机建立契丹帝国以后，为了巩固皇位，加强皇权，就费尽心机地培养述律平娘家的势力，先后让萧敌鲁和萧阿古只担任北府宰相，并下令以后的北府宰相都要在他们家里选。

后来，阿保机重新整顿部落的时候，又把述律平娘家从本部族中独立出来，升为二国舅帐。经过耶律阿保机和耶律德光两朝的发展，二国舅帐已经成为契丹帝国举足轻重的一支政治势力，甚至可以说已经是与耶律家族同掌契丹的政治力量。

二国舅帐的崛起，可以说完全归功于述律平。如今，耶律阮把述律平给软禁了，他当然十分担心二国舅帐会造反，所以，他必须趁热打铁，先杀杀二国舅帐的威风。

在抓了述律平以后，耶律阮马上下令撤掉述律平的斡鲁朵，这就基本等于剥夺了述律平的私人政治经济实体，她原来的机构、军队和从事生产、服务的宫卫们，一下子被清零了，让述律平失去了与皇权相抗衡的资本。

接着，耶律阮又做出了一个令人大跌眼镜的决定——立汉族女子甄氏为后。在契丹帝国，有个不成文的婚姻规定，就是皇帝必须得封二国舅帐家的女人为皇后，耶律阮为了给二国舅帐一个下马威，魄力十足地立了汉族女子为皇后。

这样做，耶律阮觉得还不够，于是他又把自己因犯罪被充为奴隶的舅舅救了出来，赦免了他的奴隶身份，升为国舅帐，被称为国舅别帐，并给了舅舅一族参与世选北府宰相的特权，想要以此来与二国舅帐抗衡。

年轻气盛的耶律阮可谓是干劲十足，一上台，就对契丹帝国拥有极大权势的述律家族进行了残酷的打击。但他不知道，在太岁头上动土，迟早会招来麻烦，他慷慨激昂的一系列宣示，也在无形中给他埋下了危险的伏笔。

你不知道的契丹

石屋，又叫做石房子，是为了停放耶律阿保机的尸体而建造的停尸房。当年耶律阿保机死去以后，他的陵墓还没有修好，契丹人看到一时半会儿也修不好了，于是就修建了一座石屋来暂时存放耶律阿保机的尸体，以使耶律阿保机的尸体尽可能保存完好。

斡鲁朵，也就是宫卫、宫帐，其实就是皇帝的私人政治经济实体。它有自己的机构、军队，能够自主地从事生产和服务等，斡鲁朵的成员大多都是战争中俘虏来的俘虏和后妃的陪嫁人，主要负责皇帝的日常生活、工作和安全。在契丹，每个皇帝都有自己的斡鲁朵，皇帝死后，斡鲁朵由其子孙继承，其中一部分则被派去守陵。在整个契丹，除了皇帝以外，还有四个人也有自己的斡鲁朵，即述律平、萧绰、耶律隆庆和韩德让。

在内乱中寻求稳定——平定叛乱

从某种意义上来说，耶律阮的皇位是捡来的。

当时，耶律德光死得太过匆忙了，根本没来得及指定接班人，大臣们就郁闷了，按照契丹习俗，在没有明确接班人的情况下，国母述律平就可以肆无忌惮地临朝称制，代掌国事，也就是说她可以操纵皇帝该由谁来当。大家都很清楚，她一定会让自己的儿子李胡来做皇帝。

这让以南、北两院大王为代表的诸部酋长非常不安，他们最不想看到的就是述律平重新掌权，更不想顺从述律平的意思，立耶律李胡为皇帝。可是，最有资格继承皇位的人，耶律德光的嫡长子耶律璟才十几岁，根本没有能力跟述律平抗衡。那要怎么办呢？

这时，跟随耶律德光南下的耶律阮进入了众人的视线。耶律阮是人皇王耶律倍的儿子，早已经成年了，而且为人宽厚，比耶律李胡更适合当皇帝，于是，他们决定推举耶律阮做皇帝。

银鎏金契丹人乐俑　　　　契丹渔猎木立俑

这个提议马上受到了另一大批人的强烈支持——二十年前被述律平杀死的大臣们的后人——他们觉得这是个绝佳的机会,既可以打击述律平,为祖父辈报仇雪恨,又能够改变自己的政治命运,实在是一举两得。

就这样,耶律阮在两拨人的强烈要求下,当上了皇帝。

然而,这样的前提也注定了这些人不可能为耶律阮鞠躬尽瘁死而后已,等到述律平和耶律李胡被囚禁在祖州石屋以后,这些人的危险解除了,该报的仇也报了,于是,他们理所当然地开始策划进一步的行动。

最先按捺不住的人是萧翰和耶律天德。

萧翰是契丹帝国开国宰相萧敌鲁的儿子,述律平的侄子,是二国舅帐里数一数二的人物。当初耶律阮和述律平争夺皇位,他一开始隔岸观火,哪边都不投靠,后来发现耶律阮明显占上风,就兴高采烈地投靠了耶律阮。

耶律天德是耶律德光名副其实的大儿子,可惜他老妈只是个普通宫人,他只能算是庶出,没有资格继承皇位。当时耶律德光南下攻打晋国,他也跟着去了,但由于他是庶出,基本没有说话的地位,所以只能眼睁睁看着老爸病死、耶律阮即位。

之后,耶律阮派耶律天德护送耶律德光的尸体回皇都,耶律天德马上投靠了奶奶述律平,跟着叔叔耶律李胡一起带兵讨伐耶律阮,结果被打得落花流水。

这样一来,他就把自己搞得里外不是人了。这边述律平觉得耶律阮即位的时候,他既没有反对,让他带兵攻打耶律阮,他又败得一塌糊涂,根本就是没真心效忠自己;那边耶律阮也觉得他投靠了述律平,还带兵攻打自己,一定是敌人了。所以,两边都不待见他。

这两人从一开始就心怀鬼胎,没真心效忠任何人,如今,看着耶律阮大张旗鼓地囚禁了述律平,开始论功行赏,封王的封王,升官的升官,接着又一波一波地改革,大力提拔汉族知识分子,好运却怎么都没落到自己头上,心里很不是滋味。

物以类聚，人以群分。这俩人满腔热血，却偏偏报国无门，壮志难酬，搞得自己满怀幽怨，于是，有事没事就相互倾诉倾诉。这样一来二去，两人就倾诉出阴谋来了，决定一起推翻耶律阮的统治。

但是，还不等他们将自己的宏伟计划付诸实际，他们的阴谋就被人告发了，俩人一起被抓了起来。

这俩人知道耶律阮根本没有证据，所以坚决否认谋反的事情，还认认真真地给耶律阮分析理由：他们一没兵权，二没职权，凭什么谋反呢？

耶律阮刚刚把奶奶述律平和叔叔耶律李胡扳倒，心里正得意洋洋，听到俩人的话，觉得很有道理，于是，就派人形式化地审问了几天，便把他们放了。

这俩人一看这样就把耶律阮搞定了，不由得飘飘然起来，信心大增，勾结了新任的惕隐耶律刘哥，准备大张旗鼓地干一场。

耶律刘哥的老爸耶律寅底石当年被述律平杀害了，想借耶律阮的手报仇雪恨，所以站在了耶律阮这一边。如今大仇已报，他也因为拥立耶律阮有功被任命为惕隐，掌管皇族事务。

时间一久，耶律刘哥的欲望就越来越强，不再满足于只做一个臣子，也想过一把皇帝瘾。他看到耶律阮喜欢喝酒、赌博，就投其所好，经常跟耶律阮一起喝酒、赌博，然后伺机谋反。

这三个人暗中通气，当然是一拍即合，马上关起门来，商量怎么扳倒耶律阮。

可是，天不遂人愿，没过几天，他们谋反的事情就被耶律石剌知道了。耶律石剌心里揣着个大秘密，整天睡不好、吃不好，如坐针毡，最后终于忍不住了，就偷偷告诉了耶律屋质。

这时候，耶律屋质正在家里待业，原本这种事情跟他没啥关系了，但他责任心太重，觉得身为契丹子民，有责任和义务帮助皇帝分忧，就马上火急火燎地进宫，把这三个人要谋反的事情告诉了耶律阮。

耶律阮狐疑地盯着耶律屋质看了很久，不知道该不该信他，怎么说他也曾经是述律平的人，他的话真的可信吗？更何况，耶律刘哥跟自己是酒友和赌友，整天一起玩，也没见他有谋反的迹象啊。于是，耶律阮就把耶律刘哥和萧翰等人叫来，直截了当地问他们是不是要谋反。

听到耶律阮的问话，耶律刘哥、萧翰等几个人目瞪口呆，同时也意识到，耶律阮肯定没有完全相信耶律屋质，所以连忙条件反射地否认。

耶律阮本来就将信将疑，看到几个人死不承认，也就觉得是耶律屋质道听途说、大惊小怪了，就兴高采烈地拉着耶律刘哥继续喝酒、赌博，把这件事完全抛到了九霄云外。

但耶律阮不把这件事放在心上，不代表耶律刘哥没放在心上。相反，耶律刘哥不但完全放在了心上，还开始担心了。他知道耶律阮已经开始怀疑自己了，自己再不动手，恐怕就只能等死了。于是，在耶律阮又召他入宫陪自己玩的时候，就在袖子里藏了一把匕首，准备伺机刺杀耶律阮。

然而，老天再一次站在了耶律阮这一边，耶律刘哥一走进来，耶律阮就鬼使神差地一眼看到了耶律刘哥袖子里的匕首，于是马上派人把耶律刘哥抓了起来。

悲剧的是，耶律阮根本没把这件事情当回事，关了耶律刘哥没几天，因为赌瘾犯了，又找不到旗鼓相当的对手陪自己玩，就又把耶律刘哥放了出来。

耶律刘哥当然知道自己的机会来了，使尽浑身解数，把耶律阮哄得心花怒放。耶律阮一高兴，竟然猛然想起来耶律刘哥造反的事情，就问他："你真的想造反吗？"

耶律刘哥眼前一亮，知道好运驾到了，马上信誓旦旦地表示自己对耶律阮是一千一万个忠心，要是有谋反之心，就头上生千顶疽而死。

耶律阮听到他发了毒誓，觉得他应该不会谋反，就打算赦免他的罪行。

这下耶律屋质不干了，他坚决反对放了耶律刘哥，并要求让耶律刘哥和耶律石剌对峙，看看两个人都怎么说，然后再做决定。

耶律阮一听，觉得很有道理，就让耶律屋质去办这件事。耶律屋质很快就查明了真相，将耶律天德、萧翰等人全部抓了起来。

按理说，这下真相大白了，谋反罪行也罪证确凿，只剩下把他们处理掉了。但耶律阮这时候却大慈大悲起来，他觉得这些人虽然意图谋反，但却没对自己造成什么实质性的威胁，所以可以从轻发落，就只处死了耶律天德，把耶律刘哥流放外地，杖打了一顿萧翰。

后来，萧翰又打算跟老婆，也就是耶律阮的妹妹耶律阿不里谋反，结果写给耶律安瑞的信又落到了耶律屋质手里，耶律屋质自然再次报告给了耶律阮，最后耶律阮下令处死了萧翰。

你不知道的契丹

公元922年，耶律阿保机为了削弱迭剌部的势力，把迭剌部分为五院、六院两部，也称为北院和南院，各有夷离堇。公元938年，耶律德光把两院改为北、南二大王院，两院官署长官分别称为北院大王、南院大王，下面设有大王院知事、院太师、院太保、院司徒、院司空等官。

耿耿于怀的南征大计——图谋南征

奶奶述律平和叔叔耶律李胡打发走了，内乱也平定了，耶律阮忽然闲下来，就觉得应该给自己找点事情做做，否则怎么显示他的雄才大略、气吞山河呢？

可是，做什么呢？政权也改革了，述律一家也打击了……想来想去，耶律阮最终把目光投向了中原。

后晋灭亡以后，没过多久，刘知远就在太原自立为王，并派兵攻打河北，听说耶律德光驾鹤仙游以后，他不由得大喜，马上披肩挂帅，亲自出马，带领大军杀向开封，并很快拿下了开封。

刘知远本来是沙陀人，但是为了表示自己"根正苗红"，他便把自己说成是后汉皇帝的后人，并取国号为汉，也就是我们所说的后汉。

这一切发生得太快，很多人还没回过神来，刘知远就已经拿下开封，建立后汉了。所以，一些原本就觊觎中原地区的人不高兴了。南唐皇帝李璟就是其中之一。

南唐皇族自称是唐玄宗李隆基的后人，从一建国，就死死盯着中原地区，时刻想着光复祖业。但他们也很清楚，单凭借自身的能力，很难对付中原王朝，于是就三番五次地派人来契丹，想要跟契丹瓜分中原地区。

那时候，中原正是石敬瑭执政，后晋早就成了契丹帝国的附庸国，所以契丹果断地扔了南唐伸来的橄榄枝，拒绝了南唐的邀请。

等到耶律德光驾鹤西去，南唐看到有机可乘，就马上整顿兵马，准备北上光复祖业，结果大军还没离开本土，刘知远就捷足先登了。

眼看着到手的东西被人抢走，李璟心里真心恨得牙痒痒，问候了刘知远祖宗十八代，但他恨归恨，却也很清楚南唐力量薄弱，只凭自己根本不是刘志远的对手。可是，另一方面，他又不甘心就这样放弃入主中原的大好机会，那该怎么办呢？

想来想去，李璟就想到了与南唐隔中原相望的契丹，于是，就派人打着祝贺耶律阮当上契丹皇帝的幌子，来找耶律阮商量南北夹击共灭后汉的事情。

耶律阮正在为找什么理由南下而伤脑筋，南唐使者的到来恰恰帮他了却了一桩心事，顿时高兴得眉飞色舞，好像已经看到自己挥军南下，一路势如破竹。于是，他马上召开诸部酋长会议，商量南下征讨后汉的事情。

不料，诸部酋长大部分都不赞成南征。这下耶律阮郁闷了，自己又没爷爷耶律阿保机走运，能找一条龙来射射，也没叔叔耶律德光那样的运气，遇到石敬瑭那样的"老儿子"送上大礼包作为通行证，无奈之下，他只好暂时放弃了举全国之兵南下的想法。

但耶律阮想要建功立业的梦想实在太坚定了，南征的提议被否决，他一怒之下，干脆自己亲自出马，带着大军游历在幽州一带，有时派一些游骑，有时亲自率军，不时地攻掠中原，企图伺机大规模南征。

这时候，刘知远已经撒手人寰了，耶律阮得知以后，更加肆无忌惮，甚至干脆让手下骑兵深入河北贝州、魏博等地，烧杀抢掠。

中原各地的藩镇节度使和刺史纷纷紧闭城门，没有一个敢跟契丹交手。消息传到开封，后汉皇帝刘承祐极为震怒，马上派遣宰相郭威亲自率领大军到魏博坐镇，防御契丹。

郭威前脚刚走，后脚开封就发生了巨大变故。刘承祐担心自己身边的佐辅大臣权势过大，最后闹得"挟天子以令诸侯"，他们刘家的天下就不得不改姓了，所以干脆先下手为强，下令诛杀了大批辅佐大臣，连郭威也在"黑名单"里。

郭威听说以后，勃然大怒，马上打着诛贼臣、清君侧的旗号，带兵朝着开封杀来。

刘承祐本来也没多少本事，这下看到郭威带兵攻打开封，自己真的危险了，顿时傻了眼，慌慌忙忙地逃跑，最后被乱军杀死了。

郭威是个聪明人，虽然他也想当皇帝，但他知道自己出身卑微，在这个讲究门第出身的年代，恐怕很难服众，于是他就在刘氏家族中选择了一个年龄最小的孩子，也就是刘知远的弟弟刘崇的儿子刘赟。

然而，还没等刘赟正式登基称帝，耶律阮再次攻打河北的消息就传到了开封，郭威不敢怠慢，马上休整兵马，准备带兵北上迎战。

当兵马渡过黄河以后，一天，将士们纷纷来到郭威的房前，一致表示皇帝必须由郭威来做，将士们已经跟刘氏结下仇怨，不能再立他们为帝了。将士们一边说着，一边撕开一面黄旗披在郭威身上，接着就高呼万岁。

郭威当然是心花怒放，半推半就以后，也就装作勉为其难地接受了。

这下刘崇不乐意了。本来哥哥一死，侄儿刘承祐继承皇位，大权落在郭威等人手里，他就很不高兴了。后来郭威带兵攻打开封，杀死了刘承祐，他就坐不住了，想要带兵去跟郭威来个你死我活。

不过，还没等他动身，郭威就说让他儿子刘赟当皇帝，他觉得这样至少皇位还是他们刘家的，也就暂时罢手了。却没想到，这登基大典还没举行，郭威就自己当了皇帝，建立后周，还杀了他的儿子。

刘崇很不甘心刘家祖业被郭威抢走，所以在郭威称帝半个月以后，也在太原称帝，国号仍然是汉，也就是北汉。

满腔愤怒的刘崇马上挥军南下，讨伐郭威，结果几场战争下来，刘崇都是惨败而归。眼看着不用多久，自己就得葬身郭威刀下，刘崇绝望了。

这时候，任何一根稻草都可能成为刘崇的希望，于是"契丹"这个名字便带着神圣而美好的光环降临到了刘崇的脑海里。正处于绝望边缘的刘崇顿时看到了光明，马上派人向契丹求救。

耶律阮正在契丹南境带兵游历，望着南方大片土地，心里既懊恼又纠结，可就是苦于没有南下的理由。为了打发时间，也为了发泄内心的愤懑，他只好继续有事没事地带兵骚扰一番，大肆抢掠河北地界。刘崇派来的使者就在这时驾着彩云光临了。

了解到中原的情形以后，耶律阮按捺住内心的惊喜和喜悦，强迫自己镇定下来。于是，冷静之后，他决定效仿自己的叔叔耶律德光，抓住机会跟刘崇谈起了条件。为了促使刘崇答应自己的条件，他干脆将郭威跟契丹缔结友谊之邦的事情也告诉了刘崇，表示自己很为难到底要帮谁。

刘崇正火烧眉毛，每天都望眼欲穿地等待着契丹大军驾着彩云来救他于水火之中，却没想到等来了耶律阮为到底帮谁而纠结的消息，顿时心急如焚，恨不得直接跪在耶律阮面前求爷爷告奶奶了。

忽然，他灵光一闪，想到了石敬瑭。当年石敬瑭就是认了耶律德光为爹，才得到契丹大军的支援，得以入主开封，称帝为王，自己为什么不效仿石敬瑭呢？

于是，刘崇也恭恭敬敬地写了一封认亲信，称呼耶律阮为"叔皇帝"，自己是"侄皇帝"，表示从今以后以臣国侍奉契丹，请求契丹发兵援助。

耶律阮看了信，龙颜大悦，觉得这跟当年叔叔耶律德光和石敬瑭的故事如出一辙，是个好兆头，以为契丹就要重新获得中原地区了，于是就顺水推舟地同意了刘崇的请求。

就在这时候，南唐李璟又派人来跟耶律阮商量一起援助北汉，攻打后周的事情，耶律阮一看，连南唐也要帮忙了，不由得信心倍增，马上召集诸部酋长开会商量南征的事情。

这时候，耶律阮迫于压力，已经立了述律家族的萧撒葛只为皇后，述律家族对此十分满意，也就不再跟耶律阮唱反调了，其他诸部酋长一看连述律家族都同意了，自然纷纷表示赞同。

耶律阮心情大好，马上命令诸部酋长率领本部兵马到归化州（也就是今天的河北宣化）祥古山的火神淀会合，气势磅礴地准备南下帮助北汉夺取中原政权！

你不知道的契丹

耶律阮率军南下抢掠河北的时候，一天，契丹军正在烧杀抢掠，突然发生了月食。契丹人信奉萨满教，相信鬼神的存在，所以突然看到月亮没了，天顿时黑暗了下来，以为是自己的行为触怒了天神，都非常害怕。耶律阮自然也不例外，慌忙带着部将北返。

回到契丹南京以后，耶律阮仍然惊魂未定，觉得是自己的南掠行为惹怒了天神，要是再继续下去，肯定要遭天谴，所以就想主动跟后汉议和。这时候，郭威已经灭了后汉，建立了后周，所以，耶律阮的信使便把信给了郭威。郭威马上派人跟契丹搞好关系，却不料耶律阮想要趁火打劫，提出各种额外要求，最后议和失败，耶律阮扣押了郭威的使者。没过多久，刘崇就派人来向耶律阮求救了，耶律阮便以这次的议和条件为诱饵，诱使刘崇上表称臣。

成也萧何，败也萧何——辽世宗被拥立者杀害

耶律阮到达火神淀的时候，诸部兵马还没有到齐，耶律阮只好就地扎营驻寨，一边兴高采烈地跟部下喝酒玩乐，一边等待诸部兵马，同时商量南征的事情，好像中原地区早已经是他的囊中之物。

就在耶律阮为了终于能够一展宏图而兴奋的时候，一个人已经默默地向他举起了屠刀。

这个人叫做耶律察割，是耶律阿保机的弟弟耶律安瑞的儿子。

耶律察割小时候非常腼腆，不爱说话，总是一副懦弱好欺的样子，但是内心却十分狠毒而狡诈。

他的伪装并没有瞒过耶律阿保机的眼睛，有一次，耶律察割奉了老爸的命令，去向耶律阿保机汇报工作。结束以后，他刚离开，阿保机就对身边的侍卫说："这个人目若风驼，面有反相，我一个人的时候，不要让他进入我的房间。"正是因此，阿保机一直没给他什么实质性的工作。

耶律察割的前半生基本都是这样默默无闻地存在着，没有任何机会风生水起，更没任何可能兴风作浪。直到耶律德光驾鹤仙游，他才真正拨开云雾见天日。

当时，耶律察割的老爸耶律安瑞正为了到底要倒向述律平还是耶律阮而纠结不已，耶律察割便给老爸分析形势。他告诉老爸，李胡凶狠残暴，如果让他当了皇帝，恐怕他们父子就得生活在水深火热之中了，只能每天小心翼翼，如履薄冰，但如果耶律阮当皇帝就不一样了，耶律阮宽厚仁慈，应该不会亏待他们。

耶律安瑞觉得儿子说得很有道理，就听从了儿子的建议，投靠了耶律阮。结果，耶律阮最终继承了皇位，耶律安瑞因此被封为明王，耶律察割也被封为泰宁王。

耶律阿保机的确没有说错，耶律察割不但面有反相，心更是装着一堆谋反计划。一步登天来得太过容易了，这让耶律察割飘飘然起来，忍不住想再高点。但他已经封王列侯，再高能高到哪儿去呢？最终，他把目光放在了耶律阮的龙椅上。

耶律察割也知道，这把龙椅不好做，尤其是耶律阮登基之初就跟述律平较量过，接着又镇压了耶律天德和萧翰等人的谋反，这时候，耶律阮铁定十二分的警惕，稍有风吹草动，就会草木皆兵。

于是，耶律察割一咬牙、一跺脚，决定来场明修栈道暗度陈仓，先博得耶律阮的信赖，然后再伺机下手，除掉耶律阮。

他先有事没事派人去跟耶律阮打自己老爸耶律安瑞的小报告，然后又假装打小报告的事情被老爸发现了，希望耶律阮能够救他于水火之中。耶律阮被他大义灭亲的举动感动得不得了，就把他留在自己身边，做了自己亲自掌管的女石烈军的首领。

这样一来，耶律察割就能有事没事在耶律阮身边转悠了。为了保险起见，他继续打自己老爸的小报告，同时使尽浑身解数讨好耶律阮，把耶律阮哄得心花怒放，对他越来越信赖。

一次，耶律阮外出打猎，耶律察割觉得时机到了，就撒谎说自己手腕崴了，没法拿弓箭，所以只拿了一个链子锤，跟在耶律阮后面，想要趁着耶律阮不注意的时候下毒手。可惜，始终没找到机会。

耶律察割没辙了，只好选择夜里动手，就把自己的庐帐偷偷地移近耶律阮的大帐，却被耶律屋质发现了。

耶律屋质看到耶律察割移动自己的庐帐，并让手下的士兵整装戒备，觉得十分可疑，就向耶律阮报告了这件事，说耶律察割意图不轨。

耶律阮一来先除掉了一生叱咤风云的奶奶，又平叛了内乱，顺便还打击了述律一家，正飘飘然而不知所以然，觉得自己已经天下无敌了，二来他对自己看人的能力十分有信心，相对地，自然也就十分信任耶律察割。

所以，当耶律察割一把鼻涕一把泪地哭诉自己是冤枉的，自己对耶律阮的忠心可昭日月，耶律屋质肯定是嫉妒他才诬陷他时，耶律阮毫不犹豫地被感动了，完全忘记了之前谋反的耶律刘哥也曾用过这一招，不但选择了百分之一百二地信赖耶律察割，而且还拍着他的肩膀安慰他。

之后，耶律察割又数次试图谋害耶律阮，可无奈次次都找不到天时地利人和的机会。这一拖再拖，就拖到了耶律阮要带兵南下援助北汉。

此时，耶律阮的大军驻扎在火神淀，诸部兵马还没到来，耶律察割觉得机会来了。

耶律阮南征在即，心情如沐春风，好得一塌糊涂，根本没工夫搭理身边的人有没有心事重重、磨刀霍霍。激动之余，他不免就想起了他死在中原的老爸耶律倍，于是，摆上香案，跟老妈、老婆一起祭祀老爸。

正值深秋时节，火神淀天高气爽，风景宜人，蓝天白云相衬，苍天茫野相望，风吹草低见牛羊，耶律阮看着大好的江山，想到马上就要指点更大一片江山了，不由得心情大好，便跟诸酋长、诸王和大臣们开起了篝火晚会。

大家吃着手把肉，喝着菊花酒，越来越来劲，越喝越高兴，不知不觉就都喝得酩酊大醉，不省人事了，有的直接趴在地上睡着了，有的还算清醒的就回寝帐大睡，耶律阮也被侍卫扶回寝帐，睡得昏天暗地。

然而，有一个人却没有喝醉，不但没醉，而且还十分清醒。这个人就是耶律察割。他看着耶律阮和王爷、大臣们喝得不省人事，觉得这就是千载难逢的好机会，天时地利人和，真是天助我也。

不过，耶律察割知道，自己这时候起兵，肯定会被判为谋反作乱，到时候不但得不到其他人的支持，很可能还会被诸部兵马联合起来围歼。于是，他就想到了耶律德光的儿子耶律璟，想拉他入伙，企图先名正言顺地扳倒耶律阮，夺来皇位，然后再以谋反的罪名杀掉耶律璟，自己坐上皇位。

耶律璟是耶律德光的嫡长子，按理说，耶律德光死后，他是最有资格做皇帝的，耶律察割觉得他肯定十分痛恨耶律阮抢了自己的皇位。但没想到，耶律璟当王爷当得很滋润，根本没兴趣抢回皇位。

耶律察割虽然心里很窝火，但时间紧迫，也没工夫跟他耗着，否则等他说服了耶律璟，恐怕时机就错过了。于是，他马上找到耶律盆都，问他要不要跟自己一起谋反。

耶律盆都是耶律阿保机的另一个弟弟耶律寅底石的儿子，耶律刘哥的弟弟，当初因为痛恨述律平而选择支持耶律阮，后来因为参与耶律刘哥的谋反，被罚出使辖嘎斯国，所以对耶律阮怀恨在心，时刻都想着报仇雪恨。

了解到耶律察割的来意以后，他十分高兴，马上同意跟耶律察割一起起兵造反。

于是，等到夜深人静的时候，耶律察割和耶律盆都一起带领着早已准备好的兵马直扑耶律阮的寝帐。

这时候，耶律阮还在熟睡中，被外面的厮杀声惊醒，酒也全醒了，等到看到耶律察割和耶律盆都出现在自己的面前时，他才幡然醒悟，但已经为时晚矣。

就这样，被众人赶上皇位的耶律阮，在只当了四年多皇帝以后，又被自己的拥立者杀害了。

你不知道的契丹

契丹建国后，皇帝游猎设行帐成为"捺钵"，也形成了四时"捺钵"制度。"捺钵"随着四季而迁徙，分为春、夏、秋、冬四捺钵。夏、冬在行帐处召开政事会议，并处理政务。每次会议结束，皇帝就会到春水秋山的行猎地点，大部分汉官则返回中原居守，处理汉人事务。这样，就能保证皇帝可以随时随地处理政务了。

事实上，契丹有皇都，也有五京之制。只不过，契丹皇帝一年四季都会巡行在四捺钵之间，政务也在捺钵中处理。所以，在契丹，捺钵之地就是全国实际上的政治中心和最高统治者所在之地，而皇都和五京则是宰相以下官僚处理政务的地方，特别是汉民政务，这也是契丹政治管理的一大特色。

在位期间每天都忙着镇压叛乱——睡皇帝耶律璟

耶律璟是个与世无争的人，只要给他好吃好喝好玩的，他就别无所求。所以，虽然堂兄耶律阮抢了他的皇位，他也觉得这并不算什么事，反正都是耶律家的人，谁坐不是坐呢？所以，当耶律察割来找他谋反的时候，他想都没想就拒绝了。

谋反不是小事，耶律璟知道搞不好就会牵扯到自己头上，不想惹麻烦上身，自然是走为上策。于是，耶律察割前脚离开他的庐帐，后脚耶律璟就骑马跑到山里躲了起来。

但是福不是祸，是祸躲不过，我不惹麻烦，麻烦也会自己找上门来。很快，耶律屋质就派自己的弟弟耶律冲找来了。

一开始，耶律璟还是坚决表示自己不想参与其中，耶律冲也坚决不肯让步，晓之以大义，动之以真情，凭借三寸不烂之舌，最终还是说动了耶律璟，把他带回了军营。

这时候，耶律屋质已经派人去联络诸王起兵平乱了，看到耶律璟回来，顿时高兴得脸上几乎要开出花来。耶律璟却没他那么高兴，表示自己并不是很情愿来参与平叛。

耶律屋质顿时郁闷了，好不容易找了一个主持大局的人回来，白送你一个皇帝当，竟然还心不甘情不愿。但时间紧迫，根本来不及找其他人了，于是他也一咬牙、一跺脚，狠下心肠，"威胁"道："你是太宗皇帝的嫡长子，如果被耶律察割抓住，他肯定不会放过你。要是真的那样的话，你让将士们去侍奉谁？社稷又该依赖谁？要是皇位落到了耶律察割那些贼人手中，后果不堪设想啊！"

耶律璟是个聪明人，耶律屋质一番话让他顿时醒悟过来，如果让耶律察割当了皇帝，那么契丹的确要从此陷入水深火热之中了，而且自己恐怕也没什么好日子过了，毕竟虽然自己相信自己没兴趣当皇帝，但不代表别人会相信，更不能保证耶律察割会信。

想通了这一点，耶律璟就知道自己已经没有别的路可以选择了，只有率兵平叛。

看到耶律璟同意率兵平叛，耶律屋质一颗悬而未定的心终于放下了一大半，马上兴高采烈地派人放出消息，号召诸王起来平叛。

在契丹，兵制非常严格，皇帝带兵出征，诸部酋长、诸王、诸大臣们应该带多少兵马随征，都有严格的规定。不仅如此，当大军停下来扎营休息时，皇帝的御帐扎下以后，诸部酋长、诸王、诸大臣的行帐应该扎在哪里，离皇帝的御帐要多远，都有明确的规定，绝对不允许有人随便扎营。

所以，耶律察割的叛军所影响的范围也只是在皇帝的御帐周围，离着皇帝御帐比较远的行帐，基本都没有受到冲击。

这时候，那些没有被叛军波及到的王爷和将领们，听说耶律察割叛乱、皇帝被杀，心里十分纠结，不知道该怎么办，是投靠叛军，还是起兵平叛呢，始终没有一个明确的答案。

就在众人都纠结万分的时候，耶律璟和耶律屋质带兵平叛的消息传来了，诸王和将领们顿时精神振奋，马上休整兵马，前去与耶律璟会合，共同镇压叛乱。

最后，耶律璟成功地平定了叛乱，杀死了耶律察割，坐上了契丹的龙椅，成为辽穆宗。

坐上了皇帝的宝座，耶律璟并不开心，相反，他感到不安。曾经亲眼目睹各种皇位之争和谋反，这次自己又是借着谋反的东风坐上皇位，他对谋反怀着高度的警惕。

所以，一上台没几天，他就马上采取了残酷的手段，借着处理耶律察割叛乱的机会，处死了一大批人，又抓了一大批人，同时提拔了一大批人，希望以此达到以儆效尤、杀鸡儆猴的效果，让自己从此高枕无忧。

但事实却截然相反，耶律璟的美好梦想不仅很快就破灭了，而且破灭得极其彻底——在他在位期间，叛乱此起彼伏，他几乎每天都忙着镇压叛乱：

耶律璟即位刚刚三个月，太尉忽古质就铤而走险，开始谋反，最后很快被平息下去。

忽古质谋反案件发生五个月后，国舅萧海贞、工部侍郎李浣又开始谋反，最后事情暴露，两人想要南投后周，半路被抓了回来。

萧海贞、李浣南投事件刚结束，耶律倍的二儿子、耶律阮的弟弟耶律娄国，联合耶律敌烈谋反，结果事情暴露，两人都被抓，最后两人和萧海贞一起被处死。

一年后，耶律宛、耶律化葛里、耶律奚塞意图谋反，耶律璟的弟弟耶律罨撒葛也牵涉其中，虽然这些人很快就被绳之以法，但由于他们只是想想而已，还没付之行动，所以坚决不承认罪行，最后，耶律璟没办法，只好放人。

两个月后，耶律罨撒葛、耶律宛等人又聚集在一起，商量怎么推翻耶律璟，结果又被耶律璟发现了，最后耶律璟杀了耶律化葛里、耶律奚塞，对于耶律宛和耶律罨撒葛，杖打了一顿就放掉了。

几年后，后周世宗柴荣带兵北征，想要收复幽云十六州，耶律璟在大臣们的强烈要求下御驾亲征，耶律敌烈便想趁机联合耶律海思等人发动政变。结果，还不等他们开始行动，柴荣由于病重被迫退兵，耶律璟返回上京，并迅速地将政变扼杀在摇篮中了。

之后，政事令耶律寿远、太保楚阿不等人谋反，最后两人被杀，叛乱失败。

没多久，耶律李胡和儿子耶律喜隐又起来谋反，最后耶律李胡替儿子顶了罪，被抓。后来，耶律喜隐又想造反，又失败了，被耶律璟抓了起来。

另外，还有室韦、乌古等部反叛。

……

然而，虽然叛乱此起彼伏，波涛汹涌，耶律璟却丝毫不觉得这是什么大事，反而在忙着平定叛乱的闲暇时间里，学会了饮酒作乐。

作为皇帝，耶律璟拥有喝不完的美酒，所以，他高兴了要喝，不高兴了也要喝，几乎整天抱着酒坛子，喝得不亦乐乎。一喝醉了，他就有两大爱好——要么睡觉，要么杀人。

耶律璟睡起觉来非常不要命，喝完了就睡，睡醒了接着喝，然后接着睡，如此日以继夜，夜以继日，没完没了。但这并不是最可怕的，最可怕的是他的杀人爱好。

一旦喝醉了，耶律璟就完全失去了意识，常常看见谁就说杀谁，结果导致伺候他的内侍们整天心惊胆战，诚惶诚恐，就怕他喝醉了随口一句话，自己的小命就没了。

杀的人多了，耶律璟自己也不好意思了，就下诏说如果在他喝醉的时候下达命令，他们可以暂时不执行。这下大家终于松了一口气，但效果明显很不好，没人执行命令，耶律璟干脆自己动手杀人，结果被他酒醉之下杀死的人数还是有增无减。

这样日子久了，耶律璟身边的内侍们就产生了怨恨，毕竟谁也不想整天生活在刀口上。

这天，耶律璟游猎回到行帐以后又喝多了，忽然想起自己刚刚打回来的大熊，便传旨让厨班把熊肉端上来当下酒菜。

可是熊刚刚抬回来，正在收拾，而且做好还需要一段时间，怎么可能马上端上来呢？

早就喝高了的耶律璟一听熊肉还没有做好，不禁龙颜大怒，扬言要亲手杀了那一群厨子，然后一倒头就睡过去了。

说者无意，听者有心。耶律璟的话把厨班吓了个半死，他们早就见识过耶律璟的杀人狂性了，搞不好今天真的就是自己的末日了！

想到这些，再看看醉得一塌糊涂的耶律璟，他们决定一不做二不休，今天就给自己来个彻底的解脱。

于是，近侍小哥、盥人花哥和厨子辛古等六个人，趁着耶律璟醉得不省人事，联手把他送上了黄泉路。

你不知道的契丹

耶律璟爱好喝酒，所以爱屋及乌，也非常关心酒的酿造工作。他经常亲自视察酿酒的作坊，并指导酿酒工作。不仅如此，耶律璟还慷慨解囊，奖励酿酒作坊，大力支持他们扩大生产规模，并鼓励他们把酿酒的锅改得大一点，把盛酒的酒坛、酒罐也改得大一点。他还自己做了一个非常大的贮酒器，在上面刻了一些鹿文，起名叫"鹿瓤"。在他的大力支持下，契丹酿酒行业越来越发达，酒税也逐渐成为国家的重要税源。

第四章
帝国最辉煌的时代：鼎盛时期

　　一个强大的帝国，必然拥有一个剽悍的英明君主。反之，当英明君主降临人间，一个再腐朽的政权都可以枯木逢春。然而，令契丹人意外的是，当契丹帝国迎来最辉煌的时刻，堪称神一般存在的英雄并非一人，而是一对母子——萧绰与圣宗耶律隆绪母子！他们站在老祖宗们打下的基业上，借着历史的东风，抓住前所未有的机遇，给契丹帝国展开了最为华丽的篇章——鼎盛时期！

帝国的发展步入正轨——辽景宗中兴

耶律璟没有儿子，所以他被仆人杀害以后，皇位应该花落谁家就又成了一个问题。

当时，最有资格继承皇位的有两个人，一个是耶律璟同父同母的弟弟耶律罨撒葛，一个就是耶律阮的儿子、耶律璟的养子耶律贤。

耶律阮被杀的时候，耶律贤还不满四岁，还是个什么都不懂的孩子，只知道吃了玩，玩累了就睡，睡醒了就接着玩。当耶律察割带着兵马气势汹汹地冲进御帐，四处搜索，疯狂扑杀皇室人员的时候，耶律贤一下子被吓傻了，连哭都给吓忘了。

幸好有厨子发现了他，慌忙用毡子把他包住，藏在了柴草里。等到天亮

契丹武士

以后，耶律璟带兵平定了叛乱，人们在清理战场的时候，从柴草堆里发现了他。

不过，虽然耶律贤幸运地活了下来，却因为惊吓过度而落下了抽风病，时不时地抽风，身体也变得非常差，严重的时候连马都没法骑。

耶律璟当上皇帝以后，由于没有子嗣，又看到耶律贤小小年纪就失去了父母，于心不忍，就把他带进宫中，当作自己的儿子抚养起来。

后来，耶律璟借着惩处谋反之机，诛杀了大量可能对自己有威胁的皇室成员，而耶律贤，一方面因为他年龄还小，根本构不成威胁，另一方面因为他并没有表现出对皇位的热心，总是跟耶律璟保持着和谐的父子关系和君臣关系，所以侥幸地躲过去了。

就在耶律璟被害的前几天，耶律璟还把耶律贤叫到自己身边，对他说："儿子你已经长大了，我可以把朝政交给你处理了。"但话虽这么说，耶律璟回头就又醉得不省人事了，并没有马上册立耶律贤为皇太子。也就是说，耶律贤拿到的只是"口头支票"，并没有法律效力，所以想要获得皇位，还得靠他自己努力。

耶律璟被杀的时候，耶律罨撒葛和耶律贤都不在身边，只有他们的部分支持者跟随在皇帝行宫里。而此时，毫无疑问，谁先到达行宫，谁就会占据上风，有可能控制住局势，成为下一任皇帝。

于是，两拨人马一听说耶律璟被杀，马上火急火燎地分头行动，分别向耶律罨撒葛和耶律贤通风报信。

耶律罨撒葛因为之前谋反的事情被耶律璟打发到了西北边境，但耶律贤并没有因此而放松警惕，为了防止突变发生，他早就准备好了一支应急队伍。得到女里的报告以后，耶律贤就马上跟女里、高勋等人，率领兵马连夜赶到了皇帝行宫，而此时，耶律罨撒葛的信使还在路上。

但这并不表示耶律贤就稳操胜券了，耶律罨撒葛阵营里的主要代表人物，像萧思温、粘木衮、耶律夷腊葛等人，这时候也在行宫里。而且悲剧的是，他们手里都掌握着大量军队，只要他们行动，耶律贤就基本没有什么胜算了。

不过，萧思温几个人都是比较懂事的，他们很清楚，耶律罨撒葛不在，他们擅自行动，就会被耶律贤抓住把柄，甚至可能会以谋反罪名论处，所以他们只能耐心而又焦急地等待耶律罨撒葛赶紧到来。

这就大大地给了耶律贤机会，他一到行宫，就马上控制住了局面。耶律罨撒葛的支持者们顿时傻眼了，要么马上表示从此效忠耶律贤，要么就被耶律贤扣押了。

耶律贤抓了那些人以后，并没有把他们怎么样。相反，他很清楚，想要成为名正言顺的皇帝，想要避免老爸耶律阮和叔叔耶律璟所遭遇的那一连串的叛乱，就必须得说服他们归顺。而在这些人中，萧思温是举足轻重的人物，于是，他主动找到了萧思温，想要说服他拥立自己为皇帝。

萧思温是耶律德光的女婿，也是耶律璟的姐夫，更是耶律罨撒葛的岳父，他之所以支持耶律罨撒葛，无非是想要借着女儿的东风平步青云。

他是个聪明人，从耶律贤带兵到来开始，他就知道耶律罨撒葛已经没什么机会了，所以，思索一番之后，他决定跟耶律贤谈条件。条件很简单，只要耶律贤答应娶他的女儿萧绰为皇后，那么他就支持耶律贤。

耶律贤早就听说萧思温的小女儿萧绰不仅美若天仙，而且聪明伶俐，觉得能娶这样的女子为皇后应该是前世修来的福分才对，所以马上同意了萧思温的条件。

于是，耶律贤就在耶律璟的灵柩前痛哭一场以后，在萧思温、女里、高勋等人的拥戴下，继承了皇位，史称辽景宗。

辽景宗上台以后，面对的是睡皇帝耶律璟扔下的一个烂摊子，所以郁闷之余，他马上开始着手处理积攒了十几年迟迟没有得到解决的国家大事。

他吸取耶律璟的教训，不仅不采取高压政策，反而一口气册封了九个王爷。这一招的确很管用，直到他驾鹤西去，除了宋王耶律喜隐两次谋反以外，其他王爷都非常守本分，而且兢兢业业地为国鞠躬尽瘁。

安抚诸王以后，他又开始论功行赏，大力提拔了拥戴有功的大臣们，同时又知人善用，重用了一大批有真才实学的大臣，并重用汉族官员，使得原本乌烟瘴气的朝政得到了大大的改善。

为了彻底改变耶律璟留下的混乱局面，耶律贤又大刀阔斧地进行了一系列改革，向汉族官员室昉询问治国之道，研究古往今来各个朝代的历史经验教训，并将它们充分地应用到实际中去。

耶律贤赏罚分明，励精图治，使得百官恪尽职守，凋敝的国政大幅度改善。在君臣的共同努力下，契丹帝国的政治开始呈现出一派清明气象，社会发展也逐渐恢复正常并趋向兴盛，国力大大提高，契丹帝国开始进入中兴时期，为辽圣宗的全盛时期打下了坚实的基础，所以，历史上也把这段时期称为"景宗中兴"。

你不知道的契丹

耶律贤即位以后，萧思温家族也随之崛起，萧思温被封为北院枢密使，兼任北府宰相、尚书令，又加封魏王，身兼数职，权倾朝野，他的家族还被授予世选北府宰相的特权。不仅如此，他的小女儿萧绰是皇后，大女儿、二女儿都是王妃，可以说，萧思温一夜之间成了"政治暴发户"。

这就引起了很多人的不满和嫉妒，先是"皇后专业户"述律家族，然后是拥立耶律贤的功臣女里和高勋。于是，这几个人就勾结在一起，想方设法除掉萧思温。最后，他们安排了一场土匪劫杀，成功地杀掉了萧思温。耶律贤当然十分清楚这到底是怎么回事，但他知道如果追究到底肯定会引起政局混乱，所以就只处置了杀害萧思温的直接凶手，后来又找机会处置了高勋和女里。

政治婚姻带来的意外惊喜——北国"武则天"萧绰

耶律贤当上皇帝以后，按照与萧思温的约定，回到皇都以后就迎娶了萧思温的女儿萧绰，并把她立为皇后。

萧绰的老妈是耶律德光的女儿——燕国大长公主，她跟丈夫萧思温都非常疼爱这个聪明伶俐、乖巧可爱的小女儿，所以就借用自己的封号，给女儿起了小名，叫做"燕燕"。

萧绰从小就机敏过人，做事井井有条。在她小的时候，有一次，萧思温让她和两个姐姐一起打扫房间，两个姐姐很不情愿，但是父命难为，只好硬着头皮去做，却也只是敷衍地打扫了一下就不管了。只有萧绰一丝不苟地完成了老爸交代的任务。萧思温看到三个女儿的表现，对萧绰格外满意，夸赞萧绰以后一定是当家的好手。

虽然耶律贤早就听说萧绰美貌动人，聪明伶俐，但是对于一个面都没见过、只在传说中听过的女人，他也只是形式化地欣赏而已，并没有抱太大希望。所以，一开始，萧绰入宫、当皇后，都只是耶律贤与萧思温的一场政治

契丹人发式

交易。

很快，耶律贤就推翻了这个结论。

登基以后，耶律贤接手的是酒鬼皇帝耶律璟迷迷糊糊地统治了十几年的国家，局面真的是混乱得一塌糊涂。于是，一心想要重振契丹雄威的耶律贤，大张旗鼓地进行了一系列改革。

遗憾的是，耶律贤由于小时候受惊过度，留下了严重的后遗症，身体一直不好，真的是有心无力。这下耶律贤纠结了，是放着混乱的朝政不管，先养好身体好求个万岁万岁万万岁呢，还是拖着生病的身体鞠躬尽瘁，死而后已呢？前者固然幸福，但实在不是他的作风，后者虽然痛苦，但他实在心有余而力不足。那该怎么办呢？

这时候，萧绰站出来了。她义无反顾地走到了前台，一边尽心尽力地照顾耶律贤，一边帮助耶律贤处理国事。

但是，作为一个只有十六七岁的小姑娘，又从没有接触过朝政，萧绰一开始真的是手忙脚乱，不知所措。幸好她有个厉害的老爸，她的老爸萧思温当然不遗余力地顶自己女儿，并利用一切能利用的力量支持女儿。时间一久，萧绰就对处理朝政游刃有余了。

这让耶律贤十分惊喜，他没有想到这场政治婚姻竟然能给他带来如此巨大的"财富"，萧绰在处理朝政上几乎就是一个天才，完全帮他分担了一切忧虑。高兴之余，耶律贤就干脆放心大胆地把一切事务都交给萧绰处理了，自己则优哉游哉地享受起生活来。

萧绰大权在握，她老爸萧思温身价倍增，迅速成为契丹炙手可热的人物，所谓树大招风，很快就引来了不少人的嫉妒。这些人不甘心被萧思温一家抢了风头，在萧思温跟随耶律贤外出行猎的时候，设计刺杀了萧思温。

这时候，萧绰不过十七岁，老爸的死让她受到了强烈的刺激，她终于认识到权力斗争的残酷，这里面是没有余地可留的，不是你死就是我活，只有技高一筹的人才能够笑到最后。从这时候开始，萧绰迅速地成长起来，政治阅历也越来越丰富。

没有了老爸的支持，萧绰还有丈夫的支持。在耶律贤的支持下，萧绰充分发挥出自己的才干，全力协助耶律贤治理国家，推进改革，从而得到了群臣乃至整个契丹由衷的钦佩和效忠。

在萧绰和耶律贤的共同努力下，契丹的经济形势迅速好转，军事实力也大大提高。为了回报老婆，耶律贤把一个皇帝能够给予的最高嘉许和信任都给了她，甚至让史官在记录皇后的语言时，按照皇帝的规格来，并把军国大权都交给了萧绰。

没过多久，宋太宗赵光义带兵北伐北汉。消息传到契丹，萧绰大惊失色，她知道赵光义名义上是讨伐北汉，实际上是想夺回幽云十六州。对于契丹来说，北汉不仅仅是一个附属国，更是一个屏障，是契丹与宋王朝之间的缓冲地带，所以萧绰真心地不想北汉被灭。

于是，她马上派出使者，带着她的亲笔信和大量贵重礼物来到北宋，好言相劝赵光义，让他不要北伐北汉。

但是，赵光义刚刚即位没几年，正春风得意，踌躇满志，看着北方大片土地，恨不得挥挥衣袖就把它们收入囊中。再加上他自认为大宋兵强马壮，契丹根本不足为惧，所以对于萧绰的警告，他完全当作耳旁风，并拍着胸脯气壮山河地说："北汉忤逆大宋，应该兴师问罪，如果契丹不多管闲事，那么我们的和平协议仍然奏效，否则，只好决一死战了！"

北汉的气数早已经尽了，在宋朝大军的猛烈攻击下，简直不堪一击，很快就成了宋王朝的囊中之物。赵光义不禁飘飘然了，觉得自己果然是天降奇才，竟然一路兵不血刃，势如破竹，照这样的气势持续下去，拿下契丹也不在话下。于是，他马上挥军北上。

萧绰早已经料到赵光义会北上，所以设下圈套，引诱赵光义深入北地。

这时候的赵光义早已经被胜利的喜悦冲昏了头脑，根本没有意识到这完全是圈套，结果在到达高粱河时，被契丹军三面包围，最后被打得落花流水。

这时候的萧绰已经被赵光义彻底惹毛了，她和耶律贤商量之后，决定好好教训教训赵光义，于是两人率领大军进围瓦桥关，也就是今天的河北雄县。赵光义勃然大怒，亲自带兵前去迎战，结果损失惨重。

你不知道的契丹

客观来讲，宋朝的综合国力远在契丹之上，契丹人口不过四百余万，其中还包括大量汉人，而北宋统一南方以后，就有四百万户人家。不仅如此，宋军在武器装备方面也甩契丹好几条街，不仅建有专门的武器作坊，而且生产的各种武器都威力十足、产量庞大。

然而，宋朝两代君主处心积虑，都想收复幽云十六州，结果，倾尽全国之力，两次攻打契丹，都无功而返。这一切都是因为契丹大将耶律休哥。高粱河、瓦桥关之战，都是由于耶律休哥临机制变、苦战破敌，使得宋军最终一败涂地。二十年间，耶律休哥战功累累，成为契丹新一代的"战神"，从惕隐升至于越，被封为宋国王。

有惊无险的权力交接——萧绰垂帘听政

虽然耶律贤有个貌美如花、聪明能干的老婆兼做秘书，帮忙处理朝政，又有一帮贤臣良将精忠报国，但这一切都无法妙手回春，救不了耶律贤每况愈下的身体。终于，在当了十三年皇帝以后，耶律贤在焦山驾鹤西去了，传位给了大儿子耶律隆绪。

这时候，耶律隆绪才十二岁，他老妈萧绰也不过三十岁。一个是乳臭未干的黄毛小儿，一个是拖着六七个奶娃娃的单亲妈妈，其悲惨状况可想而知。

更悲剧的是，一般皇太后可以依仗的娘家，萧绰基本没有。她老爸萧思温早已经被人害死了，娘家又没有兄弟，只有两个姐姐，大姐嫁给了齐王耶律罨撒葛，二姐嫁给了宋王耶律喜隐，此时，她们俩也跟萧绰一样，都成了寡妇，而且还因为谋反的事情，跟萧绰有很深的矛盾。也就是说，这时候的萧绰是个名副其实的"孤家寡人"。

另一方面，皇亲国戚还在对皇位虎视眈眈，恨不得耶律贤一闭眼，就马上饿狼扑食一般把皇位给瓜分了。而这些，正是让萧绰最头疼的。

按照契丹法律，四帐皇族的王爷和国舅、公主们都可以建立头下军州。所谓头下军州，也就是这些王爷、国舅和公主的私城，一开始是为了安置战争俘虏而建立，后来慢慢发展壮大，成了契丹地方州县建置的主要组成部分。在私城里不仅有奴隶、税收，还有私人军队，可以说一个私城基本就等于一个小国家。

但很明显，这些王爷、国舅、公主们都不甘心当一个弹丸之地的小国王，而是日以继夜、夜以继日地心心念念着契丹帝国的皇帝宝座，甚至为此辗转反侧，寤寐求之。

这样"天时地利人和"的条件，让萧绰忧心不已。她很清楚，整个契丹，只横帐的王爷就两百多人，遍布朝廷内外。当然这还不是最重要的，最重要的是他们个个手握精兵，随时都可能对皇位构成威胁。国舅和公主们虽然没法直接参与争夺皇位，但却可以跟王爷勾结在一起，同样是令人头疼的存在。

而在边防地区，由于耶律贤连续几年伐宋，导致契丹与宋王朝的边境时刻处于紧张状态。与此同时，西南的党项、西北的阻卜、东面的女真也默默地发展壮大起来，成为契丹周边的安全隐患。

萧绰在心里默默地盘算了一下如今的形势，震惊地发现自己和儿子正处于十面埋伏之中，随时都可能被人偷偷除掉，取而代之。

她越想心里越不舒服，她不喜欢这种枕边放着一连串大大小小的定时炸弹的感觉。她知道，想要儿子安安稳稳地坐上皇位，顺利地完成权力交接，保证天下太平，此时她唯一可以利用的就是自己的忠实粉丝，也就是她和耶律贤提拔上来的一批新人，如南院的最高行政长官韩德让，北院的二号老大耶律斜轸，北院最高行政长官室昉等等。

其中，韩德让的家族已经成为契丹朝廷中一支重要的政治势力，而耶律斜轸不仅是萧绰的妹夫或者姐夫，更是北院的实际掌权人。可以说，他们俩正是萧绰最能依赖的力量。

所以，在耶律贤弥留之际，萧绰就偷偷地找来韩德让和耶律斜轸，商量下一步的应对策略。

当时，韩德让刚刚成为南院最高行政长官，并不在皇帝行宫，接到萧绰的密信以后，震惊不已，马上带着兵马连夜赶往皇帝行宫，终于在耶律贤驾鹤西去之前赶到了行宫，并用兵控制了整个行宫。

这时候，萧绰正带着孩子们在耶律贤的床前哭得昏天暗地，看到韩德让和耶律斜轸，哽咽了半天，终于把各种委屈、悲痛和无奈汇成了一句话："孩子还小，我又没有强大后台，而皇族势力雄厚，南面又有大宋威胁，周边还有各族虎视眈眈，你们说我该怎么办？"

看着萧绰梨花带雨、楚楚可怜的样子，韩德让和耶律斜轸也几乎跟着痛哭流涕，连忙跪下，信誓旦旦地表示："只要您信任我们，就没什么好担心的了！"

话虽这么说，但三个人都明白，形势十分危急。两百多个手握重兵、把持朝政的皇族王爷，这时候有的跟随在行宫，有的在皇都，虽然所处位置不同，但却都有一个共同特点——都在密切注视着皇帝行宫的一举一动，只等一有什么风吹草动，就伺机而动。这是最危险的结局，也是萧绰最不愿意看到的结局。

三个人分析一番形势以后，韩德让表示应该先让王爷们回到自己的领地，相互之间不准互通消息，连举行宴会也不准，并随机应变，剥夺他们的兵权。然后，让住在皇都的王爷家属来行宫，作为人质，这样王爷们就会投鼠忌器，不敢轻举妄动。为了保险起见，韩德让又亲自带兵不分昼夜地保护萧绰母子安全。

萧绰马上听取了韩德让的建议，成功解除了宫廷政变的危险。等到一切都安排妥当以后，萧绰才在韩德让、耶律斜轸、耶律休哥、室昉等大臣的拥护下，宣读了耶律贤的遗诏，立耶律隆绪为皇帝，也就是辽圣宗，萧绰则被尊为"承天皇太后"。

由于耶律隆绪还只是一个孩子，除了吃喝玩乐，几乎什么都不懂，所以一切朝中大事都由他老妈萧绰代为处理。从此，契丹进入了萧绰摄政时期。

一上台，萧绰就雷厉风行地采取了一系列措施，进一步解除皇位危机：

提拔重用汉族知识分子，培养可以信赖和依靠的政治力量。

萧绰本人就是积极的汉族知识狂热分子，她十分清楚汉族知识分子不仅懂得君臣之礼，更有治国之才，更重要的是他们对皇位没什么威胁，所以，摄政以后，她更加重用汉族知识分子，比如室昉、韩德让等人。

削弱诸王的权势，让他们再也没能力跟中央政权相抗衡。

在诸王中，最有能力跟中央抗衡的就是耶律隆先、耶律稍、耶律道隐、耶律只没四个王爷。萧绰和耶律隆绪母子先"因材施教"，各个击破，排除了四王的危险。然后，又大刀阔斧地削弱其他诸王的兵权、财权、人权，并直接或间接地撤消了头下军州。

经过多年的努力，萧绰和耶律隆绪母子不仅解决了权力交接时的各种危机，还使契丹帝国逐渐走向繁荣富强的鼎盛时期！

你不知道的契丹

韩德让的爷爷韩知古原来是述律家的家奴，述律平嫁给耶律阿保机的时候，韩知古作为陪嫁的媵臣来到了耶律家。虽然，后来韩知古、韩匡嗣等人都成为契丹的重臣，但韩家"宫分人"的奴隶身份始终没有改变。

后来，韩德让由于拥立和辅佐萧绰、耶律隆绪母子有功，深得萧绰母子宠信，逐渐成为契丹数一数二的权臣，萧绰更是改嫁给他。澶渊之盟以后，耶律隆绪赐韩德让国姓耶律，改变了他奴隶的身份，把他列为了契丹皇室宗族，并获得了设置宫卫斡鲁朵的特权。

"绯闻"引发的辽宋战争——宋朝雍熙北伐

契丹帝国有惊无险地完成了权力交接，开始有条不紊地朝着鼎盛时期迈进。不得不说，这一切，在一定程度上归功于韩德让。所以，内部稳定以后，萧绰和耶律隆绪都十二分地宠信这个汉族男人，不断给他加官晋爵，大赏特赏。

这在契丹并不是什么大不了的事情，毕竟萧绰孤儿寡母，左有皇亲国戚虎视眈眈，右有边陲危机枕戈待旦，而她本身又没有强硬的后台和靠山，所以倚重位高权重、有权有势的大臣，完全是理所当然的事情。

但是，当萧绰宠信与自己年龄相当的大臣的消息传到中原，读了多年圣贤书的中原人震惊了。在他们的观念里，"三从四德"早已经成为金科玉律，所有女子都应该爱惜名节，坚守节操，守身如玉，对丈夫忠心不二，做到"清闲贞静，守节整齐，行己有耻，动静有法"。别说是跟丈夫以外的男子搞暧昧，就是关系稍微亲密一点点，那也是罪不可赦。

而萧绰，作为一个年纪轻轻的寡妇，这么明目张胆地宠信一个臣子，就必然十二分地不妥了。

心思细腻的雄州知州贺令图就是这样饱读圣贤书的"儒学大师"。他听说萧绰宠信韩德让以后，顿时心花怒放，觉得契丹国内肯定因为这件事闹得满城风雨、乌烟瘴气，这是攻打契丹的大好时机。

于是，他马上联合老爸越州刺史贺怀浦上书，怂恿宋太宗赵光义攻打契丹。他们表示，现在契丹皇帝耶律隆绪年纪太小，什么都听他老妈萧绰的，但萧绰跟韩德让关系暧昧，不清不楚，肯定让国人感到十分屈辱，不满她的统治。也就是说，这时候的契丹国内肯定表面平静，暗地里波涛汹涌，内乱随时都会爆发，上下难以统一，毕竟没有人会愿意听从一个伤风败俗的女人的指挥。所以，现在就是万事俱备，只欠宋王朝挥军北上，攻打契丹。

赵光义早就听说萧绰和韩德让青梅竹马，小时候就私订婚约，只是萧思

辽代疆域图及辽五京方位

温为了家族利益，棒打鸳鸯，把他们俩活活拆散了。后来，萧绰深得耶律贤宠爱，一连生了六七个孩子，对韩德让的感情才慢慢淡化了。

如今，耶律贤早已经驾鹤西去，他的儿子耶律隆绪又年纪小，萧绰娘家又没人可以做靠山，而韩德让正是春风得意，手握兵马大权。萧绰一开始可能是为了儿子和皇位，但天长日久，恐怕俩人一来二去，也就旧情复燃了。

而且，赵光义早就听说萧绰和韩德让之间的暧昧关系，曾在契丹贵族内部引发议论和不满，萧绰为了平息议论，明确规定不准向外传播自己帐中的事情，甚至还杀掉了一些对韩德让不满的人。

那么，岂不是说，萧绰和韩德让之间的事情早就在契丹闹得沸沸扬扬，在契丹显贵们之间引起了极大的不满？

这样一想，赵光义顿时觉得贺氏父子的话很有道理，马上休整兵马，兵分三路，北上攻打契丹。

但遗憾的是，赵光义千算万算，都没有算到，萧绰与韩德让之间的暧昧关系，在契丹人眼里根本算不上什么绯闻，更不会对政坛产生一丝一毫的影响。恰恰相反，他们两个可以说是强强联手，堪称一对最佳搭档。再加上当时的契丹，国力已经今非昔比，又有一大批具有真才实学的军事人才，完全可以跟宋王朝叫板儿了。

这些赵光义当然不知道。在看到宋军一开始一路势如破竹，不断攻城略地，迅速北上时，他根本没有意识到悲剧正神不知鬼不觉地向他走来，只顾飘飘然，想当然地觉得这次就算灭不了契丹，也绝对会大挫契丹锐气，让契丹从此一蹶不振。

赵光义还没有高兴几天，很快，一直对宋军采取守势的萧绰，就下令让契丹军全线进攻，采取"诱敌深入，聚而歼之"的策略，有条不紊地展开反击，并和儿子一起来到幽州，坐镇退敌。

主持辽南境军事的耶律休哥，在了解敌强我弱以后，果断撤军，坚决不肯与宋军正面交锋，而是选择偷袭侵扰的策略，延迟宋军的进攻。

白天，耶律休哥就派出精锐骑兵虚张声势，趁着宋军做饭、休息的时候，大肆袭扰。晚上，耶律休哥又派出轻骑兵不断劫掠宋军的单兵弱卒，以此来威胁其余宋军。除此以外，耶律休哥又暗中设下埋伏，断绝了宋军的粮道。

这一连串袭扰下来，宋军被搞得白天晚上都不得安生，做梦都梦到契丹军突然从后面杀来，人心惶惶。再加上粮道断绝，无奈之下，带领东路一军的大将曹彬只好率军退回雄州，增援后勤队伍。

赵光义听说曹彬退回到雄州以后，龙颜大怒：谁见过敌人在前面追杀，不去迎敌，反而退回来救援粮草供应的？

但事已至此，就算赵光义恨得牙痒痒，他也不能再让曹彬返回去。最后，他只好命令曹彬原地待命，等其他兵马进攻取胜以后，再与他们会合，一起攻打幽州。

然而，将在外，军令有所不受。对于赵光义的军令，曹彬不仅没有受，而且是完全没有受。

看到其他几路兵马的捷报不断传来，曹彬真心坐不住了。他带领的原本是主力部队，这下倒好，其他部队在外面冲锋陷阵，屡立战功，而他这个带领主力部队的主帅，却只能在后方喝喝茶，听听别人的战果。这不仅是对他的讽刺，简直是对他莫大的侮辱。

曹彬想了又想，越想越觉得自己不能再这样干耗着了，于是，他带了五十天的粮草，与米信会合，重新北上进攻涿州。

但很明显，老天就是不打算给曹彬这个面子。当曹彬带领大军气势磅礴地北上时，契丹的各路大军也正雄赳赳、气昂昂地赶来，而且他们赶在曹彬前面来到涿州，并摆开阵势，做好了迎战宋军的准备。

与此同时，耶律休哥故技重施，再次派军不断袭扰曹彬的大军。曹彬只好一面跟契丹兵马周旋，一面艰难北上，结果行进速度大打折扣。等到了涿州时，宋军已经疲惫不堪，更糟糕的是，粮草再次出现了危机。

曹彬看着契丹好整以暇的大军，再看看自己身后疲惫不堪、气势全无的兵马，顿时泄了气，只好下令撤军。

看到宋军还没开战就逃跑了，契丹军士气大振。耶律休哥马上下令追杀，最后在岐沟关（也就是今天的河北涿县西南）追上了曹彬的大军，结果宋军毫无悬念地惨败，无数宋军丧命在契丹铁骑之下。

消息传来，宋王朝上上下下大为震惊，赵光义顿时面如土色，原本的豪气冲天也完全飘到了九霄云外，连忙下令撤兵。

契丹兵马正打得高兴，当然不肯善罢甘休，等到各路援军赶到之后，正式展开大规模的反攻。宋军早就士气全无，在契丹大军的连番围追堵截下连连败退。

这次由于"绯闻"而引发的辽宋战争，发生在宋王朝雍熙三年，所以我们又把它称为"雍熙北伐"。

你不知道的契丹

在"雍熙北伐"中，宋朝大将表现最好的就是杨业。但是，他由于屡立战功，遭到了同事的羡慕嫉妒恨，被同事陷害，最后兵败被俘。

萧绰和耶律隆绪都非常敬佩杨业的才能，之前就下令不准伤害杨业，只能活捉。抓住杨业以后，萧绰派耶律斜轸去劝说杨业归降契丹，杨业不肯，最后绝食而亡。萧绰命令将杨业的头颅传示诸军，后来又在古北口为杨业修建了一座像模像样的坟墓，厚葬了杨业。

名利双收的和平谈判——澶渊之盟

雍熙北伐之后，契丹和宋王朝又进行了几次较量，但结果都差强人意，宋王朝始终收复不了燕云地区，契丹也消灭不了宋王朝，彼此只能南北相持。

萧绰和契丹小皇帝耶律隆绪都是聪明人，他们发现，契丹和中原王朝已经进入了一个新的对峙时期——谁都征服不了谁，只能借着时间充沛拉开持久战。

然而，这样今天你征讨我，明天我讨伐你，带来的唯一结果就是两国人民均会遭受严重的灾难，两国的社会经济和人民生活都遭受了巨大损失，国力自然而然也越来越弱。萧绰知道，这也下去，生灵涂炭、民不聊生会是必然的趋势。

所以，在契丹渐渐掌握了对宋王朝的主动权之后，萧绰开始有意无意地采取休养生息的政策，同时减少赋税，抚恤孤寡，努力发展经济。契丹与宋王朝之间进入了一个相对和平的时期。

这样过了没几年，宋太宗赵光义驾鹤西去，他的儿子宋真宗赵恒继承皇位。

萧绰得知以后，觉得宋王朝新皇刚刚上台，根基不稳，就想趁机南下，用武力威慑一下宋王朝，于是，马上调集大军，气势恢宏地南下杀来。

这一打又是几年，几番战争下来，双方都没讨到便宜。萧绰眼看战争迟迟没有结束的征兆，胜利也遥不可及，心急如焚。

就在这时，契丹军俘获了一个对契丹和宋王朝未来命运具有决定性作用的关键人物。

这个人叫王继忠。王继忠很小的时候老爸就死了，他因为老爸的关系成为殿侍，整天跟宋真宗混在一起，两人渐渐地成了无话不谈的好朋友。宋真宗继位以后，王继忠就开始平步青云，在宋王朝混得风生水起。

萧绰和耶律隆绪一开始只是爱惜王继忠是个人才，没有杀他，而是把他招降了，让他做户部使，还把契丹开国功臣康默记家族的女儿嫁给了他。后来，萧绰了解到王继忠是宋真宗的死党，顿时心花怒放，马上把王继忠找来，问他关于宋王朝的事情。

王继忠虽然被迫投降契丹，但心中仍然惦记着故国，再加上亲眼看到战争中两国百姓民不聊生，生灵涂炭，心里十分触动。所以，一听到萧绰询问自己，马上决定趁机说服萧绰罢兵议和。

他告诉萧绰，契丹和宋王朝一直把彼此当作仇敌，动不动就兵戈相见，结果导致两国国内一片骚乱，民不聊生，实在没什么好处。这样下去，两个国家不但得不到发展，恐怕国力还会大大衰弱。相反，如果两国肯罢兵议和，重修旧好，结为盟友，让百姓休养生息，双方都会从中获利，共同繁荣。

几年战争，带来的财力、物力、人力消耗，萧绰和耶律隆绪都看得十分清楚。现在听到王继忠的话，俩人都如梦初醒，觉得议和的确很有必要。

但萧绰并不急着罢兵议和。作为一个在政坛呼风唤雨、阴谋阳谋久了的人，她很清楚罢兵议和代表着什么，也知道接下来的谈判会是怎样——谁掌握着更高的筹码，谁就有资格开出更高的条件。深思熟虑之后，她决定下一剂狠药，让自己一方议和的筹码更上一层楼。

于是，萧绰在听取了王继忠的建议以后，不但没有罢兵，相反，却打着收复当年被周世宗柴荣所攻占的瓦桥关、益津关、淤口关三关的旗号，带领二十万大军，气势磅礴地向南杀来。

虽然宋王朝之前已经做好了应战的充分准备，但是当远在开封的宋王朝大臣们，听说契丹兵马如狼似虎地从北涌来，一路势如破竹，攻城略地，很快就拿下了唐兴、遂城等地，一直推进到望都，大有直接攻取定州的气势，他们仿佛看到神兵神将一般的契丹兵正兵临开封城下，旌旗猎猎，厮杀震天，顿时全给吓傻了。

宋真宗心里十分纠结，他一方面不想当个窝囊皇帝，想要学学大伯赵匡胤和老爸赵光义，披甲挂帅，豪气干云，杀契丹军一个片甲不留。另一方面，他又很清楚自己有几斤几两，根本没那个能耐跟马背上长大的萧绰、耶律隆绪母子叫板儿，所以他十分想听从一部分大臣的意见，南下避难。

就在这时，王继忠在萧绰母子的授意下，给宋真宗写了一份信，表示契丹有心重修旧好，希望陛下抓住时机，赶紧罢兵议和。

宋真宗看到信以后，真是啼笑皆非，契丹兵正肆无忌惮地南下攻打宋王朝，这边却又想议和？于是，宋真宗也决定学学契丹，一边表示愿意议和，一边也抓紧时间调兵遣将。

结果，双方都不肯让步，议和提议最终不了了之。

萧绰一看宋真宗竟然"敬酒不吃吃罚酒"，心里十分窝火，马上休整兵马，加大力度，攻打宋军，想要给宋王朝施加更大压力，促使宋真宗让步。

捷报不断传来，契丹军士气大振，一鼓作气，逼近澶州，直逼开封。

消息传来，宋王朝上上下下大为震惊，甚至有胆小的大臣，更是干脆建议宋真宗迁都金陵。

宋真宗如坐针毡，一时之间根本不知道该怎么办是好。

宋王朝建国以来，先通过"杯酒释兵权"，解除了武将们对皇位的威胁，然后又将重文轻武的治国方针贯彻到底，结果导致整个国家的将领乃至军队整体素质都大大下降。

而作为一国之君的皇帝，不是被奶奶、老妈、奶妈、宫女等一大堆妇人养大，就是整天跟一群毫无男儿豪气的宦官厮混，别说真刀真枪地实地演练，就连骑马射箭都毫不精通。

所以，一听说契丹兵马即将兵临城下，上至宋真宗，下至文武百官、宫女太监，都吓得魂飞魄散，恨不得直接找个老鼠洞进去躲躲。

纠结来，纠结去，宋真宗始终不知道该怎么办是好，于是，他找来了新任宰相寇准，想问问他是怎么想的。

寇准表示现在敌兵当前，百姓提心吊胆，作为皇帝，宋真宗不但不能逃跑，相反，应该一马当先，带领军民共同抗敌。否则，要是皇帝跑了，军民就会瞬间瓦解，到时候，别说逃到金陵，就是逃到岭南去，契丹铁骑也会很快尾随而至。

接着，他又把河北各路兵马日夜盼望皇帝到来，希望皇帝带领他们冲锋陷阵的深切愿望，全面表达了一下，最终说动了宋真宗亲自前往澶州督师。

宋真宗一到，宋军士气大振，信心倍增，接二连三地把攻城的契丹军击退，并射杀了契丹大将萧挞凛。

萧挞凛一死，契丹兵马人心动摇，萧绰母子更是大受震动。再加上这时候契丹军深入中原腹地，粮草难济，萧绰十分清楚，此时一旦宋军切断自己的后路，来个前后夹击，那么自己肯定全军覆没。再三考虑以后，萧绰决定接受宋王朝的建议，罢兵议和。

宋真宗虽然被迫来到前线督战，但心里早就七上八下，吓得要命了，一听议和有希望了，马上兴高采烈地举双手赞同，表示热烈欢迎两国罢兵议和，并派曹利用前去议和，甚至表示只要不丧失土地，就是契丹索要百万钱财，也一定要答应。

寇准听说以后，马上警告曹利用，如果答应所给的银绢超过三十万，就算皇帝不追究，他也一定砍了曹利用。曹利用被逼无奈，只好唯唯诺诺地领命而去。

最终，契丹同意以三十万岁贡和谈，于是，双方签订了合约，萧绰和耶律隆绪兴高采烈地抱着战果班师回朝。

你不知道的契丹

澶渊之盟的协议共有四项内容：

契丹、宋王朝约为兄弟，宋真宗年长为哥哥，辽圣宗耶律隆绪年幼为弟弟，宋真宗喊萧绰为叔母，两国定期派使者互访；

宋王朝每年向契丹交二十万匹绢帛、十万两白银；

两国沿边州军各自守卫各自的疆土，两地的军民不得交侵，也不准收容对方逃亡过来的盗贼等；

两国都不准在边境建造城堡，改移河道。

萧家有本难念的经——萧家带来的麻烦

所谓龙生九子，虽然不同，但绝对都会是响当当的人物。如今，萧家出了一个北国"武则天"萧绰，其他人——尤其是萧绰的两个姐姐——当然也不肯落后，恨不得振振臂就惹得地动山摇，山呼海啸。

先是萧绰的二姐。

当年耶律贤登基以后，为了跟皇室成员搞好关系，一口气封了九个王爷，因为谋反而被软禁的耶律喜隐当然也捡了个王爷。之后，耶律贤为了安抚耶律喜隐，就把萧绰的二姐嫁给了耶律喜隐。

萧绰和耶律贤的本意，是让二姐帮助劝说耶律喜隐放下屠刀立地成佛，从此兢兢业业，一心为主。但遗憾的是，二姐不但没有了解萧绰的用心良苦，反而嫁鸡随鸡嫁狗随狗，全力支持丈夫的谋反大业。

悲剧的是，虽然耶律喜隐拥有锲而不舍的毅力，虽然屡反屡败，仍然屡败屡反，但最终还是彻底激怒了好脾气的耶律贤，最后问罪赐死。

这下萧绰的二姐不干了，她知道耶律贤什么事都听萧绰的，所以认为杀害自己丈夫的罪魁祸首肯定是萧绰。于是，她决定一不做二不休，假装邀请萧绰到自己帐中喝酒，想要借机在酒中下毒，毒死萧绰。

正当她为自己的精妙计划而洋洋得意时，萧绰却一口道破了她的阴谋，并找来了她的婢女做人证。她大惊失色，没想到就差最后一步了，却因疏忽大意，被一个小小的婢女出卖。最后，萧绰以其人之道还治其人之身，用毒酒赐死了二姐。

萧绰共有姐妹三人，二姐被杀，萧绰就只有一个大姐萧胡辇了。但很明显，这个大姐跟萧绰也是面和心不合，甚至对她十二分地羡慕嫉妒恨。

萧胡辇早在耶律贤当上皇帝之前，就嫁给了耶律德光的儿子、耶律璟的弟弟耶律罨撒葛。

当时的皇帝是耶律璟，耶律璟是个嗜酒贪睡的糊涂皇帝，所以大部分朝政都是耶律罨撒葛代为处理，可以说，耶律罨撒葛已经是实际上的皇帝。萧胡辇自然十分高兴，日日夜夜梦想着耶律璟一死，丈夫登基，自己母仪天下。

但命运同样没有青睐于她。耶律罨撒葛当代理皇帝当久了，心里十分郁闷，他想当真真正正的皇帝，可是他那个糊涂皇兄虽然生活腐败堕落，却偏偏就是不肯驾鹤西去。这可急坏了耶律罨撒葛。

最后，耶律罨撒葛忍无可忍，就悄悄地去外面找人算命，想看看自己什么时候才能坐上皇位，结果却被耶律璟知道了。耶律璟勃然大怒，将耶律罨撒葛贬到了西北边戍。

之后，耶律璟被杀，耶律贤在萧思温等人的拥立下坐上了皇位，并立萧绰为皇后。耶律罨撒葛从此郁郁寡欢，没过多久就死了，被追封为皇太叔，萧胡辇自然而然也就成了皇太妃。

看着原本属于自己的皇后宝座被妹妹抢走，萧胡辇心里十分不痛快。但是老爸萧思温已经死了，二妹也死了，自己就只剩下萧绰这一个亲人，要是自己跟她撕破脸皮，两个人还有谁可以依靠呢？她纠结来纠结去，最终决定将心里的不满压下，跟妹妹搞好关系。

不管是从个人角度出发，还是从政治立场考虑，萧绰当然都十二分地高兴姐姐跟自己不计前嫌，所以也就十分欣喜地与姐姐握手言和，从此姐妹情深了。

没过多久，西北边境发生叛乱，萧绰思考一番以后，觉得耶律罨撒葛曾经戍守西北边境多年，在当地诸部落中肯定有一定的影响力，于是她决定派姐姐萧胡辇以"皇太妃"的身份，带领兵马前去镇压。

和萧绰一样，萧胡辇也是女中豪杰，能征善战，敢爱敢恨。她领命以后，带领三万兵马赶赴西北边境，成功地平定叛乱，并驻守西北。

这天，萧胡辇像往常一样去马场巡视，无意间，见到一个名叫挞览阿钵的漂亮奴隶，并对他一见钟情。回到宫帐以后，萧胡辇的心情还是久久无法平复，脑海里全都是挞览阿钵的身影，于是她马上派人把挞览阿钵找来侍寝。从此以后，萧胡辇和挞览阿钵就幸福快乐地生活在了一起。

好景不长，这件事很快就被萧绰知道了。萧绰勃然大怒，她并不反对姐姐再嫁，但是堂堂一个皇太妃，却跟一个奴隶鬼混在一起，实在太不像话了！

萧绰软硬兼施地劝说了一番萧胡辇，又按照契丹习俗，命人打了挞览阿钵四百沙袋，将他赶走了。

挞览阿钵离开以后，萧胡辇整天郁郁寡欢，吃不下，睡不着，心里想的念的都是挞览阿钵。这样过了一年，她终于忍不住了，跑来找萧绰，表示自己一定要嫁给挞览阿钵。

这时候，萧绰的气早就消了，看到姐姐为了一个奴隶寝食难安，心里也很纠结。如今，听到姐姐这样坚决的请求，她动了恻隐之心，决定成全姐姐。为了使两人的身份相匹配，萧绰将挞览阿钵封为将军，给他机会立功建业。

然而，亡羊补牢，为时晚矣。这时候，萧胡辇对萧绰的新仇旧恨交加在一起，虽然萧绰做出了让步，却还是无法弥补早已经彻底破裂的姐妹情谊。

想到被萧绰夺走的皇后宝座，想到被萧绰杀害的前夫，再想到被萧绰处以刑罚的后夫，萧胡辇心里如同即将爆发的火山，愤怒汹涌澎湃，恨不得直接将萧绰碎尸万段。

经过一番苦心经营和周密计划，萧胡辇开始暗中联络西北诸部，并企图从原来自己把守的西北边境出逃，联合骨力札国举兵谋反，夺回属于自己的皇后宝座。

道高一尺，魔高一丈。萧胡辇自以为自己的计划十分隐秘，却不知萧绰早就猜到她有谋反之心，暗中派了人盯着她。如今，一发现萧胡辇有了风吹草动，萧绰马上先发制人，剥夺了萧胡辇的兵权，把他们夫妻双双擒获，并在第二年将他二人赐死，其余党羽全部活埋。

萧家带来的麻烦并没有就此结束，解决了两个心怀壮志的姐姐，萧绰的女婿也没让她省心。

萧绰共有三个女儿，大女儿齐国公主耶律燕哥嫁给了萧绰的本家弟弟萧继先，二女儿卫国公主耶律长寿奴嫁给了国舅少父房的萧排押。这两个女婿都是卓尔不群的人才，战功累累，为人谦虚宽仁，深得萧绰喜爱。而三女儿越国公主耶律延寿奴所嫁的萧恒德，却让萧绰十分纠结。

萧恒德本来也是一位能征善战的将军，为契丹帝国立下不少汗马功劳。但是，他并不像其他两个女婿一样谦虚宽仁，相反，他的人品存在一定问题。

越国公主生下儿子以后，身体十分不好，萧绰心疼女儿，就派自己宫中的女官贤释去伺候女儿。没想到，萧恒德见到贤释以后，顿时被迷得晕头转向，不顾自己生病的老婆，跑去勾搭贤释，甚至当着越国公主的面眉目传情。

越国公主知道萧恒德跟贤释私通以后，心里十分郁闷，又看到两人根本把自己当空气，竟然在自己面前相互调情，又气又恨，结果病越来越严重，没过几天就撒手人寰了。

萧绰并不相信女儿就这么死了，觉得其中肯定有蹊跷，就派人明察暗访，最终发现萧恒德跟贤释私通，才把女儿活活气死了。萧绰顿时勃然大怒，马上派人把萧恒德抓来赐死，又把女儿刚刚出生没几天的儿子抱来，养在自己身边。

你不知道的契丹

契丹后族，也就是二国舅帐，一共有四房，也就是拔里氏国舅帐两房和乙室已国舅帐两房。拔里氏国舅帐两房是述律平的两个同父同母兄弟，其中，萧阿古只一支系为国舅少父房，萧室鲁一支系为国舅大父房。乙室已国舅帐两房中，述律平同母异父的哥哥萧敌鲁一支系为国舅小翁帐，萧敌鲁的族兄萧忽没里一支系为国舅大翁帐。

其中，国舅大父房、少父房和乙室已氏国舅小翁帐都与述律平有血缘关系，都属于述律家族势力。耶律德光的皇后萧温、耶律阮的皇后萧撒葛只也都是出自述律家族。而萧绰的老爸萧思温，以及耶律阿保机的老妈萧岩母斤的亲族都出自国舅大翁帐。

全盛帝国的打造——圣宗亲政

斗转星移，时光飞逝，等到澶渊之盟以后，当年那个只会跟在老妈身后的小男孩早已经长大。但是，由于老妈萧绰一直在垂帘听政，所以耶律隆绪也只能耐心地处在老妈的光环下，默默地祈祷着老妈赶紧如梦初醒，想起把军国大权交还给自己。

功夫不负有心人，很快，萧绰就灵光一闪，发现当年需要自己庇护的小男孩早已经是个顶天立地的男子汉了，于是风风光光地为儿子举行了"柴册礼"，把皇权交还给了儿子耶律隆绪，准备退居二线，颐养天年。

打马球是契丹族的节日庆祝活动之一

耶律隆绪被老妈的光环笼罩久了，本身的皇帝威信大打折扣，他接过皇帝的权杖以后，发现自己并没有想象中那么"强大"，更多人害怕的还是老妈，以及老妈的宠臣们。他越想越不舒服，觉得自己亲政后最该做的事情，首先应该是树立威信。

于是，等老妈驾鹤西去以后，耶律隆绪马上将在心里盘算了一遍一遍又一遍的计划付诸实施，明里暗里地打击手握大权、对自己威胁最大的韩德让和二弟耶律隆庆。

韩德让与萧绰结婚的时候，耶律隆绪已经十八岁了，是一个名副其实的大人了。对于老妈给自己选的这个"后爹"，他并不怎么赞同。但是，当时他和老妈一没靠山，二没足够的兵马，而周围皇室宗族成员又虎视眈眈，除了依靠权大势大的韩德让，实在没有更好的办法了，所以他也只能咬咬牙，默认了这个汉人"后爹"。

为了得到韩德让百分之百的支持和拥护，耶律隆绪在老妈的淫威下，这边做着契丹帝国的好皇帝，那边做着韩德让的好儿子，并隔三差五地前去请安问好，比韩德让的亲儿子还像亲儿子。

每次耶律隆绪去看望韩德让，在距离韩德让的行帐五十步的地方，就会下马步行，以表示对韩德让的尊敬。韩德让出来迎接的时候，耶律隆绪也都会先向韩德让行礼。进入大帐之后，两人仍然按照父子礼仪相处。

不仅如此，萧绰更是让韩德让担任南院、北院两院的枢密使，权倾朝野。如果有人稍微表示不满，萧绰就可能直接翻脸，让他人头落地。

这让耶律隆绪十分郁闷。不管如何，他是一国之君，堂堂契丹帝国名正言顺的皇帝，但这边有老妈代掌朝政，那边还有个后爹权势熏天，他感觉到自己活得不仅仅是很压抑，而且是非常窝囊。

如今，萧绰撒手人寰了，耶律隆绪在悲痛老妈仙逝的同时，也顿时松了一口气，感觉自己的春天就要到来了。

可是，韩德让对自己和老妈都忠心耿耿，为国家鞠躬尽瘁、尽职尽责，终归是个治国忠臣，虽然权势大了点，又没有犯下什么滔天大罪，要怎么处理他呢？

耶律隆绪纠结了，他希望能有一个两全其美的妙计，既能让韩德让继续为他效力，又能成功地让他退回到臣子的位子。

耶律隆绪思前想后，绞尽了脑汁，终于想出了一个绝佳的办法。他先赐名韩德让为耶律隆运，让韩德让沾了皇帝的"隆"字，又赐给他宅基地、陪葬品，并承诺让他死后陪葬萧绰。

这样，耶律隆绪表面上给了韩德让莫大的荣宠，实际上把韩德让从父辈拉到了平辈，让韩德让知道君臣有别。

处理好了韩德让，耶律隆绪又把矛头对准了二弟耶律隆庆。

耶律隆庆从小就有很高的军事才能，小时候，一群孩子一起玩行军、布阵、作战之类的游戏，他总是指挥若定，意气风发，小小年纪就表现出一个大将的气度，使得孩子们没人敢违背他。当时，耶律贤看到以后，感到非常诧异，连连称赞他将来是个人才。

长大以后，耶律隆庆经常跟随萧绰或者耶律隆绪带兵打仗，而且屡立战功，很受萧绰的喜爱，不断给他加官晋爵，使得他的权势越来越大。再加上他所管辖的幽州地区物产丰富，百姓富庶，而他自己也渐渐变得骄傲自满，逐渐跟耶律隆绪分庭抗衡起来。

作为一个皇帝，耶律隆绪当然不愿意看到有人能跟自己抗衡，哪怕这个人是自己的亲弟弟。但是，当时老妈还健在，而她老人家又百般喜爱这个儿子，所以，耶律隆绪只能一忍再忍再再忍，同时把这个不把自己放在眼里的弟弟的所作所为，一一记在了心里，默默地把他拉入了黑名单。

等到老妈一闭眼，耶律隆绪知道已经天时地利人和了，于是马上磨刀霍霍，准备对耶律隆庆动手。

但是耶律隆庆手握重兵，又占有契丹最富庶的地区，早已经成了气候，并不是三下五除二就能除掉的。耶律隆绪很清楚这一点，所以，他决定提拔另一个弟弟耶律隆裕，让他跟耶律隆庆相抗衡。

随着权势越来越大，耶律隆庆早就不甘心只当一个臣子，而是想痛痛快快地除掉哥哥，自己当皇帝。

如今，看到耶律隆绪大肆提拔耶律隆裕，摆明了是跟自己叫板儿，他再也按捺不住了，一方面以各种借口拒绝入京觐见，另一方面又暗地里招兵买马，结交朝中显贵，时刻准备着自立为王。

这一切当然都没有逃出耶律隆绪的法眼，他密切注视着耶律隆庆的一举一动，并利用韩德让的家族势力来抗衡耶律隆庆的势力。与此同时，他又装作若无其事的样子，不断地催促耶律隆庆进京觐见。

最终耶律隆庆挺不住了，乖乖地来到皇都，觐见耶律隆绪。耶律隆绪马上摆出一副好哥哥的样子，加封耶律隆庆的两个儿子为郡王，大肆表现他们的兄弟情深。

树立了皇帝威信，耶律隆绪知道，他的使命只是开了一个序章，更重的任务还没正式开始。

当时，他从老妈手里接过的是一个和平、稳定、国力正蒸蒸日上的契丹帝国，但这并不是一个足够强大的帝国，还有很多方面需要改革和改善，所以耶律隆绪在认真分析国家各方面形势以后，开始兢兢业业、不辞辛劳地带领契丹帝国朝着鼎盛出发。

耶律隆绪在位期间，修订法律，减少契丹族人的特权，释放奴隶，改革政治机构，召集汉族工匠，按照汉制修筑中京城，改革赋税，促进了契丹经济的发展。

耶律隆绪在位四十年，契丹帝国在他的带领下完全进入鼎盛时期，所以，耶律隆绪又被称为"小尧舜"。

你不知道的契丹

澶渊之盟以后，萧绰和耶律隆绪母子发现，契丹现有的三京，即上京、东京和南京，都是以军事为目的而建立的，其规模和繁华程度根本没法跟宋王朝的汴京（也就是开封）相提并论。于是，他们决定在土河上游的奚王牙帐地，仿效宋王朝汴京城的模式，建立一座以经济为目的的大城市，以此来显示契丹的经济实力。

由于这座城正好位于上京、东京和南京的三京交点处，从这里到其他三京的距离都差不多，所以被称为中京。中京建立以后，逐渐成为契丹接见宋王朝使臣的重要场所，也成为契丹帝国中后期经济最繁华的大城市。不过，由于这里是以经济交流为主要目的，契丹皇帝并不经常住在这里，只是上京的陪都而已。

官逼民反，民不得不反——大延琳之叛

自从耶律阿保机灭亡渤海国以后，原来的渤海地区就作为契丹帝国的一个特别行政区存在着，继续沿用原来渤海国的各项制度，享受着不向中央政府缴纳酒盐专卖税赋的特殊待遇。

这样的日子过久了，渤海人民也渐渐地习惯了，非常乐于享受这样幸福美满的生活。

虽然内心深处，他们仍然怀念故国，但是他们也很清楚过去的已经过去了，现在和未来才是最应该珍惜的。所以，除了心情不好或者情绪太高昂的时候，偶尔造造反，小打小闹地戳戳契丹帝国皇帝的软肋，大部分时候，他们都很安分守己。

但这样幸福的日子很快就结束了。

韩绍勋当上契丹户部使以后，按照新官上任三把火的原则，决定大张旗鼓地作为一番。

但是，这时候，契丹帝国正在圣宗皇帝耶律隆绪的带领下，到处一片清平，百姓安居乐业，国力蒸蒸日上。就算他想改革，耶律隆绪也早已经亲力亲为，下达了各种改革命令。

韩绍勋郁闷了，总不能自己一上台，什么都不做，就这么默默无闻地拿着俸禄过清闲日子吧？

想来想去，韩绍勋猛然顿悟了——还有渤海地区呢！这么多年以来，渤海地区始终享受着特权，小日子过得风生水起、有滋有味，可是放眼整个契丹，除了幽州，就数这一块富庶了，他们不交税，国库岂不是亏了一大半？

于是，韩绍勋凭借三寸不烂之舌说服了耶律隆绪，开始在渤海地区推行跟幽州地区一样的赋税制度。

消息一传开，整个渤海地区沸腾了。

一开始，所有人都以为是谣传，甚至感觉十分不屑：渤海向来是契丹的特区，皇帝虽然没有特别钟爱这里，但也皇恩浩荡，才不会说推行就推行。

人们以为过不了几天，谣言就会不攻自破。但过了一天又一天，他们不但没有看到政府出来辟谣，反而发现政府正一本正经地张贴布告，认认真真地开始征讨赋税了。

这下渤海人民不干了，他们强烈表示抗议，要求朝廷撤销缴纳税赋的政策。

韩绍勋正在为自己为国鞠躬尽瘁而洋洋得意，对于这些抗议声，完全视而不见，当作耳旁风，所有抗议一律大事化小小事化了。

他很清楚，那些抗议声不过是所有改革都会经历的过程，很快就会平息了。而且只要赋税交上来，他们闹一闹、吵一吵，也无伤大雅。

果然，渤海人民看到抗议无效，又不想为了一点身外之财就搞得家破人亡，渐渐地也就不再抗议，乖乖地交了赋税。

但很快，渤海人民就发现，情况并没有自己想的那么好。

这时候，正好幽州地区闹饥荒，韩绍勋就命令渤海人民造船，想要把渤海地区的粮食运到幽州赈灾。

这本来是无可厚非的事情，渤海人民也都是血肉长成的，知道饥荒有多么可怕，所以，政府招募人民造船，也都纷纷响应。

然而，从渤海地区到幽州的水路十分凶险，造好的船只经常还没行出多远就被一个浪头打来，摇摇晃晃地沉入了水底。

眼看着粮食没法按期送到，自己不但没法领功请赏，还可能被皇帝责罚，韩绍勋心急火燎，怒发冲冠，把他的部下骂了个狗血淋头，恨不得直接用他们做船运送粮食。

韩绍勋的部下们心里更加窝火了，可是又不能对着韩绍勋发火，于是转头就把气都撒在了渤海民众身上，动不动就拳打脚踢，甚至干脆严刑威逼，搞得渤海地区到处哀鸿遍野，百姓怨声载道。

这一切都被东京渤海贵族子弟所组成的舍利军的详稳大延琳看在了眼里。

大延琳是原来的渤海王族后裔，一直心心念念着复国大计。看到契丹官员昏庸无道，残忍凶狠，渤海人民不满情绪高涨，他顿时觉得机会来了！

于是，他马上派人联系黄龙府、保州等地共同谋反，同时利用手中的兵权，杀死了韩绍勋和户部副使王嘉，囚禁了东京留守、驸马都尉萧孝先和耶律隆绪的四女儿南阳公主耶律崔八，自立为王，国号为兴辽，年号天庆。

周围部落听说大延琳公开反契丹，建国自立，纷纷响应，南、北女真起兵响应，高丽停止向契丹纳贡。一时之间，契丹东部叛乱丛生。

东京副留守王道平一看形势不好，知道自己拒绝跟大延琳共同谋反，肯定会被大延琳杀害，所以连夜逃出东京城，去给耶律隆绪报信。

耶律隆绪听说大延琳叛乱，龙颜大怒，马上下令召集兵马，讨伐大延琳。

就在这时候，之前大延琳派人去联系的驻守在保州的渤海太保夏行美，意识到大延琳虽然召集了不少兵马，但显而易见，仍然没法跟契丹大军相提并论，所以马上见机行事，联合统军使耶律蒲古杀死渤海兵八百多人，断了大延琳的后路。

国舅萧匹敌的军营离东京很近，得到消息以后，马上休整兵马，占据了要害地点，阻断了大延琳的西进道路。

结果，大延琳数面受敌，只好退守东京城，没法攻城略地，一统渤海。

没过多久，契丹大军就浩浩汤汤地杀来了，一路气势磅礴，杀气腾腾，一直压到东京城下，将东京城里三层外三层地围了个水泄不通。

大延琳站在城楼上，看着黑压压的契丹大军，不但没有害怕，反而更加得意洋洋，觉得能让耶律隆绪动用这么多兵力来对付自己，这正说明自己英明神武，是几百年难得一遇的帝王之才。所以，他就凭借东京城城墙坚固，易守难攻，跟契丹大军耗起来。

这样一耗就耗了几个月，契丹兵马丝毫没有撤军的意思，相反，他们正为自己围城数月，还没有拿下东京城而心里窝火，信誓旦旦地表示不破东京誓不还。

东京城里，供应渐渐短缺，人心开始慌乱，士兵情绪低迷，士气低下，绝望的阴霾笼罩在整个东京城上空。

又过了几个月，城里的粮草几乎全没了，大延琳的副将杨详世看到已经没有任何胜利的希望了，便偷偷跟契丹兵马联系，在晚上偷偷打开南门放契丹兵进城。

就这样，东京城很快被契丹兵马占领，大延琳被活捉，持续一年的大延琳叛乱被彻底平息了。

你不知道的契丹

耶律隆绪不仅是个雄才大略的皇帝，更是个多才多艺、关心百姓疾苦的皇帝。他不仅通晓音律，擅长绘画，而且特别喜欢吟诗，一生写了五百多首诗，只可惜流传下来的并不多。他最喜欢白居易的诗，甚至用契丹文字翻译过白居易的《讽谏集》。

耶律隆绪经常微服出巡，查看庄稼长得怎么样，市场行情如何，以此来了解百姓的生活。有一次，他听说由于发生水灾，百姓被逼无奈，只好把孩子卖了换钱，就下令要求买家每天支付十文佣金，等孩子们抵偿了身价，就放他们回家。如果出行时，赶上百姓庆祝丰收，他也会参与其中，与民同乐。

第五章
与大宋、西夏的明争暗斗：三国鼎立

　　当契丹帝国迈入最辉煌时代的时候，在契丹西南部，一个民族也在悄然崛起，那就是西夏。与此同时，南方中原王朝虽然看似软弱无能，不善用兵打仗，但"百足之虫，死而不僵""瘦死的骆驼比马大"，宋王朝仍然是一个强大的对手。于是，契丹帝国不可避免地邂逅了两大劲敌，历史兜兜转转，又重新进入了"三国鼎立"时期！

王权争夺下的家庭战争——两太后斗法

圣宗耶律隆绪在当了四十九年皇帝以后，在大福河行宫驾鹤西去，他的大儿子耶律宗真继承皇位，也就是辽兴宗。但是，令耶律隆绪和耶律宗真都没有想到的是，耶律隆绪尸骨未寒，他的两个老婆——皇后萧菩萨哥和元妃萧耨斤就展开了夺权大战。

皇后萧菩萨哥是韩德让的外甥女，当初萧绰因为宠信韩德让，就废了耶律隆绪原来的皇后，立韩德让十二岁的外甥女萧菩萨哥为齐天皇后。

萧菩萨哥美丽动人，有才有德，是名副其实的才貌双全。而且，她跟耶律隆绪情投意合，互为知己，感情好得不得了。

但是，命运给了你某些东西，总要拿走另外一些。萧菩萨哥虽然贵为皇后，却也没能逃过命运的捉弄。她连着生了两个皇子，却偏偏都很快夭折了，之后再也没能生出皇子来。

这时候，耶律隆绪已经四十多岁了，眼看着自己一天天老去，膝下却没有半个儿子可以继承皇位，他的心里十分郁闷。

对于这一切，整个契丹人都十分清楚，萧耨斤当然也不例外。

萧耨斤出身于国舅少父房，但是因为长得皮肤粗糙、黝黑，入宫以后，只是

契丹人狩猎图

萧绰的一个婢女。

她知道皇位继承是皇家大事，自古以来，都很受皇家重视。耶律隆绪的第一位皇后萧氏，当了十五年皇后，最后因为没有生下儿子被废；第二位皇后萧菩萨哥虽然了生了两个儿子，却都夭折了。所以，现在太子之位仍然空着，皇位继承问题迟迟没有得到解决。

于是，萧耨斤利用职位之便，不断接近耶律隆绪，想方设法博得耶律隆绪的宠幸，终于生下了一个儿子，也就是耶律宗真。

这时候，耶律隆绪已经四十五岁了，正在为没有儿子继承大业而郁闷。猛然看到梦想成真，白白胖胖的儿子真的出生了，高兴得泪流满面，忙去感谢了一遍耶律家的列祖列宗，并把耶律宗真当成心肝宝贝一样呵护，恨不得马上把他封为皇太子，明确表示这是契丹帝国未来的接班人。

但这样一来，矛盾就出现了。

一般来说，只有皇后的儿子才能当皇帝，只有太子的老妈才能当皇后。也就是说，如果要立耶律宗真为太子，那么就应该废掉萧菩萨哥，改立萧耨斤为皇后。

可是，耶律隆绪是真心喜欢萧菩萨哥，实在不愿意废掉她，改立萧耨斤。那怎么办呢？

想来想去，最后，耶律隆绪选择了一条中庸之道：把耶律宗真抱去给他深爱的皇后萧菩萨哥做养子，同时为了感谢萧耨斤为契丹、为皇室做出的巨大贡献，册立她为顺圣元妃。

这样的结果，当然是有人欢喜有人愁。

萧菩萨哥多年无子，突然天上掉下个宝贝儿子，当然欣喜若狂，对耶律宗真视如己出，把全部母爱都倾注在了这个儿子身上。

萧耨斤虽然如愿以偿地当上了皇妃，但儿子却被抢走了，心里十分不爽，好在几年后她又生下了一个儿子耶律重元，这才稍微缓解了她的痛苦，但对于萧菩萨哥的恨意却迟迟没能消除。

此后多年里，两人你来我往，不断勾心斗角。萧耨斤凭着势力强大的娘家做后台，渐渐占了上风。于是，她就开始日日夜夜地期盼着耶律隆绪一死，儿子耶律宗真登基，好把多年来压抑在内心里的仇恨统统朝萧菩萨哥宣泄出去。

对于这一切，耶律隆绪心里当然十分清楚。也正是因此，之前萧耨斤在皇后宫里安插眼线，企图发现皇后萧菩萨哥的绯闻，好置她于死地，甚至诬告萧菩萨哥跟人偷情等，他都不予理睬。

但是，等到弥留之际，他才猛然意识到，自己对萧菩萨哥太好，又因为抱走耶律宗真而觉得亏欠萧耨斤，太过放纵萧耨斤，所以导致萧耨斤对萧菩萨哥恨意难消，恐怕自己死后，萧耨斤会肆无忌惮地报复萧菩萨哥。

于是，耶律隆绪千叮咛万嘱咐，一再要求萧耨斤和耶律宗真要好好对待萧菩萨哥，并留下遗诏立萧菩萨哥为皇太后，萧耨斤为皇太妃。

他不嘱咐还好，这一嘱咐，顿时激起了萧耨斤的羡慕嫉妒恨。新仇旧恨加在一起，萧耨斤连耶律隆绪的面子也不卖了，直接抓起遗诏扔进火里烧了个干净，并马上派人软禁了萧菩萨哥，自立为皇太后，也就是法天皇太后。

与此同时，萧耨斤又安排自己的家奴诬告萧菩萨哥的弟弟、北府宰相萧浞卜和驸马都尉萧匹敌等人谋反，连着杀了数人，以此来打击铲除萧菩萨哥的势力。

萧菩萨哥的家族势力本来就不大，连个强大的靠山都没有，这下丈夫死了，弟弟等人又被杀了，就完全不是萧耨斤的对手了。

耶律宗真无奈地看看萧耨斤，看看萧菩萨哥，欲哭无泪——这两个人，一个是自己的亲生妈妈，一个是比亲妈还亲的养母，他站在哪一边都不对！

可是，看着亲妈萧耨斤为了铲除萧菩萨哥的势力，不惜连自己的女婿萧匹敌也不放过，耶律宗真顿时知道情况不妙了，恐怕为了报复，这个亲妈会做出更加惨绝人寰的事情来。于是，他马上找到萧耨斤，恳请她罢手。

　　他情真意切地告诉萧耨斤，这十几年来，萧菩萨哥是如何含辛茹苦地抚养自己成人，如何不是亲妈却胜似亲妈地呵护自己、关心自己、照顾自己，又搬出萧菩萨哥侍奉老爸耶律隆绪四十年的历史，表示萧菩萨哥如此兢兢业业，没有功劳也有苦劳，就算不把她立为太后，也应该好好孝顺她，绝对不能治她的罪。

　　萧耨斤听着儿子的话，越听心里越窝火。不但耶律隆绪口口声声为萧菩萨哥说情，连自己的儿子也为她忤逆自己，越想她心里越不痛快，就跟耶律宗真说如果萧菩萨哥活着，那将会后患无穷，想要说服儿子除掉萧菩萨哥。

　　没想到，耶律宗真却不以为然，他说萧菩萨哥娘家势力薄弱，又没有儿子，而且如今她已经年老体衰，根本成不了气候，怎么可能会后患无穷呢？

　　萧耨斤看儿子不但不听话，反而处处跟自己对着干，心里越想越气，直接绕过耶律宗真，私自下令把萧菩萨哥迁到上京囚禁。但是，她又觉得这样还不够彻底，于是，干脆派人去刺杀萧菩萨哥。

　　萧菩萨哥看到刺客以后，并没有太过惊讶，她早就知道萧耨斤不会那么轻易放过自己，所以早就做好了随时赴死的准备。她看着刺客，平静地说："我的清白，天下人都很清楚。所以，你稍等一会儿，让我沐浴更衣，死也死得清清白白。可以吗？"

　　刺客听了萧菩萨哥的话，心生怜悯，于是暂时退了出去，等他再回来的时候，萧菩萨哥已经沐浴更衣自缢身亡了。

　　萧耨斤觉得还不解气，又命人按照庶人的礼仪，把萧菩萨哥的尸体葬在荒山野岭里。

　　之后，萧耨斤临朝称制，独揽大权，同时大肆处置大臣，屠杀异己，并疯狂地任用自己家族的人做官，甚至连自己家族的仆人、奴隶都提拔为朝廷官员，一时之间，朝廷内外都充斥着萧家的人。

你不知道的契丹

萧耨斤临朝称制以后，追封自己的曾祖为兰陵郡王，父亲为齐国王，几个弟弟也都封为王爷。萧耨斤有一个姐姐，很早就死了丈夫，萧耨斤看到长沙王谢家奴长得很漂亮，就杀了他的妻子，封自己的姐姐为秦国夫人，嫁给了谢家奴。后来，萧耨斤的妹妹喜欢上了户部侍郎耿元吉，可是耿元吉也已经结婚了，萧耨斤就杀了耿元吉的老婆，把妹妹封为晋国夫人，嫁给了耿元吉。可以说，与之前的述律平、萧绰等摄政太后比起来，萧耨斤完全是把自己的利益放在了第一位，而述律平、萧绰则是把国家利益放在第一位。

与生母的权力较量——兴宗夺回皇权

萧耨斤摄政以后，内心深处的黑暗因子完全被激发了出来，不但大肆扑杀朝廷大臣，疯狂提拔、重用亲信，连自己的亲生儿子耶律宗真也没放过。她不仅派人密切监视耶律宗真，而且一旦心血来潮，就肆无忌惮地打压耶律宗真。

有一次，耶律宗真赐给手下乐工一条银带。萧耨斤知道以后，没有任何原因，就是感觉不爽，于是就派人把那个乐工狠狠地打了一顿。

耶律宗真十分不高兴，他觉得这个亲妈肯定在自己身边安插了眼线，将自己的一举一动都随时报告给她，否则赏赐乐工这样芝麻绿豆大的小事，她怎么也能够得知呢？

这样一想，耶律宗真心里更加窝火了，他堂堂一国之君，却要被人时时刻刻地监视着，而且这个罪魁祸首还是他的亲妈！于是，他决定揪出身边的"间谍"，让亲妈知道知道他也不是吃素的。

可是，那么多内侍，哪个看着都不像间谍，又都像间谍，耶律宗真整天疑神疑鬼，心里十分纠结。终于，被他抓住一个形迹可疑的内侍，他欣喜若狂，二话不说，就下令把那个内侍杀死了。

没想到，这件事情却激怒了萧耨斤，她恼羞成怒，马上下令把杀死内侍的人统统抓了起来，严刑逼供，最后扯到了耶律宗真身上。

萧耨斤早就料到事情会这样，便故意让耶律宗真跟被审讯的人对质。

这让耶律宗真心里十分窝火，不管怎么说，他都贵为天子，但摄政的亲妈萧耨斤明显不把他当天子看，还把他当犯人审问，实在是"是可忍孰不可忍"。

等他看到朝中大臣也明里暗里地反对萧耨斤，并迫切希望他夺回皇权，耶律宗真顿时看到了希望，开始暗中活动，积蓄力量，准备夺回大权。

耶律宗真很清楚，萧耨斤之所以能够独揽大权，完全是依赖娘家兄弟们的势力。所以，他想要夺回大权，首先就必须把萧耨斤的兄弟们争取到自己阵营里来。想通了这一点，耶律宗真开始重点拉拢萧氏家族的主要人物萧孝穆、萧朴等人，

萧孝穆是萧耨斤的哥哥，耶律宗真的亲舅舅，而且他的女儿萧挞里是耶律宗真的妃子，还生了皇子耶律洪基，也就是未来的道宗皇帝，可以说他是萧氏家族中与耶律宗真关系最密切的人。

最重要的是，他从开始做官，到后来加封东平王、赐佐国功臣、调任东京留守，能够一路平步青云，成为契丹重臣，靠的完完全全是自己的能力，所以十分看不惯萧耨斤的做法。萧耨斤摄政以后，多次赏赐财物给萧孝穆，想跟哥哥拉拉关系，萧孝穆也毫不领情，全部原封不动地退了回去。

所以，不管从哪一方面出发，萧孝穆都是耶律宗真第一个想要争取的人。

耶律宗真知道，对于这样一个人品端正、办事公道、懂事理、识大体、顾全局的人来说，唯一能够打动他的就是政治上的利益。所以，耶律宗真效

仿爷爷耶律贤，跟萧孝穆做了一笔"政治交易"：萧孝穆支持耶律宗真夺回皇权，耶律宗真改立萧孝穆的女儿萧挞里为皇后，并提拔萧孝穆为北院枢密使。

萧孝穆一开始支持妹妹萧耨斤摄政，完全是为了打击齐天皇后萧菩萨哥家族的人，同时为了从国舅大翁帐手中夺回皇后宝座，所以他觉得既然女儿能够被封为皇后，目的也就达到了，萧耨斤就没必要继续摄政了。于是，他爽快地答应了耶律宗真，开始全心全意支持耶律宗真夺回皇权。

萧朴是萧耨斤的族中兄弟，但跟萧孝穆一样，并不十分赞同萧耨斤的做法。当初萧耨斤加害萧菩萨哥，萧朴就表示过强烈的不满，甚至干脆站出来劝说萧耨斤得饶人处且饶人。后来萧菩萨哥被逼自尽，萧朴又多次为她伸冤，希望能够给她一个公正的评价。这样一来二去就惹怒了萧耨斤，最后萧耨斤终于忍无可忍，一怒之下把他打发去了东京。

对于这些，耶律宗真当然心知肚明，于是动之以情、晓之以理，很快就把萧朴拉到了自己一边。

拉拢了萧氏兄弟以后，耶律宗真并没有就此罢休。为了增加更多胜利的筹码，他又把目光放在了亲妈身边的耶律喜孙和赵安仁等人身上。

耶律喜孙原本是个奴隶，但是博学多识，所以成了当时还是太子的耶律宗真的辅导老师，可以自由出入齐天皇后萧菩萨哥的宫中。后来，萧耨斤收买了耶律喜孙，从此以后，耶律喜孙就成了萧耨斤安排在萧菩萨哥身边的眼线。

等到耶律隆绪驾鹤西去，耶律喜孙又按照萧耨斤的意思，诬告齐天皇后的弟弟萧浞卜和驸马都尉萧匹敌等人谋反，顺便把萧菩萨哥牵扯进去了。也就是说，萧耨斤能够成功夺取大权，摄理朝政，耶律喜孙功不可没。也正因此，耶律喜孙一度成了萧耨斤面前的红人。

但是，随着萧耨斤日益嚣张跋扈，肆无忌惮地提拔家族人，毫不留情地打压耶律宗真，耶律喜孙内心的正义因子爆发了，他开始有意无意地反对萧耨斤。最后，他看萧耨斤毫无悔改之意，知道萧耨斤不会长久，为了自保，就转身投靠了前途一片光明的耶律宗真，成了耶律宗真的心腹。

赵安仁原本是宋朝人，小时候被俘虏到了契丹，成了一名太监。后来跟耶律喜孙一样，也被萧耨斤收买，成了萧菩萨哥宫中的一个眼线，暗中监视萧菩萨哥。

但是，很明显，赵安仁办事能力要远远逊色于耶律喜孙，胆子也小得多，时间一久，他总是惴惴不安，觉得身边的人都盯着自己，每天都做噩梦，梦到自己被人抓住了，最后他实在受不了这样的精神折磨，决定偷偷跑回宋朝。结果被人抓住了，萧菩萨哥想要处死他，萧耨斤就跑去耶律隆绪面前给他求情，最后得以保全性命。

赵安仁最初是贪财才为萧耨斤卖命，后来是被迫，但他心里总是十分不安，尤其是看着萧耨斤越来越不受人待见，他就更加纠结了，最后狠了狠心，直接投靠了耶律宗真。

看着自己阵营的人越来越多，耶律宗真还不是很放心，为了以防万一，他又暗中准备了五百精骑。

对于耶律宗真的行动，萧耨斤虽然并不清楚，但凭着直觉，她意识到这个儿子越来越难对付了。而且，随着耶律宗真渐渐长大，两人的矛盾越来越严重。于是，萧耨斤暗中与弟弟萧孝先商量废掉耶律宗真，改立小儿子耶律重元为皇帝。

这时候，耶律重元只有十三岁，还不懂得皇位到底意味着什么，再加上他十分看不惯老妈对哥哥的态度，所以一听说老妈要废掉哥哥，就马上跑去告诉了哥哥。

耶律宗真正为等待天时地利人和的时机而纠结，一听说亲妈要废掉自己，顿时龙颜大悦，决定先下手为强，并马上采取行动，把萧孝先给拿下了。

萧孝先是萧耨斤的铁杆粉丝、忠实的拥护者。他一开始虽然娶了公主，当了驸马，但是却始终默默无闻、名不见经传，直到萧耨斤生了耶律宗真，家族再次崛起，他才得以重用，逐渐平步青云。也就是说，他的成功跟姐姐萧耨斤有着千丝万缕的联系。

所以，在整个家族里，萧孝先跟萧耨斤的关系最好。从耶律隆绪病重将死，萧耨斤派人将皇宫戒严，到后来杀害萧菩萨哥及其族人，再到萧耨斤摄政，所有的一切，几乎都是他在背后出谋划策。也就是说，萧孝先是萧耨斤的左膀右臂，只要除掉了他，就等于夺回了一大半皇权。

经过精心密谋和部署以后，耶律宗真派人把萧孝先叫到了自己的宫帐，告诉他，他和萧耨斤的密谋自己已经知道了，而且现在很多大臣都站在了自己一边，让他自己做出选择。

萧孝先根本没有料到小皇帝竟然暗中积蓄了这么大的力量，顿时傻了眼，不知如何是好。

耶律宗真看萧孝先迟迟不表态，就恩威并施，表示自己并没打算杀他和老妈，只是想要夺回皇权，而且只要他肯归附自己，他还是可以继续坐他的高官。

看看周围刀剑出鞘的精兵，再看看连家族的人都归附耶律宗真了，萧孝先知道就算自己继续顽强反抗，也已经无济于事了，相反可能会搞得自己死无葬身之地，于是就点头表示同意。

耶律宗真大喜过望，马上派耶律喜孙和赵安仁去萧耨斤的行宫，按照事先的约定，告诉萧耨斤庆陵有事，请她前去处理。而他自己，则带领五百精兵埋伏在距离萧耨斤行宫两里地的小山坡上，作为策应。

萧耨斤虽然十分信赖耶律喜孙和赵安仁，但是猛然听到这样的消息，她也觉得有点问题，就问两人到底是怎么回事。

耶律喜孙和赵安仁看到萧耨斤不肯上当，也顾不得她信不信了，干脆来硬的，连推带拉，把萧耨斤推拉到早已经准备好的马车上，把她送到庆陵囚禁了起来。

耶律宗真远远望见老妈萧耨斤被耶律喜孙和赵安仁带走了，顿时松了一口气，马上命令五百精兵，分头行动，把萧耨斤的党羽抓的抓，流放的流放，处死的处死，以迅雷不及掩耳之势夺回了皇权。

你不知道的契丹

庆陵，位于今天的内蒙古巴林右旗索博力嘎的苏木驻地约十五公里的地方。陵墓里葬着辽圣宗耶律隆绪、钦哀皇后萧耨斤、仁德皇后萧菩萨哥、辽兴宗耶律宗真、仁懿皇后萧挞里、辽道宗耶律洪基、宣懿皇后萧观音七位契丹皇室成员。

庆陵陵墓分布在大兴安岭林区的一条东西横亘的大山南麓的山地峡谷中。这座大山山麓的南坡有三个山峰，怪石嶙峋，高耸入云，被称为永安山，后来改为庆云山，所以这座陵墓被称为庆陵。现在，这座山叫做大黑山，蒙古语名字是瓦林乌拉，意思是有砖瓦的沙丘。这里四周大山环绕，草木茂盛，环境优美，有很多野兽，契丹皇帝都喜欢在这里游猎。

统一天下的变相手段——重熙增币

耶律宗真上台以后，一心想要做出一番惊天地、泣鬼神的大成就来，但无奈除了从亲妈手里夺回皇权，整顿了一番乌烟瘴气的朝廷以外，他始终都没找到更好的机会建功立业。

最终，等啊等，他终于等到了一个好机会——宋王朝与西夏连年征战，宋王朝节节败退，始终被西夏压制着，耶律宗真心里顿时乐开了花，既然宋王朝如此软弱，自己何不趁机捞一把呢？

可是，出师总得有名呀，找个什么样的借口呢？想来想去，耶律宗真最后灵光一闪，决定拿关南十县地做文章。

关南十县地就是瓦桥关、益津关、淤口关三关十县地。一开始，这三关十县地是属于中原王朝的，后来石敬瑭割让幽云十六州的时候给了契丹。再后来，后周世宗柴荣兴兵北伐，这片土地又归属了中原王朝。

当时，契丹的皇帝是睡皇帝耶律璟，他只顾着喝酒、睡觉、打猎，完全没有兴趣搭理朝政，听说柴荣退兵了，也就不管有没有丢失土地了，转头就抱着酒坛子喝酒去了。所以，从此以后，三关十县地就完全回归了中原王朝的怀抱。

耶律隆绪继位以后，萧绰摄政，母子二人曾经趁着宋王朝新皇继位，根基不稳，打着索要三关十县地的旗号发动战争，最后兵临澶州城下，逼迫宋真宗赵恒与契丹签订了"澶渊之盟"，契丹虽然没有收回三关十县地，却也得到了每年三十万的岁币。

耶律宗真就想学学祖奶奶萧绰和爷爷耶律隆绪，打着索要三关十县地的旗号，出兵攻打宋王朝。

但是，耶律宗真心里始终没底儿，就去找已经退休在家的老宰相张俭，询问张俭的意见。张俭给耶律宗真分析了一下当前形势以后，表示根本不用出兵，只要派出使者前往宋王朝交涉，就能达到索要土地的目的。

耶律宗真一听顿时心花怒放，兴高采烈地回宫召集大臣，商量派遣使者前往宋王朝的事情。

最后，耶律宗真给宋仁宗赵祯写了一封洋洋洒洒的信，表示关南十县地是契丹所有，后来柴荣逞一时英雄，把地夺了去，所以他柴家江山才很快就灭亡了。而且契丹和宋王朝两家结为友好邻邦，关系一直不错。只是，关南十县地的问题始终萦绕心头，导致他整天吃不好、睡不好，时刻担心宋王朝会毁约背盟，所以希望宋王朝能够把地还给契丹。

此外，李元昊已经对契丹称臣，又跟契丹沾亲带故，就算他罪大恶极，应该诛伐，宋王朝要讨伐他，也应该事先通知一声才对。宋王朝这样不声不响地突然讨伐西夏，让契丹实在很不安啊。

耶律宗真写完以后，自己反复读了几遍，越读越觉得自己写得情真意切，煽人泪下，肯定能够说服宋王朝把地还给自己。

这一切都被宋王朝安排在契丹的间谍看在了眼里，他们连忙想方设法弄来耶律宗真写给宋仁宗赵祯书信的底稿，上报给赵祯。

赵祯得到底稿以后，震惊不已，马上召集大臣，商量该怎么应对。

等契丹使臣刘六符、萧特末带着耶律宗真的正式信件来到开封，他们已经商量出三条意见：不能割地，可以和亲，可以增加岁币。

这边契丹坚持要求割地，那边宋王朝坚决表示拒绝割地。双方公说公有理，婆说婆有理，始终没法形成统一意见。

远在契丹的耶律宗真得知以后，决定给宋王朝施加一下压力，迫使宋王朝赶紧答应割地，于是，就大张旗鼓地颁布了南征的赏罚令。

赵祯听说以后，大惊失色，马上派遣富弼为使者，带着他的亲笔信前往契丹，交涉索地事宜。与此同时，他又在大臣的建议下，声势浩大地升大名府（也就是今天的河北大名）为北京，加固城防，同时在两国边境地段修固河防，操练兵马，以此来大造声势。

耶律宗真看到宋王朝一改软弱本色，强硬起来了，心里十分没底。所以，听说双方使臣迟迟没有谈出结果以后，干脆亲自接见了富弼，表示只要宋王朝把三关十县地还给契丹，两国就会友谊地久天长。

富弼却丝毫不为所动，明确表示契丹想得到祖宗的旧地，宋王朝也不想失去祖宗的旧地，而且既然契丹以得到土地为荣，那么宋王朝必然会以失去土地为耻，两个国家建盟友好，约为兄弟，怎么能够让兄弟二人一个荣耀一个耻辱呢？

接着，他又说幽云十六州本来就是中原的土地，如今大片土地都归契丹所有，宋王朝也没有提出索要土地的要求，就是顾及兄弟之情，所以两个国家还是知足常乐，不要再贪求更多了吧。

耶律宗真原本只是想趁着宋王朝与西夏连年战争的机会，学学老祖宗们，建功立业，一展抱负。如今，听到富弼这一番话，又想到宋王朝正在边境上磨刀擦枪，时刻准备开战，心里就顿时乱作一团，决定退让一步，只要联姻和赠币。

这让宋仁宗赵祯和满朝文武非常不爽，要是两个条件都同意了，岂不是恰恰证明了宋王朝软弱可欺，以后谁想欺负都成了？

于是，经过几天几夜的会议讨论以后，赵祯明确表示，如果契丹想要联姻，那么就没有金帛，如果契丹能够说服李元昊重新臣服于宋朝，那么宋朝每年向契丹赠币二十万，否则只赠币十万。

面对宋王朝的强硬态度，耶律宗真无奈了。他知道南朝公主出嫁的惯例，嫁妆一般不超过十万缗，想来想去，他决定选择二十万赠币。但是，为了获得心理上的安慰，他要求在誓书上加一个"献"字。

富弼当然不同意，"献"表示的是下级向上级朝献，契丹和宋王朝是敌对的两个国家，属于平级，怎么能够用"献"呢？更何况，两国约为兄弟，宋朝为兄，契丹为弟，哥哥"献"于弟弟，那成什么体统？

耶律宗真见富弼不肯答应，又提议改用"纳"字，同样遭到了富弼的拒绝。这下耶律宗真不乐意了，就让富弼先跟宋仁宗赵祯商量好了再谈。

事实上，宋王朝的皇帝大臣们心里都很清楚，向契丹增加岁币，本身就等于向契丹进贡，争一个用词也不过只是想求得一点心理安慰而已。但满朝文武谁也不肯撕破脸皮，承认这个自欺欺人的说法。

结果，讨论来讨论去，始终没能解决用词的问题。

这时，北宋著名词人晏殊义无反顾地站出来了，他建议采用"纳"字。

听到晏殊的建议，赵祯顿时喜笑颜开。他得知耶律宗真最终选择了增加二十万的岁币，心里早就乐开了花，要知道宋王朝此时的年收入高达数万万贯，相对而言，二十万岁币就摆平了契丹，这笔交易十分划算。但碍于面子，他一直不好意思表示自己的满心欢喜。

如今，见到晏殊肯给自己当替罪羊，赵祯马上就坡下驴，同意了这一主张。

就这样，耶律宗真趁火打劫功德圆满，兴高采烈地抱着新获得的赠币，跟宋王朝握手言和，两国的索地风波也就此画上了圆满的句号。因为这件事发生在耶律宗真重熙年间，所以被叫做"重熙增币"。

你不知道的契丹

这次耶律宗真趁火打劫的行为，虽然最后获得了皆大欢喜的结局，但却让西夏首领十分不爽。所以，这件事以后，西夏与契丹的关系也越来越差。特别是李元昊当上首领以后，想建立独立的政权，既不臣服于宋朝，也不臣服于契丹，所以暗中拉拢依附契丹的党项诸部，让他们脱离契丹，归附自己。以至于，后来党项诸部谋反，李元昊不但不帮助耶律宗真平叛，反而救援党项诸部。

和亲带来的麻烦——兴宗征伐西夏

就在契丹帝国内部为了权力而斗得不可开交的时候，西部一个小国家正在悄悄崛起。

这个国家就是西夏。

西夏原本只是以党项羌族为主体建立的一个割据政权。其首领李氏原来姓拓跋，是北魏时期鲜卑拓跋氏的后人，后来因为帮助唐王朝平定叛乱有功，被赐姓李。

多年来，西夏一直默默无闻地存在于宋王朝西北部、契丹帝国西南部，并靠着顽强的生命力，默默地发展壮大着。等到了耶律隆绪当皇帝的时候，西夏已经发展成为一个强大的割据政权，并有事没事地欺负欺负重文轻武、不擅长打仗的宋王朝。

看着西夏一天天壮大起来，契丹皇帝知道这将是另一个强敌，但这边要忙着跟强大的宋王朝周旋，那边肯定顾不上西夏，可又担心西夏会在背后捣鬼。怎么办呢？最后，契丹皇帝决定"收买"西夏，不断给西夏首领加官晋爵，还把皇家公主嫁给西夏首领。

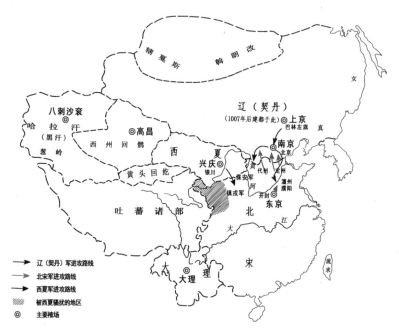

契丹、西夏、北宋并立形势图

耶律宗真即位以后，为了拉拢西夏，就把自己的姐姐兴平公主嫁给了西夏首领李德明的儿子李元昊，并封李元昊为夏国公、驸马都尉。

李元昊是个文武双全的奇才，小时候就表现出与普通人截然不同的气度，喜欢读书，擅长思考，对很多事情的见解都很独到，而且通晓佛理，能征善战，多次带兵出征，立下战功，在西夏部族中拥有很高的威信。

所谓英雄爱美女，李元昊也不例外。但遗憾的是，兴平公主相貌平平，毫无姿色，李元昊大失所望，差一点直接把兴平公主塞回马车送回契丹。

不过，李元昊很清楚，自己娶兴平公主并不是为了什么相亲相爱、比翼双飞、只羡鸳鸯不羡仙，而是出于政治目的。说白了，这场婚姻只是一场政治交易，只能谈合作，不能讲感情，所以他咬咬牙、狠狠心，做出兴高采烈的样子，风风光光地迎娶了兴平公主。

李元昊不喜欢兴平公主，兴平公主也不喜欢李元昊，这样的两个人生活在一起，可想而知，不是今天你看我不顺眼，就是明天我看着你不痛快。所以，两个人的日子过得水深火热，整天除了大吵小闹，就是冷战连连。

李德明还健在的时候，两个人还给他面子，没有闹得十分过分。等到李德明驾鹤西去，李元昊继位做了西夏国王，一下子没了管束，李元昊更加疯狂了。他一面豪气冲天地推行政治、文化改革，带领西夏人民快速发展，一面又肆无忌惮地过着骄奢淫逸、美女如云的腐败生活，直接把兴平公主的存在抛到了九霄云外。

兴平公主内心忧愤不已，整天郁郁寡欢，以泪洗面，最后郁结成疾。但李元昊仍然不搭理她，仍旧左拥右抱，彻夜狂欢，声色犬马。

直到公主病死，李元昊才如梦初醒，想起来自己的老婆不仅仅是自己的老婆，还是契丹帝国的公主，是契丹帝国送来西夏做和平使者的。这下她病死了，自己该如何向契丹交代呢？但转念一想，公主是病死的，又不是自己杀死的，害怕什么呢？

于是，李元昊马上写了一封情深意切的信，派人送去给耶律宗真，告诉他兴平公主驾鹤西去了。

耶律宗真早就听说李元昊跟姐姐兴平公主关系不好，而李元昊又完全不顾姐姐的感受，整天跟其他女人鬼混。得知姐姐病死的消息，耶律宗真顿时龙颜大怒，把错全部推到了李元昊身上，恨不得直接把他拖到自己面前狠抽一顿。

但冷静下来以后，耶律宗真知道自己目前还不能跟西夏闹得太僵，于是只写了一封信给李元昊，形式化地责怪了他一番，内心深处却把这笔账狠狠地记了下来。

没过多久，契丹境内的党项族发生叛乱，耶律宗真派人前去镇压，却碰上了李元昊赶来救援的兵马。两兵相遇，耶律宗真派去的使臣怒斥李元昊助纣为虐，李元昊却一不做二不休，直接砍了使者，以实际行动表示要跟契丹决裂。

耶律宗真之前的怒气还没完全平息，听说李元昊反叛，顿时勃然大怒，马上调集兵马，连出三路大军，共十万精兵，雄赳赳、气昂昂地渡过黄河，直扑西夏。

契丹兵马一路势如破竹，攻城略地，所向披靡，几乎没遇到任何有价值的抵抗，就杀到了贺兰山，并在贺兰山北麓发现了李元昊的兵马。

李元昊多年来欺负惯了不善作战的宋王朝，十战九胜，所以不由得飘飘然起来，觉得西夏兵马天下无敌了，根本不把契丹的十万大军放在眼里，直接纵兵迎战。结果，西夏军被打了个落花流水，李元昊顿时傻了眼，慌忙派人向耶律宗真认错求和。

耶律宗真见契丹军初战告捷，龙心大悦，又看到李元昊被吓得屁滚尿流，慌忙向自己求饶，高兴之余，就想恩准了李元昊的请求。

还不等耶律宗真下旨撤兵，大臣们就纷纷站出来表示这时候坚决不能撤兵，并强烈怂恿耶律宗真一鼓作气，直接扫平西夏，以除后患。

耶律宗真思考一番以后，觉得大臣们说得很有道理，于是派萧惠担任前锋，再次扑杀西夏军。

李元昊一看形势不好，马上带兵撤退，又担心契丹军追上来，于是边退边坚壁清野，烧掉了路上所有的粮草和居所。李元昊一口气撤了一百多里，也连续烧了一百多里的粮草。

这下契丹军郁闷了。他们本来就是边打边搜刮粮草，以战养战，如今李元昊一把火烧光了路上的粮草，吃饭就成了一个大问题。特别是战马，由于缺少草料，病的病，死的死，没过多久，就少了一半。

李元昊了解到契丹兵马的情况以后，决定来个明修栈道、暗度陈仓，于是表面上派人求和，暗地里休整兵马，磨刀擦枪。

耶律宗真一路打来，几乎没费吹灰之力，看到李元昊的求和使者，觉得肯定是帝国威武，把李元昊给吓坏了，龙心大悦，马上召集大臣开会，商量接下来是不是该停战了。

就在这时，李元昊忽然带兵杀来，直扑萧惠的大营。

萧惠猝不及防，愕然之下，连忙休整兵马，奋起反击，结果又把西夏军打了个落花流水。

萧惠知道如果不彻底扫平西夏，等西夏休整之后，肯定还会一而再再而三地反叛。想要彻底解决西夏叛乱，就该趁机追杀到底，杀他个片甲不留。于是，萧惠下令，准备全力追击西夏军。

这时候，忽然天色大变，狂风骤起，黄沙漫天，几米以内都看不清楚。契丹兵一直生活在草原上，从没经历过西北荒漠地区的风沙天气，顿时吓得面如土色，军中乱作一团，完全顾不得行军打仗了。

李元昊顿时心花怒放，契丹军不适应风沙天气，但西夏军常年生活在这种环境中，早已经习以为常。于是，他马上休整兵马，趁机反攻。

结果，李元昊毫无悬念地胜了，还俘虏了几十名契丹贵族大臣，连耶律宗真都差点被他活捉。

因为这次战争发生在河曲，也就是今天的内蒙伊克昭盟，被称为"河曲之战"。

你不知道的契丹

河曲之战失败以后，耶律宗真仓皇逃跑。他的身边跟着一个叫做罗衣轻的戏子，为了缓解紧张的气氛，在耶律宗真停下来休息的时候，他故意搞笑地说道："陛下，您看看您的鼻子还在吗？"因为西夏人有个习惯，抓住俘虏以后，就把俘虏的鼻子割掉，罗衣轻想要以此来逗耶律宗真开心。

耶律宗真刚刚死里逃生，这时候还惊魂未定，听到罗衣轻的话，龙颜大怒，马上命人把罗衣轻给砍了。这时候，太子耶律洪基连忙站出来缓解气氛，说："插科打诨的不是黄幡绰。"黄幡绰是唐朝时的伶人，非常善于搞笑。罗衣轻也毫不示弱，马上回道："行兵领队的不是唐太宗。"

第六章

趋向没落的帝国：中衰

　　所谓盛极必衰，世间的一切，一旦到了最为繁荣鼎盛的时期，就意味着必然要转向衰败了。历史也是如此，曾经让人惊叹一时的草原帝国自然也没法逃避这个现实。当最辉煌的时代过去，契丹帝国终于丢掉了老祖宗们的英武雄浑和强大霸气，也开始走向没落：皇帝像丢了魂一样，进退失据，昏庸无道，是非不分，声色犬马，奸臣弄权，帝国到处一片乌烟瘴气……

不合情理的皇叔叛乱——重元父子滦河之乱

当年，萧耨斤想要废除兴宗耶律宗真，立小儿子耶律重元为皇帝。小小年纪的耶律重元，由于还不懂皇帝是个什么东西，当皇帝有什么好处，所以偷偷地跑去告诉了哥哥耶律宗真，使得老妈的阴谋失败了，他也跟皇帝的宝座失之交臂。

但是，也正因此，他跟哥哥耶律宗真的感情越来越好，不仅获得了两次金券，父子都荣宠备至，甚至耶律宗真还表示自己仙游极乐以后，要把皇位传给他。

有了哥哥的承诺，耶律重元心花怒放，不管何时何地，都十分注重自己的言行举止，确保自己有未来皇帝的形象，同时默默地祈祷着风水早点转到自己家。

契丹服饰

遗憾的是，天不遂人愿，耶律宗真虽然口里那么说，心里却根本没有那么想，而是从长子耶律洪基出生开始，就全心全意地培养儿子做自己的接班人，并在弥留之际，留下遗诏，让长子耶律洪基继承皇位。

看着自己的侄儿耶律洪基成了名正言顺的皇帝，耶律重元心里十分不爽。此时，他已经不是当年那个什么都不懂的小孩了，他心里十分清楚当皇帝意味着什么，所以，他想要夺取皇位。

可是，要怎样夺取皇位呢？耶律重元想来想去，最后只能可怜巴巴地望向了自己的老妈萧耨斤。

这时候，萧耨斤已经垂垂老矣，虽然很想帮助儿子坐上皇位，可是已经心有余而力不足了。自己的兄弟又差不多都死了，还健在的两个，一个叫做萧孝友，早已经日薄西山，很难再成什么气候，另一个就是萧孝穆，却是耶律洪基的外祖父，根本不可能帮助自己推翻耶律洪基。

分析来分析去，耶律重元只能无奈地眼睁睁看着自己的皇帝梦彻底破灭，决定安安心心地做自己的王爷。

但是，耶律重元的儿子耶律涅鲁古却不甘心，他看着老爸情绪低落，最后干脆放弃了夺取皇位的想法，心里十分郁闷。

他早就知道奶奶萧耨斤曾经想要立老爸耶律重元当皇帝，而老爸却大义凛然地揭发了奶奶，把皇位让给了伯父耶律宗真。也知道伯父耶律宗真曾经说过等自己死后，要把皇位传给他的老爸耶律重元。

这么多年，他无时无刻不在盼着自己的老爸耶律重元登临大宝，然后自己再名正言顺地从老爸耶律重元手里接过皇位，成为九五之尊。

一想到自己穿上龙袍，站在文武百官面前接受朝拜，意气风发地指点江山，他做梦都会笑醒。

然而，这一切，随着耶律洪基的上台，统统破灭了。

耶律涅鲁古十分不甘心，他不容许原本应该属于自己的皇位被耶律洪基抢走。所以，他不断怂恿老爸起兵造反，夺取皇位。

在耶律涅鲁古的不断撺掇下，耶律重元好不容易平静下来的心又热血沸腾起来了，最后果断表示要跟儿子一起夺回皇位，并暗中大肆招兵买马，准备一举拿下契丹帝国。

但是，怎么除掉耶律洪基呢？耶律重元父子二人商量了很久，决定让耶律重元装病，等耶律洪基来探病的时候，趁机刺杀他。但是，人算不如天算，耶律洪基竟然阴差阳错地躲过了这一劫。

一计不成，耶律重元父子再生一计，决定趁着耶律洪基在滦河岸边的太子山行猎的时候，袭击滦河行宫，同时让跟随耶律洪基行猎的党羽杀死耶律洪基，夺取大权。

这一次，两人的计划更加周密，眼看着计划就要成功了，两人心中都暗自窃喜，仿佛已经看到自己坐上九五之尊的宝座了。

可就在这时，现实给了他们当头一棒——他们自以为天衣无缝的计划还没来得及实施，就被人得知了。

这个人叫作耶律良，原本是个奴隶，后来得以免去奴隶身份，并进入朝廷当官，成了太后萧挞里宫里一名宫官。他通过小道消息，得知耶律重元父子要谋反夺权，顿时大惊失色。

镇静下来之后，耶律良认真分析了一下形势，他知道耶律洪基十分宠信耶律重元父子，就算自己告诉他耶律重元父子要造反，他也肯定不会相信，弄不好还会被耶律重元父子反咬一口。想来想去，他决定先把这件事告诉皇太后萧挞里。

萧挞里是个聪明人，她一听到耶律良带来的消息，就知道事情已经非常严重。于是，她马上吩咐耶律良要严守秘密，不能走漏一点风声，同时谎称自己生病了，派人去把耶律洪基找来，告诉他耶律重元父子要造反，一定要早做准备。

耶律洪基听完老妈的话，觉得完全不靠谱，甚至斥责耶律良是在故意挑拨离间，想让他们骨肉相残。

耶律良早就料到耶律洪基的反应了，连忙表示自己绝无半点谎言，并甘愿拿自己项上人头作担保。看到耶律洪基有所动摇，他就趁热打铁，表示如果耶律洪基不相信，干脆把耶律涅鲁古找来问问，不就真相大白了？如果耶律涅鲁古不敢来，那就表示他心虚。

耶律洪基虽然不太相信耶律重元父子会造反，但看老妈一脸庄重、严肃，耶律良又说得这么义愤填膺，而且这件事关系到自己的皇位甚至身家性命，也不敢大意，于是，就听从了耶律良的建议，派人去叫耶律涅鲁古到行宫来觐见。

耶律涅鲁古正在自己的大帐里，跟老爸耶律重元商量夺取皇位的事情，看到耶律洪基突然派人叫自己过去，吓了一大跳，心里顿时七上八下，觉得这一去凶多吉少。父子两人交流了一下意见，一致决定干脆来个鱼死网破，于是扣下了耶律洪基派来的人，带领手下兵马起兵造反，直扑皇帝行宫。

就在耶律涅鲁古组织兵马的时候，耶律洪基派来的人趁乱逃跑，连忙跑去给耶律洪基报信。

耶律洪基这才相信了耶律重元父子造反的事情，顾不得了解详细情况，就马上派人找来南院枢密使、许王耶律仁先，命令他带人前去抓捕耶律重元父子。

耶律仁先拥有卓越的军事和政治头脑，他觉得耶律重元父子蓄谋已久，肯定做好了充分的准备，这样带人前去逮捕他们，根本无济于事，甚至还可能让他们有机可乘。但耶律洪基根本不听那么多，坚持让耶律仁先带兵去捕捉耶律重元父子。

没想到，耶律仁先刚走出行宫，耶律重元父子就带兵杀来了。无奈之下，耶律仁先只好命令卫兵把车辆连在一起，环车为营，把耶律洪基保护在中央，自己则率领卫兵在车辆外面阻挡叛军的攻击。

经过一番厮杀，耶律涅鲁古被乱箭射中，从马上跌落下来，被南府宰相萧唐古一刀砍下了脑袋。耶律涅鲁古带领的叛军一看首领被杀，顿时乱作一团，纷纷退了回去。

接着，双方又进行了一番弓箭大战，耶律洪基和耶律重元都被射伤。双方眼见这场战争胜负难分，而天又渐渐黑了，就都撤了回去。

第二天黎明，耶律重元重整兵马，胁迫三千名奚人猎户跟随他再次杀来。

了解敌情以后，北院宣徽使萧韩家奴顿时心花怒放。他本人就是奚人，而且曾经担任过奚六部大王，在奚人中很有威望，而且他也知道这些奚人肯定是被耶律重元强迫参加叛乱的，于是就对他们说叛离朝廷、追随叛军是自取灭亡的大罪，甚至会因此给族人带来灭族之灾，如果现在悔过，陛下当然会皇恩浩荡，不再追究他们的罪责，让他们转祸为福。

这些奚人根本不关心什么国家大事，本来就是被胁迫而来，这时候一听可能会罪及整个部族，全都吓得魂飞魄散，马上弃械投降了。

耶律洪基见叛兵大乱，于是乘机挥兵追杀，把叛军打了个落花流水，耶律重元拼死逃亡大漠，最后自尽而亡。

你不知道的契丹

耶律涅鲁古从小就心狠手辣。耶律宗真从亲妈萧耨斤手里夺回皇权以后，十分宠信耶律重元，所以爱屋及乌，当耶律重元的大儿子耶律涅鲁古出生的时候，他也十分高兴，不仅写诗庆贺，还赏赐了大量宝玩器物。可是，当看到耶律涅鲁古的时候，耶律宗真的脸顿时黑了，说："这个孩子面有反相。"

也正因此，虽然此后十多年年里，耶律宗真不断大肆加封耶律涅鲁古，五岁就封他为安定郡王，十一岁就晋封他为楚王，却从来没有给过他实质性的工作。直到耶律洪基即位，耶律涅鲁古才渐渐担任有实权的工作，并开始手握兵权。

宠信奸臣带来的家破人亡——十香词案

耶律重元父子叛乱被平息以后，耶律洪基顿感神清气爽，意气风发，为了让参与护驾和平叛的大臣们也感受下自己的神采飞扬，他开始慷慨地论功行赏，该封王的封王，该升官的升官，该奖赏的奖赏。

也就是这次封赏，让一个大奸臣走进了人们的视线。耶律洪基不会想到，就是这个人，最终搞得他家破人亡！

这个人叫耶律乙辛，出身于契丹内部诸部落中实力最强大的五院部，不过他的家族到了他老爸耶律迭剌时就已经穷得叮当响了，几乎吃了上顿没下顿，被族人称为"穷迭剌"。

虽然耶律乙辛长得非常俊美，仪态万方，很讨人喜欢，但是由于出身不好，一开始进入朝廷的时候只做了一个小小的文班吏。不过，耶律乙辛并没有自惭形秽，而是凭借聪明狡诈的头脑，善于伪装自己的手段，很快就得到了当时的皇帝耶律宗真和皇后萧挞里的喜爱，被提拔为护卫太保。

这个职位让耶律乙辛有了更多跟皇室成员接触的机会，这样一来二去，他就跟当时的"准皇帝"耶律洪基混熟了，并得到了耶律洪基的充分信任。所以，等耶律宗真驾鹤仙游，耶律洪基当上皇帝以后，耶律乙辛就理所当然地成了枢密副使。

耶律重元和儿子耶律涅鲁古发动叛乱的时候，耶律乙辛也在滦河行宫，并跟耶律仁先等大臣一起，带领士兵平定叛乱，拼死保护耶律洪基。所以，等到叛乱平定，耶律洪基论功行赏的时候，耶律乙辛自然而然成了大功臣，被提拔为北院枢密使，晋封魏王。

一跃而成为一人之下万人之上的权贵人物，耶律乙辛明显被这突如其来的好运冲昏了头，开始大肆地结党营私，排除异己，开始了他长达十几年的卑鄙无耻的"反角人生"。

但很快，他就发现，他的党羽再多，门下搜罗、投靠的人再多，也有一个人从来都不搭理他，甚至专门处处跟他作对，动不动就上奏折弹劾弹劾他。当然这不是最重要的，最重要的是这个人跟他平起平坐，同掌朝政，算是他在整个契丹唯一的天敌。这个人就是耶律仁先。

这让耶律乙辛十分不爽，他实在无法容忍这样一个天敌整天在他眼前晃来晃去，有事没事抓他的把柄、告他的状。于是，他开始大肆地在耶律洪基面前说耶律仁先的坏话，并成功地陷害了耶律仁先，让耶律洪基把耶律仁先打发去了幽州做留守。

这之后，耶律乙辛更加肆无忌惮了，更加无所顾忌地培植个人势力，同时想方设法地哄耶律洪基开心，博取耶律洪基的信任。结果，整个朝廷内外到处充斥着耶律乙辛的党羽，很多国家大事也都是耶律乙辛说了算，可以说，耶律乙辛已经成了契丹帝国的半个皇帝。

这时候，耶律乙辛左看看，右看看，欣喜之情溢于言表。但很快，他的脸又黑下来了，他发现了一个新的、比耶律仁先更加强有力的敌人——皇太子耶律浚。

可是，耶律浚毕竟是耶律洪基的"独苗"，不能随便下手，而且他在朝廷里颇有威望，恐怕很难轻易除掉。那么，该怎么办？想来想去，耶律乙辛决定从皇后萧观音身上下手。

萧观音是契丹帝国著名的女诗人，不仅长得美艳动人，善于骑射，而且多才多艺，品德贤良。

在她十六岁的时候，有一次跟随耶律洪基外出行猎，耶律洪基骑着号称"飞电"的宝马，在深山幽谷中策马如飞，陪同耶律洪基左右的萧观音不由得豪气勃发，漫声吟道："威风万里压南邦，东去能翻鸭绿江。灵怪大千俱破胆，那叫猛虎不投降。"意思是说，契丹帝国威震大宋、高丽，连鬼神都闻风丧胆，山林中的猛虎怎能不乖乖投降呢？

耶律洪基也是诗词高手，听到老婆借由打猎为题，赞颂自己豪气冲天、雄心万里、威震四方的气概，顿时龙颜大悦，马上命人抄下来给跟随行猎的大臣们看，并称赞萧观音是女中才子。结果第二天，耶律洪基果真亲手射杀了一只猛虎，使他对萧观音更加喜爱了。

但是，好景不长。耶律洪基整天被一群奸佞小人围着，开始听信谗言，贬黜忠良，甚至连萧观音的娘家人也杀。这让萧观音心急如焚，她担心这样下去，祖宗的基业就会彻底毁在耶律洪基手里，于是不断劝谏耶律洪基。

此时的耶律洪基早已经被阿谀奉承、拍马屁搞得晕头转向，分不清好坏了，甚至觉得萧观音是在责怪自己贬黜她娘家的人，所以不但不听萧观音的话，甚至越来越厌恶萧观音，渐渐疏远了萧观音。

萧观音被老公怀疑甚至疏远，内心忧伤不已，百无聊赖之中，就想起了唐玄宗李隆基的梅妃江采萍，她在与杨贵妃争宠失败后，把宫苑改名为"回心院"，希望唐玄宗能够回心转意。

于是，萧观音就学习江采萍写下了《回心院》一词，希望能够打动耶律洪基，使他重新回到自己身边。

《回心院》共有十首：

其一

扫深殿，闭久金铺暗。游丝络网尘作堆，积岁青苔厚阶面。扫深殿，待君宴。

其二

拂象床，凭梦借高唐。敲坏半边知妾卧，恰当天处少辉光。拂象床，待君王。

其三

换香枕，一半无云锦。为是秋来展转多，理有双双泪痕渗。换香枕，待君寝。

其四

铺翠被，羞杀鸳鸯对。犹忆当时叫合欢，而今独覆相思块。铺翠被，待君睡。

其五

装绣帐，金钩未敢上。解却四角夜光珠，不教照见愁模样。装绣帐，待君贶。

其六

叠锦茵，重重空自陈。只原身当白玉体，不愿伊当薄命人。叠锦茵，待君临。

其七

展瑶席，花笑三韩碧。笑妾新铺玉一床，从来妇欢不终夕。展瑶席，待君息。

其八

剔银灯，须知一样明。偏是君来生彩晕，对妾故作青荧荧。剔银灯，待君行。

其九

蒸熏炉，能将孤闷苏。若道妾身多秽贱，自沾御香香彻肤。蒸熏炉，待君娱。

其十

张鸣筝，恰恰语娇莺。一从弹作房中曲，常和窗前风雨声。张鸣筝，待君听。

为了更好地表达自己盼望耶律洪基到来的迫切心情，萧观音让宫廷乐师赵惟一给《回心院》谱上了曲子。从此以后，百无聊赖的时候，萧观音都把赵惟一叫来，两人一支玉笛，一曲琵琶，一起弹唱，而且合作得简直可说是天衣无缝，让所有人听后都忍不住怦然心动。

这一切当然没有逃过正在密切注意萧观音动向、企图抓萧观音把柄的耶律乙辛的法眼。他看到萧观音隔三差五就跟赵惟一一起切磋音乐，而且合奏默契至极，于是，灵光一闪，决定利用这个大好机会，污蔑萧观音和赵惟一私通。

在耶律乙辛的暗中操纵下，很快，后宫里关于萧观音与赵惟一情投意合的传闻就传得沸沸扬扬了。

但耶律乙辛并不满足，他知道这还不足以置萧观音于死地，于是他又找来了一个帮手。

这个帮手叫做单登，原本是耶律重元帐下的奴婢，耶律重元父子被杀以后，就成了宫女。单登非常擅长弹筝和琵琶，有一次耶律洪基想要听她弹奏筝曲，却被萧观音阻止了，她表示罪臣耶律重元的婢女，根本没有资格面见龙颜，并把单登调离内宫。所以，单登十分痛恨萧观音。

单登有一个妹妹叫做清子，是教坊伶人朱顶鹤的老婆，同时又跟耶律乙辛暧昧不明。

耶律乙辛先找人模仿《回心院》写了一首《十香词》，然后通过清子转交给了单登，让单登见机行事，把《十香词》献给萧观音，谎称是宋朝皇后写的，如果萧观音能够把它抄写下来，并谱上曲子，就能跟《回心院》并称"双绝"了。

《十香词》十首：

其一：发香

青丝七尺长，挽作内家妆；不知眠枕上，倍觉绿云香。

其二：乳香

红绡一幅强，轻阑白玉光；试开胸探取，尤比颤酥香。

其三：腮香

芙蓉失新颜，莲花落故妆；两般总堪比，可似粉腮香。

其四：颈香

蝤蛴那足并？长须学凤凰；昨宵欢臂上，应惹颈边香。

其五：吐气香

和羹好滋味，送语出宫商；安知郎口内，含有暖甘香。

其六：口脂香

非关兼酒气，不是口脂芳；却疑花解语，风送过来香。

其七：玉手香

既摘上林蕊，还亲御苑桑；归来便携手，纤纤春笋香。

其八：金莲香

凤靴抛合缝，罗袜卸轻霜；谁将暖白玉，雕出软钩香。

其九：裙内香

解带色已颤，触手心愈忙；那识罗裙内，销魂别有香。

其十：满身香

咳唾千花酿，肌肤百合装。无非瞰沉水，生得满身香。

《十香词》从各方面描写了一个女人的风韵，遣词用句都很暧昧，但这正合了内心孤寂的萧观音的心态。所以，读完以后，萧观音顿时爱不释手，不仅亲手用彩绢抄写了一遍，还在最后附加了一首《怀古》："宫中只数赵家妆，败雨残云误汉王。惟有知情一片月，曾窥飞燕入昭阳。"

耶律乙辛拿到萧观音誊写的诗词以后，顿时心花怒放，尤其看到最后一首萧观音合唱的诗，更是欣喜若狂。于是，他一方面暗中命令宫女单登去诬告萧观音和赵惟一私通，另一方面又把萧观音亲手抄写的诗稿拿去给耶律洪基看，同时又命令自己的党羽、宰相张孝杰到耶律洪基面前"解释"萧观音的《怀古》一诗。

张孝杰一本正经地表示，这首诗中，"宫中只数赵家妆""惟有知情一片月"两句，正好包含了"赵惟一"三个字，完完全全是萧观音思念赵惟一的表现。

耶律洪基早就听到宫中关于萧观音跟赵惟一私通的传闻，一开始他并不怎么相信，如今看着萧观音亲手抄写的诗稿，听着张孝杰的解释，顿时觉得自己被戴了一顶硕大无比的绿帽子，不由得勃然大怒，马上命人把萧观音和赵惟一抓了起来。

经过一番严刑拷打以后，被气得失去理智的耶律洪基下令把萧观音赐死，赵惟一凌迟处死。最后，他觉得还不解气，又命人用苇席包裹萧观音的裸尸，送回她的娘家，以此来羞辱萧观音及其娘家。

耶律乙辛的所作所为，很快就激起了契丹朝廷中一些正义人士的不满，他们纷纷揭露耶律乙辛的罪行，最后耶律洪基不得已把耶律乙辛贬去了中京。但耶律乙辛早就摸清了耶律洪基的弱点，不断让亲信在耶律洪基面前替自己说好话，结果，很快耶律洪基就把他重新召回皇都。

这下耶律乙辛更加肆无忌惮了，大肆清理那些反对他的人，并毫无原则地提拔自己的党羽。

看着自己的势力一天天扩大，耶律乙辛知道，是时候对付太子耶律浚了！

可是，自从萧观音被诬陷赐死以后，耶律浚在痛恨自己的同时，也更加小心谨慎，要抓他的把柄，或者说要诬陷他，实在不是件容易的事情。到底该怎么办呢？

想来想去，耶律乙辛决定选择最致命的罪名扣在耶律浚头上——谋反罪。他知道耶律洪基跟其他所有皇帝一样，最痛恨的就是谋反，一旦他知道自己的宝贝儿子正在暗中策划着夺取自己的皇位，他肯定会大开杀戒，让耶律浚不得好死。

经过几天几夜的商议之后，耶律乙辛决定先让自己的党羽、护卫太保耶律查剌告发耶律撒剌、萧速撒、萧忽古等人企图废除耶律洪基，立耶律浚为帝。

耶律洪基接到举报以后，当然十分不爽，马上命人进行调查，结果自然是查无实据。但他并没有因此而怀疑耶律乙辛等人，相反，却重重奖赏了举报的人。

耶律乙辛的目的就是扳倒耶律浚，看到这样不痛不痒的结果，当然十分不爽，于是，他决定下一剂狠药——命令自己的党羽萧讹都斡、耶律塔不也等人以皇太子耶律浚党羽的身份"自首"，并列出了参与谋反的人员名单。

如果说之前耶律洪基还是半信半疑，那么这次他就彻底相信了。看着自己的宝贝儿子不肯等到自己驾鹤西去再名正言顺地继承皇位，耶律洪基既失望又难过，马上派人把耶律浚囚禁了起来，并杀死了名单里列出的太子党羽。

耶律乙辛眼看自己的奸计马上就要得逞了，兴奋得好几天睡不着觉。

但眼看着耶律洪基只是杀了所谓的太子党羽，把耶律浚贬为庶人，等候发落，他心里不安了。

耶律洪基只有耶律浚一个儿子，从小就对他寄予了厚望，六岁就把他封为梁王，八岁就立为太子，十七岁就让他总领南北两枢密院事，开始处理朝政。而耶律浚也没有让耶律洪基失望，从小就聪明好学，能文能武，处理起朝政来有章有节，法度修明。

耶律乙辛知道，耶律洪基所谓的等候发落，一等两等，可能就要直接等到耶律洪基驾鹤仙游，耶律浚直接继承皇位了。他当然不能容忍这样的事情发生，所以就暗中派人杀害了被囚禁的耶律浚，谎称耶律浚得疾病而死。

耶律洪基听说以后，顿时没了脾气，想到之前还生龙活虎的儿子，现在却已经成了死人，心里十分难过，就想叫太子妃前来问明真相。耶律乙辛担心太子妃告诉耶律洪基是他害死了太子，于是一不做二不休，干脆又杀了太子妃。

杀掉了萧观音和耶律浚，耶律乙辛还不满足，因为耶律浚虽然死了，但他还有个儿子耶律延禧。虽然这时候耶律延禧还只是个奶娃娃，但很明显，只要他活着，未来的皇位就肯定是他的，到时候他肯定会跟自己翻翻旧账，替奶奶和老爸报仇。这样想来想去，耶律乙辛觉得一定要除掉耶律延禧。

正好耶律洪基要去黑山行猎，耶律乙辛一看机会来了，马上提议将皇孙耶律延禧留在皇宫里。

北院宣徽使萧兀纳马上就猜到了耶律乙辛的阴谋，立即表示反对，并说皇孙年纪还小，把他留在皇宫里，一旦保护不当，恐怕会出意外。然后，他又提出，如果要把皇孙留在皇宫里，他也请求留下，以防不测。

萧兀纳的话提醒了耶律洪基，于是他把孙子耶律延禧带在了身边，使耶律延禧躲过一劫。

也就是因为这件事，耶律洪基忽然顿悟了，再联系前前后后发生的事情，他终于意识到一切都是耶律乙辛在捣鬼。

但是，身为一国之君，他是坚决不会承认是自己杀妻害子的，所以，他绝对不能以陷害皇后、太子的理由处置耶律乙辛。那该以什么理由惩办耶律乙辛呢？

想啊想，最后耶律洪基终于想出了一个妙计——以耶律乙辛企图叛逃到宋王朝为理由，下令杀了耶律乙辛。

但是，杀了一个耶律乙辛并没有多大作用，因为这时候的契丹帝国早已经乌烟瘴气，开始快速地走向了衰弱。

你不知道的契丹

当年，耶律阿保机整顿国内诸部的时候，先把自己祖父耶律匀德实一支单独拿出来，然后把剩余的迭剌部一分为二：将耶律阿保机五世祖耶律耨里思的长子耶律洽慎一族分为五院部，其他几支被分为六院部，合称为二院皇族。也就是说，五院部人的血缘关系比较近，都是耶律洽慎的后裔。

而耶律阿保机的祖父耶律匀德实一支则被列为横帐三父房。耶律匀德实共四个儿子，大儿子无后，二儿子耶律严木一支为孟父房，三儿子耶律释鲁一支为仲父房，四儿子也就是耶律阿保机的老爸耶律撒剌共有六个儿子，大儿子耶律阿保机自身一支为横帐，其他五个儿子是耶律剌葛、耶律迭剌、耶律寅底石、耶律安瑞、耶律苏，他们均列为季父房。这一帐三父房统称为横帐皇族。

斡旋大宋、西夏之争——和亲西夏

耶律洪基在皇帝的宝座上碌碌无为、昏庸无道了四十六年以后，终于结束了他腐败的一生。之后，他的孙子耶律延禧继承皇位，成为契丹帝国最后一个皇帝——天祚帝。

耶律延禧刚当上皇帝没几天，远在西南的西夏就派遣使者来求婚，想要通过联姻加强巩固两国的关系，促使契丹与西夏友谊地久天长。

第一次，耶律延禧二话没说就拒绝了，但西夏仍不死心，没过多久又派来了求亲使者。

这让耶律延禧郁闷了，为什么西夏这么锲而不舍地要跟自己攀亲戚，死活缠着自己不放呢？

无奈之下，他只好翻开契丹帝国的史书，认真了解了下契丹与西夏的恩怨纠葛。他这才发现，原来这一切都要归功于他那个腐败无能的爷爷耶律洪基，正是由于他不断在大宋与契丹中间充当和事佬，才使得西夏要死要活地缠上了契丹。

在耶律洪基听信耶律乙辛的谗言，杀了自己的老婆，间接害死自己的儿子，之后又忽然顿悟，除掉耶律乙辛，并进入另一个昏庸无道境界的同时，远在西南的西夏内部政权也发生了巨大的变化。

先是西夏惠宗李秉常撒手人寰，他年仅三岁的儿子李乾顺继承皇位，接着李乾顺的老妈梁太后和舅舅梁乙逋共同辅佐朝政。他们两个凭借梁家强大的威势，不断扩大自己的势力，牢固地控制着朝政大权。对于李秉常当年的亲信旧臣，杀的杀，排挤的排挤，搞得整个西夏为梁氏兄妹独尊。

这给整个西夏造成了极大的影响，导致内部矛盾丛生，满朝文武表面上小心翼翼，如履薄冰，暗地里却十分不满和反对梁氏兄妹的统治——西夏陷入了一个危机时期，如同绷紧的弓箭，已经箭在弦上，蓄势待发——一场内战已经迫在眉睫。

这一切梁太后和梁乙逋兄妹当然很清楚，他们知道自己的行为必然会激化国内的矛盾。可是，如果不这么做，他们的统治同样会遭到反对，所以，他们只好铤而走险，选择先激化矛盾、再转移危机的策略——为了缓和矛盾，转移国内的危机，两个人开始肆无忌惮地推行战争策略。

可是，选择谁做开战的对象呢？

这边，宋朝在李乾顺刚上台的第二年，就马上派遣使者来册封他为夏国王。那边，契丹没过多久也派来了使者，册封李乾顺为夏国王。两边都推行和平友好政策，要跟谁挑起战争呢？

梁氏兄妹左看看、右看看，最终决定选择了不善于打仗的宋王朝，并打着要入主中原的旗号，气吞山河般地对宋王朝发动了战争。

战争一开始，梁氏兄妹就兴奋了，根本不打算停手，大战不断，小战连连，竟然一口气发动了五六十次战争。

与此同时，他们又以探听中原虚实，以求得更多"岁赐"为借口，始终与宋王朝保持着臣属关系，贡使往来不绝，甚至大肆叫嚣这样做是为了让宋王朝害怕西夏！

后来，梁氏兄妹为了夺权，反目成仇，梁太后成功诛杀了哥哥梁乙逋，独揽朝政，并开始更加穷兵黩武地对宋王朝发动进攻，甚至经常是举全国之兵，母子御驾亲征。

这一年，梁太后再一次调集四十万大军攻打宋王朝的平夏城。宋军凭借平夏城城墙坚固，易守难攻，坚守城池，与西夏军展开了旷日持久的拖延战争。

梁太后眼看着平夏城迟迟攻打不下，心急如焚，恨不得踏平平夏城。所以，当属下来告诉她粮草不继的时候，她不但没有马上撤军，而是下令大军围攻平夏城。

就在这时候，天色大变，大风骤起，西夏军马车都被震断。西夏军虽然见惯了风沙天气，但却没有见过这么诡异的情况，顿时兵马大乱。宋朝守军见状，马上抓住机会，反守为攻，打了西夏军一个落花流水，梁太后和儿子李乾顺在部下的保护下狼狈而逃。

梁太后看着麾下的残兵败将，内心又羞又怒，决定向契丹求助，借来援军，重整旗鼓，报仇雪恨。

耶律洪基早就听说梁太后擅权专恣，非常不得人心，所以任凭梁太后三番五次求援，都一概不搭理。最后，梁太后恼羞成怒，干脆在写给耶律洪基的上表中发泄心中不满，耶律洪基看后当然更加恼火，暗中决定伺机除掉梁太后。

这时候，李乾顺已经十六岁了，按道理讲，他完全可以亲政了，但是他的老妈梁太后根本不打算把大权交给他，仍然独断专行，独揽大权。

耶律洪基得知以后，知道机会来了，于是派人到西夏用毒酒杀死了梁太后，并扶植李乾顺正式亲政。

李乾顺亲政以后，在契丹的支持下，决定跟宋王朝和解。但是宋哲宗被骚扰了几十年，此时好不容易扬眉吐气，恨不得直接挥兵踏平西夏，根本不同意和解。无奈之下，李乾顺只好可怜巴巴地把求助的目光再次投向了耶律洪基。

耶律洪基正为自己扶植了西夏而得意洋洋，所以二话没说就同意给西夏与宋王朝当和事佬。

于是，在耶律洪基的指导下，李乾顺先杀了梁太后的军师、帮助梁太后策划侵宋战争的嵬保没等人，然后向宋王朝上谢罪表。

宋哲宗看到契丹从中斡旋，又看到李乾顺确实很有诚意跟宋王朝重修旧好，就充分发扬大国风度，答应了与西夏议和，并恢复"岁赐"。

契丹一次次的帮助，让李乾顺尝到了甜头，所以没过多久，他就派人跑来契丹求亲，希望能够通过与契丹缔结秦晋之好，消除因为耶律洪基杀死自己老妈而造成的两国之间的隔阂，同时巩固两国的关系，增进友好。

耶律洪基当然知道李乾顺的用意，但昏庸无道的他根本不觉得契丹与西夏缔结秦晋之好有什么好处，所以想都没想地拒绝了。

然而，李乾顺并不死心，没过多久就再次派人来了。这时，耶律洪基已经驾鹤西去了，刚刚上台的耶律延禧同样拒绝了李乾顺。但李乾顺仍不死心，收拾心情以后，再次派来了求亲使者。

这一次，耶律延禧无奈了。人家诚心诚意地来求亲，想要跟自己拉拢拉拢关系，还想着跟自己永结友好，而且还是锲而不舍地派遣使者，不顾千难万险，跋涉千山万水，千里迢迢地跑来，自己要是再拒绝，似乎真的不太好！

西夏的使臣李至忠一看耶律延禧有所动摇，知道这次有希望了，于是马上趁热打铁，在耶律延禧面前大肆赞扬了一番李乾顺，把李乾顺夸得好像天上仅有、地上绝无。

耶律延禧看到李乾顺这么有诚意，而且人又这么好，就爽快地答应了求婚，册封皇室族女耶律南仙为成安公主，嫁给了李乾顺。

成安公主远嫁西夏以后，心里仍然惦记着契丹。后来，契丹灭亡以后，成安公主得到消息，悲恸欲绝，最后绝食而亡。

你不知道的契丹

契丹在建国以前，信奉的主要是原始的萨满教。萨满教相信神的存在，通过萨满或者个别人，以异常的精神状态，与超自然直接接触，来完成神与人之间的沟通。这是一种最原始的宗教形态，起源于人们对于自然力认识低下的母系氏族社会。

从耶律阿保机朝开始，佛教开始传入契丹，并逐渐发展壮大。契丹的皇帝都对佛教情有独钟，其中，耶律洪基是最笃信佛教的一个。他不仅允许佛教僧徒随便出入皇宫大内——皇宫大内向来是国家禁地，朝中大臣都不能随便出入，甚至连伺候皇帝后妃们的太监也不能随便走动——而且大肆建造佛教寺庙、塔刹，结果导致整个契丹寺庙、塔刹数不胜数，佛教僧徒达数十万之多。这些寺庙、塔刹的建筑资金都来自于国家财政和民间捐助，僧徒则完全依靠国家养着，这也在一定程度上加快了契丹帝国的衰亡。

　　随着帝国的衰败与没落，契丹帝国内部也开始蠢蠢欲动，曾经恭恭敬敬的属国、部落和大臣们也开始不安于现状，不甘心做一个昏庸皇帝手中的棋子，想要一展抱负，成就一番霸业，创建第二个"契丹帝国"，于是，契丹帝国很快四分五裂，成了一盘散沙。生长于白山黑水间的女真族就是最好的例子，它趁着契丹皇帝昏庸无道的机会，悄然崛起并迅速壮大，只用了短短几年时间，就为契丹帝国奏响了迈向破灭的回旋曲！

帝国灭亡的丧钟——萧海里反叛

耶律延禧即位以后，做的第一件事，就是大张旗鼓地为老爸和奶奶及其党羽们平凡昭雪，可惜此时的契丹帝国内部已经是乌烟瘴气，任凭他再怎么收买人心、大快人心，也无力回天。

最悲剧的是，耶律延禧一心豪气冲天，根本没有看清自己重用的到底是奸臣还是忠臣，所以这一壮举恰恰让人们更加清楚地看到了他的昏庸无能，于是，很快就有人对此表示了坚决的嘲讽——起兵造反。

契丹人的金冠玉饰锦绣衣

这个人叫做萧海里，是大国舅帐的人，能骑善射，心狠手辣，是个名副其实的亡命之徒。他整天东奔西走，慢慢地，身边就聚集了几十个跟他一样做起坏事来不要命的属下，边四处行猎，边大肆烧杀抢夺，导致整个契丹人人都恨不得将他抽筋扒皮。

耶律延禧即位以后的第二年，萧海里因为杀人太多，遭到了朝廷的追捕。

萧海里听说自己上了通缉令，不怒反喜，趁机带领属下占山为王，并大肆招揽部下。结果，在不到半个月的时间里，他就聚集了两千多人，并成功地拿下了乾、显（这两个州都在今天的辽宁省北镇境内）两州。

拿下这两州以后，萧海里顿时感觉热血沸腾，人生忽然有了目标，决定带着手下们大干特干一场。于是，他们砸开兵器库，抢夺了兵器和五百副铠甲，明确地表示要跟契丹执政者们血拼到底！

正当萧海里意气风发，准备带着属下们披荆斩棘、开山立祖、建国称帝的时候，现实的月光照进了他的梦想里，他被猛然惊醒了——他只有区区两千人，契丹却有千军万马，所以当契丹兵马浩浩汤汤地杀来，双方激战多场以后，萧海里毫无悬念地败了，只能带着部下逃往生女真境内。

这时候，生女真完颜部的首领还是完颜阿骨打的叔叔完颜盈歌。跟阿骨打一样，他也是一个雄才大略、雄心勃勃的人，而且跟契丹的关系并不怎么友好。

几年前，阿骨打在契丹怒打契丹显贵返回完颜部的时候，完颜盈歌正因为生女真纥石烈部的首领阿疏处处跟完颜部作对，而带领兵马攻打生女真纥石烈部的阿疏城。

面对完颜部的强兵强将，阿疏连连败退，无奈之下，只好求救于契丹帝国。当时耶律洪基还健在，二话不说，就派人去命令完颜盈歌罢兵，跟阿疏握手言和。

完颜盈歌知道以自己的能力，根本没有资格与契丹帝国硬碰硬，但他又咽不下去这口气，于是决定来个明修栈道暗度陈仓——表面上恭恭顺顺地答应着，暗地里继续围攻阿疏城。

阿疏看到完颜盈歌对契丹阳奉阴违，死活不肯撤兵，摆明了要将自己置于死地，实在没有办法，只好继续跑去契丹告状。

这让耶律洪基十分头疼，他既不想因此而跟完颜部发生冲突，又不能置之不理，于是只好形式化地再次派人去命令完颜盈歌罢兵。

完颜盈歌很给面子地再一次明修栈道暗度陈仓，表面上明确表示马上罢兵，等使臣一走，马上继续围攻阿疏城。

这样攻打了几年，阿疏城终于坚持不住，快要沦陷了。

这时候，阿疏还躲在契丹，不敢回来，听到阿疏城要被完颜部拿下了，顿时慌了神。阿疏城是他的大本营，要是阿疏城丢了，自己不就成了名副其实的孤家寡人、光杆司令吗？于是，阿疏马上跑去找耶律洪基，求他出面命令完颜盈歌停止攻打阿疏城。

完颜盈歌听说契丹使臣又要来了，心里虽然很不爽，但还是不敢怠慢。可是，俗话说事不过三，自己两次都违背了契丹皇帝的命令，这次总不能继续故技重施吧？想来想去，完颜盈歌终于想到一个迷惑对方的完美计策。

他先命令攻城的将士们全部换上跟阿疏城守兵一样的衣服，然后让他们冒充阿疏城的守兵前去接待契丹使臣。契丹使臣根本没有弄明白到底是怎么回事，就在冒充阿疏城人的完颜部接待人员的恐吓下，狼狈而逃。

看着契丹使臣吓得屁滚尿流，完颜部兵马士气大振，没几天就彻底拿下了阿疏城。

远在契丹的阿疏听说以后，顿时面如土色，过了好久，他才渐渐回过神来，再一次跑去求耶律洪基帮忙。

之前，耶律洪基根本没把完颜部攻打阿疏城的事情放在心上，觉得不过是两个小部落闹矛盾，自己在中间协调一下、恐吓一下，他们也就老实了，再说，就算他们相互掐架，只要翻不出自己的手掌心，那就没关系。

可现在，他一听完颜盈歌在自己三令五申的情况下，还明目张胆地攻打了阿疏城好几年，而且还成功地拿下了阿疏城，心里就郁闷了，觉得得好好教育教育完颜盈歌了。于是，他马上派了一位节度使，带着他的谕令来到完颜部，命令完颜盈歌交还全部攻城战果，并向他征调百匹战马。

完颜盈歌恭恭敬敬地接待了节度使，并表示一定奉还一切攻城所得，从此改过自新，一心向善。但是，等到节度使前脚离开，他后脚就怂恿其他生女真部落，叫嚣着要阻断鹰路，如果要重开鹰路，除非生女真节度使——也就是他完颜盈歌本人——点头不可。

所谓鹰路，就是女真人向契丹进献海东青的线路。海东青是一种猎鹰，产自东海之滨，非常擅长捕捉天鹅，是契丹人春天捕捉天鹅的主要工具。契丹皇帝都非常热衷于行猎，尤其喜欢春天到混同江钩鱼、捕捉天鹅，再加上贵族们，契丹每年都需要大量的海东青。

所以，一听到女真人要阻断鹰路，整个契丹，从皇帝到大臣，顿时就没人敢说话了。

虽然耶律洪基很不甘心，但是包括他在内的所有契丹贵族，都不想丧失捕捉天鹅的乐趣，所以，耶律洪基咬了咬牙，最终决定睁一只眼闭一只眼，不再追究这件事情。

阿疏看到事情就这样不了了之，自己又没了大本营，只好待在契丹避难了。

这正好给了完颜盈歌机会，他看到阿疏一直躲在契丹，便有事没事地打着索要叛徒阿疏的旗号，向契丹提出各种各样的无理要求。

契丹乃是堂堂的"天朝上邦"，当然不会听任一个附属国的叫嚣，轻易把跑来向自己求助的避难者交出去。但是，不管是耶律洪基，还是后来的耶律延禧，都害怕完颜部被惹毛了，真的阻断鹰路，所以，为了安抚完颜部，便毫无下限地一再答应完颜部的很多无理要求。

遗憾的是，完颜盈歌并不为此感激涕零，而是对契丹越来越不屑。

这一切，契丹人自然心知肚明。所以，一看到萧海里逃到了生女真境内，追捕的契丹军顿时没了主意，只好停止追捕，并报告给耶律延禧。

耶律延禧马上派遣使者前去完颜部，命令完颜盈歌出兵追捕萧海里和他的同党们。与此同时，萧海里也在分析形势后，果断地向完颜盈歌伸出了橄榄枝，表示愿意跟他合作，一起反叛契丹。

完颜盈歌审时度势，觉得一方面现在还不是跟契丹撕破脸皮的时候，另一方面又觉得萧海里不得人心，不足为谋，所以果断地拒绝了萧海里的请求，并把萧海里的使者抓了起来，送到了契丹。

但这并不表示完颜盈歌就乖乖听契丹的话了，接到契丹的命令以后，完颜盈歌以各种借口拖延时间，迟迟不动手，想看看耶律延禧有什么反应。

这样过了一段时间，完颜盈歌发现契丹只是不断派人来催他，并没有派兵进入生女真境内，这才放下心来，派自己的侄子完颜阿骨打前去追捕萧海里。

面对完颜阿骨打的千余精兵，萧海里的残兵败将简直不堪一击，很快就被打得落花流水，兵马、兵器和五百副铠甲统统落入了完颜部手中。

完颜盈歌派完颜阿骨打把萧海里的人头送去给耶律延禧，其余的战利品则全部留下自用。

耶律延禧看到萧海里的人头，高兴得不得了，不但没有责怪完颜盈歌私自留下战利品，反而大大地奖赏了完颜盈歌和完颜阿骨打。虽然一些契丹人猛然意识到女真人正在迅速崛起，需要及时防备，但耶律延禧根本不把女真人当回事，仍然我行我素，继续昏庸无道。

也就是这次战争，让女真人对契丹的兵力有了新的认识，开始更加认真地韬光养晦，时刻准备着推翻契丹帝国！

你不知道的契丹

萧海里反叛之前，契丹还发生过另一件造反事件——赵钟哥抢掠上京。这件事发生在耶律延禧即位后的第二年，当时赵钟哥带领部众攻入上京皇都，大肆抢掠宫女和皇帝御用物品。

幸好刚刚上任没几天的上京副留守马人望，在听到贼兵攻入皇宫抢掠的消息后，当机立断，马上带人前去讨剿，才平息了叛乱，将贼兵全部抓获。马人望也因此深得耶律延禧信赖，成为耶律延禧朝的重要大臣。

一场宴会引发的血案——"头鱼宴"带来灾难

按照契丹风俗，每年春天，皇帝外出游猎都会进行春钓，钓来第一条鱼以后，都会摆设"头鱼宴"，举行盛大的庆祝宴会。

作为契丹最爱打猎的皇帝，耶律延禧当然不会放弃这么好的庆功机会，不仅如此，他还总是想方设法增加各种节目，把"头鱼宴"办成一场别开生面的欢庆晚会。

这一年，像往年一样，耶律延禧早早地就去了混同江边（今天吉林省境内的松花江）的

契丹金针

鸭子河泺，也就是今天的吉林省大安月亮泡。

望着冰雪覆盖的混同江，耶律延禧顿时感觉心潮澎湃，便带着大臣们火急火燎地跑去钓鱼，并成功而又迅速地捕获了今年第一条鱼。耶律延禧大喜过望，带着自己钓来的鱼，兴高采烈地返回行宫。

这时候，千里之外的生女真部落的诸部酋长们都已经到来了，由于完颜部首领乌雅束生病，所以由他的弟弟完颜阿骨打代替他来觐见。

耶律延禧正龙心大悦，当然不会介意到底是不是乌雅束本人到场，便大张旗鼓地命人准备头鱼宴。

宴会的气氛十分热烈，场中音乐声声，歌姬翩翩起舞，契丹君臣和生女真诸部酋长推杯换盏，觥筹交错。尤其是耶律延禧，听着群臣的朗朗奉声，看着下面莺歌燕舞，顿时感觉天下都一片歌舞升平、国泰民安了，不由得心情大好，命令群臣跟自己畅怀大吃、大饮，来个不醉不归。

结果，大臣们还没有喝醉，耶律延禧就醉态萌生了。他想到年年都举行

头鱼宴，虽然每年都很热闹，可是这样折腾来折腾去，也不过就是钓鱼、觐见、宴会、听歌赏舞，实在很没劲，所以应该来点新鲜的！

这样一想，耶律延禧醉意就减轻了几分，顿时来了精神，大脑飞速旋转，马上突发奇想，命令诸部酋长给他跳舞唱歌祝酒。

诸部酋长顿时愣了。他们怎么说也是一个部落的老大，怎么能够像歌舞伎一样又唱又跳呢？

但是，看着心情好得不得了的耶律延禧，他们知道如果这时候拒绝，扫了耶律延禧的兴，他们唯一可能得到的后果就是吃不了兜着走。

所以，诸部酋长中，那些十分乐意奉承、讨好耶律延禧的人，马上站起来了，抛衣、甩袖、放嗓，惹得耶律延禧连连喝彩。那些不愿意曲意逢迎的人，由于害怕契丹帝国，也只能忍气吞声，狠狠心站出来表演一番。

这让一个人十分不爽——代替哥哥前来觐见的完颜部阿骨打。他看其他诸部酋长或自愿、或被迫地载歌载舞，心里怒火丛生，恨不得直接冲上去砍了耶律延禧。在他看来，耶律延禧叫酋长们给他唱歌跳舞，根本就是对他们人格的侮辱。

也正是因此，他也很同情那些酋长们——他们都很畏惧契丹帝国，觉得自己在契丹这头老虎面前，只是一只柔弱的小兔子，但其实他们根本不知道，他们眼中的老虎已经病入膏肓，甚至已经成了外强中干的纸老虎。

早在十年前，他在契丹皇都的酒宴上用刀怒击契丹贵族，并安然无恙地离开皇都回家以后，他就知道，其实勇猛可怕的契丹人早已经随着契丹帝国的衰落而灭亡了，现在的契丹人根本没有什么可怕的。

更何况，从那时开始，他就和当时的完颜部首领、自己的叔叔盈歌，以及后来的首领、自己的哥哥乌雅束，大力发展完颜部，不断修建城堡，训练兵马，迅速地统一了生女真部落。

经过多年的努力，如今的完颜部已经基本把整个生女真诸部吞并了，可以说，已经有了跟契丹相抗衡的资本。

阿骨打考虑清楚以后，打定了主意决不表演，并想通过这次事件看看契丹还有多少底牌。所以，当轮到他表演的时候，他不但坐在那里一动不动，而且两眼冒火地直视着耶律延禧，明确地表达了自己的不满和反对。

耶律延禧一开始并不以为然，随口催促了阿骨打几次。但很快，他就发现，自己怎么催，阿骨打都装作没听见，完全无动于衷，他就有点不高兴了。

诸部酋长察言观色，看到耶律延禧脸色变了，纷纷跑去劝阿骨打就算不会，也出来应付应付，否则万一惹恼了耶律延禧，掉脑袋是小，搞得家破人亡、整族被灭，那就太得不偿失了。

阿骨打心意已决，任凭诸部酋长好说歹说，就是雷打不动地坐在那里。

耶律延禧开始只是以为阿骨打不会唱歌跳舞，害羞不肯出来，这下终于看明白了，他不是不会，是根本没打算给自己面子出来表演，心里越想越不爽，结果导致头鱼宴不欢而散。

头鱼宴结束以后，耶律延禧仍然怒气未消，特别是回想起阿骨打怒视自己的样子，不由得打了个冷战，酒也醒了一大半。现在的阿骨打只是一个小小的完颜部的小官，却敢当众违背他堂堂契丹帝国皇帝的命令，还敢跟他怒视，要是以后等他当了女真部的老大，还会把契丹帝国放在眼里吗？还不直接公然叛乱，想爬到自己的头上去，把契丹帝国踩在脚下了？

忽然，耶律延禧又想起之前萧兀纳的奏折。当初萧海里叛逃进入生女真部落，萧兀纳就表示生女真部落并不是真心实意臣服于契丹，应该多加防范。后来萧兀纳担任契丹东北路统军使，又提醒他要小心生女真部。

当时，萧兀纳几次上奏，他都不以为意，都觉得一个小小的生女真部根本成不了什么气候，没有放在心上。但是，今天看到阿骨打意气风发、有恃无恐的样子，他才觉得萧兀纳说的可能是有道理的。

于是，他马上找来萧奉先，表示阿骨打这样嚣张跋扈，不把契丹放在眼里，实在让人难以忍受，倒不如趁早杀了他，以绝后患。

萧奉先身为北院枢密使，自然经常跟女真人打交道，看多了女真人空手刺虎、擒狼的事情，知道女真人个个神通广大，有万夫不当之勇，所以一直对女真人充满了畏惧，觉得女真人强悍勇猛，连虎狼这些野兽都不是他们的对手，何况从小锦衣玉食、安享盛世太平的契丹贵族子弟呢？

如今听到耶律延禧说要杀阿骨打，萧奉先愣了半天，等到反应过来以后，连连表示反对，说阿骨打就是一个粗人，根本不懂什么礼仪，而且跳舞本来也不是他应该做的，他不跳舞也不算什么大错，这样就杀了他，恐怕会让其他归顺者心生不满，最重要的是，就算他有野心，完颜部就那么一个弹丸之地，能成什么气候呢？

耶律延禧一听，觉得萧奉先说得很有道理，也就把心放回肚子里，安心地放阿骨打回去了。

然而，阿骨打却不这样想，他很清楚自己得罪了契丹皇帝，跟契丹彻底结仇了，所以一回到完颜部就开始紧锣密鼓地准备反叛契丹，大肆吞并生女真部的其他部落，同时更加明目张胆地跟契丹对着干。

当时，有两个生女真部落死活不肯归附完颜部，阿骨打就派人抓走了这两个部落首领的家人，想要威胁他们归附。这两个部落的首领却丝毫不为所动，而是跑到契丹告阿骨打的状。

投诉状很快就到了萧奉先手里，他二话没说，就当成普通投诉案件报告给了耶律延禧，并建议没必要大惊小怪，只要让阿骨打认罪道歉、改过自新就行了。耶律延禧本来就没把这件事放在心上，所以就按照萧奉先的建议办了。

契丹一而再再而三的宽容并没有换来阿骨打的感激涕零，相反，他觉得契丹根本不足为惧了，所以更加有恃无恐，对于契丹官员的传召，一概称病不理，同时更加积极地开始准备反叛契丹的大计！

你不知道的契丹

契丹皇帝的春钩，确切的说应该是"春钩"。因为这时候，混同江上冰雪还没有融化，契丹人就利用鱼长期在冰下缺氧，一旦有透气的地方，就肯定会伸出头来吐气的特点来钩鱼。

钩鱼的时候，先在冰面上选好地方，凿出一个大一点的冰窟窿。然后，以这个大冰窟窿为中心，在周围选择三个相应的地方，各凿出一个透明但不漏水的冰窟窿，以此来观察鱼的游动。当看到有鱼游过来的时候，观察的人就马上告诉钩鱼的人，钩鱼的人拿着系有长绳的鱼钩站在大冰窟窿旁边，等看到鱼把头露出水面张口吐气的时候，就猛地用力把鱼钩扔到鱼的嘴里。鱼受到惊吓，就会带着鱼钩逃跑，钩鱼的人只管握住绳子，任由鱼带着鱼钩跑，等鱼跑累了，再也没有力气挣扎的时候，就可以把鱼拽出水面了！

女真族的崛起与复仇——完颜阿骨打反叛

"头鱼宴"事件发生后的第二年，完颜部首领乌雅束在仙游之前做了一个梦。

他梦到自己拼命地追赶一只狼，可是不管他怎么追，射了多少箭，就是射不中。这时候，他的弟弟阿骨打出现了，他弯弓搭箭，只一箭就射中了那只狼。

乌雅束百思不得其解，不知道这个梦到底意味着什么，于是就找来僚属帮他解梦。僚属们纷纷表示这个梦是吉兆，表示哥哥不能得到的东西，弟弟却能得到。

乌雅束恍然大悟，自己一心想要灭亡契丹，可是如今自己行将就木、日薄西山，根本没有能力实现心中的抱负了，而从梦中的征兆来看，弟弟阿骨打能够灭亡契丹，替自己实现抱负。于是，他在弥留之际把完颜部首领之位传给了自己的弟弟阿骨打。

阿骨打上台以后，果然没令哥哥失望，开始更加积极地招兵买马，准备起兵。他一面不遗余力地在契丹与女真边境修筑城堡，积极备战；一面又打着索要阿疏的旗号，派人进入契丹，刺探契丹动静。

耶律延禧听说阿骨打正在两国边境上大张旗鼓地修筑边堡以后，一开始并没有放在心上，只是派了耶律阿息保带着自己的口谕前去给阿骨打做思想工作。

阿骨打却根本不买账，直截了当地表示："女真只是一个小国家，侍奉契丹从来都是礼仪备至，但是契丹却根本不领情，反而保护从我们这里叛逃的人阿疏，契丹用这种方式对待我们这些小国家，我们能没有怨言吗？如果契丹肯尽快交还阿疏，那我们就可以当什么都没发生，否则我们也不是吃素的，当然不能束手就擒！"

耶律阿息保被阿骨打的话镇住了，吓得面如土色，一句话也说不出来，最后仓皇逃回契丹。一回到契丹，他就把阿骨打的话原封不动地报告给了耶律延禧，并添油加醋地说再不处理女真部，就真的后患无穷了。

耶律延禧觉得耶律阿息保简直是在危言耸听，契丹一个泱泱大国，难道还对付不了一个小小的女真部吗？但是，他也知道如果继续放任阿骨打，恐怕会很麻烦。于是，他命令东北统军使萧兀纳加强边防，充实宁江州（在今天的吉林省松原市扶余县境内）的兵力，想以此吓唬吓唬阿骨打。

然而，耶律延禧的觉醒实在是太晚了。

由于契丹人多年来无限制地压榨女真部：

先是每年向女真部索要大量贡品，比如马匹、北珠、貂皮、良犬等，这些贡品有些是女真部的特产，有些则是其他地方的，需要女真人自己掏钱购买。

　　然后是所谓的"打女真"，也就是契丹在边境地区设置榷场，在交易的时候，不仅强买强卖，而且横加勒索，对女真人百般凌辱；

　　最后就是每年都派遣使者来索取海东青，当然只索鹰并不是最可恨的，可恨的是使者们要求提供特殊待遇。这些使者都佩戴银牌，被称为银牌使者，他们每到一个地方，都要求当地部落派遣姑娘陪宿。一开始的时候，他们只要求中下等人家没出嫁的姑娘陪宿，渐渐地越来越嚣张跋扈，只要是漂亮姑娘，不管有没有出嫁，也不管是谁的女儿、老婆，哪怕是女真贵族的女儿和老婆，都统统拉来陪宿。

　　这一切都让契丹人十分愤慨。最初他们还为了和平强迫自己忍耐，但一忍、再忍、再再忍，他们终于发现契丹人根本没有对此感激涕零，更没有想要改过自新，反而更加变本加厉了，于是，他们胸腔里的不满和愤怒渐渐爆满，简直到了千钧一发的地步，只等有人割断这根头发，点燃导火索。

　　所以，一听说契丹有所行动，女真部顿时沸腾了。阿骨打马上抓住机会，征兵两千五百人，在涞流河（也就是今天的拉林河）畔召开誓师大会，正式宣布起兵反叛！

　　女真人早就对契丹忍无可忍，听着阿骨打的动员讲话，不禁群情激昂，宣誓声震天动地，纷纷表示要跟契丹人血战到底，不是他死就是我亡。

　　就在这样热血沸腾的气氛中，阿骨打带着女真兵马雄赳赳、气昂昂地朝着契丹宁江州开进了！

　　这时候，耶律延禧正在庆州（今天的内蒙古赤峰市巴林右旗白塔子）打猎，听说阿骨打带了两千五百人起兵造反，正在攻打宁江州，顿时觉得可笑：区区两千五百人，就想跟契丹大军抗衡？所以，只是派了海州（今天的辽宁海城境内）刺史高仙寿带领渤海军前去支援，就兴致勃勃地继续进山打猎了。

　　宁江州的契丹人和各族百姓早就受够了契丹的压榨和剥削，一听说女真兵马就要来了，马上表示热烈欢迎，甚至有人在街市上放声高歌"契丹马上就要完蛋啦！"

但是，阿骨打还没有到达宁江州，就遇到了赶来救援的高仙寿。

两军大战几个回合，最后阿骨打假装退兵，等契丹军追累了，突然奋起反击，杀了契丹军一个措手不及，契丹将领耶律谢十被射杀。阿骨打见状，马上命令将士们可以赶尽杀绝，将士们顿时军心大振，勇气倍增，杀得契丹军丢盔弃甲，狼狈而逃，一大半被踩踏而死。

阿骨打顺势攻下宁江城，抓了契丹防御使大药师奴，并暗中放他回去招谕契丹人。与此同时，阿骨打又派渤海人梁福、斡答剌回渤海招谕渤海人，派完颜娄室去招谕契丹境内的女真人。这一招战抚结合的策略果然奏效，女真力量迅速壮大起来。

宁江州失守的消息传到皇帝行宫的时候，耶律延禧正打猎打到兴头上，准备移驾显州（今天的辽宁省北镇）继续打猎。

听到消息以后，他仿佛亲眼看到几十万女真人正采用当年他的老祖宗们的策略，踏平契丹，建立起女真帝国，这才知道大事不好了，马上召开紧急会议，商量怎么对付女真人。

在萧奉先的建议下，耶律延禧任命萧奉先的弟弟萧嗣先为东北路都统，萧兀纳为副都统，征调契丹、奚三千兵马，外加两千中京禁兵和地方豪族士兵以及两千各路武勇将士，前去迎击女真人。

但是，由于契丹已经有百余年没有真真正正打过仗了，契丹兵都过惯了养尊处优的生活，战斗力约等于零，战阵几乎等于没有，再加上天时地利人和都纷纷站在阿骨打一边，结果女真人以区区万人的兵力杀了契丹十万兵马一个昏天暗地。

在这场反叛战争中，阿骨打除了大获全胜，还获得了一位叫做杨朴的谋士，并在杨朴的建议下，建元称帝，国号大金，年号收国，定都上京（在今天黑龙江省阿城市境内）。

你不知道的契丹

当年，耶律乙辛想趁着耶律洪基外出行猎的机会，把年幼的皇孙耶律延禧杀掉，结果却被大臣萧兀纳看破了，最终使得耶律延禧逃过一劫。也正因此，萧兀纳得到了耶律洪基的信赖，开始平步青云，成了南院枢密使、北府宰相，还被封为兰陵郡王，并成了耶律延禧的老师。

但是，耶律延禧并不是一个好皇帝苗子，从小就做出各种不符合"准皇帝"身份的事情来。作为老师，萧兀纳当然尽心尽力地进行劝谏，却惹怒了耶律延禧，只是由于爷爷耶律洪基还健在，他不敢发作，心里一天比一天讨厌萧兀纳。所以，等耶律洪基一死，耶律延禧一当上皇帝，就马上把萧兀纳打发去了兴军做节度使。

误信谗言杀妻害子——误杀萧瑟瑟

就在完颜阿骨打势如破竹地攻城略地，契丹节节败退的时候，耶律延禧仍然没有清醒，而是继续宠幸误国害国的萧奉先，甚至在萧奉先的一手导演下，成功地重演了他爷爷杀妻害子的大戏。

这场戏的女主角叫萧瑟瑟，是耶律延禧的妃子，更是一位跟萧观音一样擅长诗词歌赋的美女诗人。

她出身于大国舅帐，有一次，耶律延禧去大臣家里串门，碰上了萧瑟瑟，顿时惊为天人，马上把萧瑟瑟带回宫中，藏在内室。直到后来耶律延禧正式选妃，才把她封为文妃。

萧瑟瑟不仅才貌双全，更是一个关心政治的爱国者。她看到阿骨打起兵造反，不断攻城略地，而丈夫耶律延禧却仍然兴致勃勃地在猎场打猎，内心忧虑不已，于是就写了一首《讽谏歌》："勿嗟塞上兮暗红尘，勿伤多难兮畏夷人。不如塞奸邪之路兮选取贤臣，直须卧薪尝胆兮激壮士之捐身，可以朝清漠北兮夕枕燕云。"

她希望可以通过这首词劝谏耶律延禧阻塞奸邪之路，启用贤能之人，卧薪尝胆，激励天下壮士为国捐躯，重振契丹雄威。

然而，耶律延禧根本听不进这些劝谏，读完萧瑟瑟的诗稿随手一扔，仍旧我行我素，每天按时出门打猎。

这让萧瑟瑟心急如焚，尤其是看到萧奉先等兄弟把持朝政，搞得整个朝廷乌烟瘴气，于是她又借秦朝赵高弄权，最终导致秦朝灭亡的典故，写了一首《咏史诗》："丞相来朝兮剑佩鸣，千官侧目兮寂无声。养成外患兮嗟何及！祸尽忠臣兮罚不明。亲戚并居兮藩屏位，私门潜畜兮爪牙兵。可怜往代兮秦天子，犹向宫中兮望太平。"

这一次，萧瑟瑟一针见血地把萧奉先比作赵高，说契丹帝国将会亡在他的手里。

但耶律延禧却不这样认为，他看到萧瑟瑟的诗后，不但没有自我反省，反而觉得萧瑟瑟是在拐着弯儿地讽刺自己昏庸无道，马上拂袖而去，心里越来越反感萧瑟瑟。

与此同时，萧瑟瑟的这首《咏史诗》也触怒了一个人，那就是萧奉先。

当然，这并不是最让萧奉先不爽的，最让他不爽的是萧瑟瑟有个好儿子。

耶律延禧的皇后萧夺里懒生的两个儿子都夭折了，而且她不能再生育，所以耶律延禧没有嫡子，这也就给了其他妃子所生的六个儿子继承皇位的资格和机会。

其中，大儿子燕王耶律挞里早已经病逝，另一个儿子耶律习泥烈由于是下人所生，没有资格继承皇位，所以可能成为皇帝接班人的就只剩下四个了——文妃萧瑟瑟的儿子晋王耶律敖卢斡，萧奉先的妹妹、元妃萧贵哥的三个儿子梁王耶律雅里、秦王耶律定和许王耶律宁。

其中，耶律敖卢斡性格仁厚，对人友善，对自己要求严格，很有长者之风，在大臣和百姓中间的呼声最高。而且，他又是四个兄弟中的老大，可以说是最有希望继承皇位的人选。

这当然不是萧奉先所喜闻乐见的，他最希望看到的是自己的外甥继承皇位，好让自己继续把持朝政。所以，他一直在绞尽脑汁地想办法除掉耶律敖卢斡，让自己最出色的外甥秦王耶律定当皇帝。

特别是当他看到萧瑟瑟的《咏史诗》后，顿时火冒三丈，再也坐不住了。他觉得萧瑟瑟一脉的势力正在向自己伸出手来，所以，他决定先下手为强，开始暗地里寻找机会下手。

这天，萧瑟瑟三姐妹在军中会面，萧奉先从眼线那里得到消息以后，顿时心花怒放，觉得机会来了。接着，他马上派人去找耶律延禧，诬告萧瑟瑟和妹夫耶律余睹、驸马萧昱等人想要逼迫耶律延禧退位让贤，让晋王耶律敖卢斡当皇帝。

耶律延禧顿时龙颜大怒，马上下令杀了驸马萧昱和萧瑟瑟姐妹。由于晋王耶律敖卢斡没有参与其中，得以幸免于难。

但是，萧奉先的目的就是除掉耶律敖卢斡，怎么可能放任他继续活下去呢？没过多久，就又以谋反罪名诬陷耶律敖卢斡。

这时候，耶律延禧已经彻底昏了头了，连调查都没进行，就直接下令将亲生儿子耶律敖卢斡凌迟处死。

你不知道的契丹

在契丹，只有像韩德让那样地位极其特殊并且已经在很大程度上契丹化了的汉人，才可能拥有自己的头下州县，其他大多数汉族官员都没有自己的头下州，他们往往被安排定居在隶属官卫的州县里。

当时，对于定居在契丹境内的汉族，契丹都要对他们实行"土断"。所谓"土断"，就是划定州、郡、县的领地，居民按照现在居住地编定户籍。经过"土断"后的汉族显贵们，世世代代都要生活在契丹，死了也要埋在契丹，是名副其实的"生是契丹人，死是契丹鬼"。当然，只要表现好了，契丹皇室一高兴，就会把一定数量的土地赏给这些汉族显贵们，让他们成为头下户、收取地租的封建地主。这样一来，这些地区就直接转入了封建经济时期。

强势逼迫下的叛乱——耶律余睹之叛

耶律延禧杀萧瑟瑟和驸马萧昱等人的时候，还有一个人原本也牵扯其中，但因为当时他正在军中，没能亲临现场，所以侥幸躲过了一劫。这个人就是萧瑟瑟的妹夫耶律余睹。

耶律余睹也是皇室宗族的人，为人慷慨大方，讲究义气，而且颇有才能。

青铜契丹刀

在萧瑟瑟被杀前三年的春天，耶律延禧到鸳鸯泺打猎。正当他打猎打得兴致勃勃时，得到消息说张撒八带众造反，劫掠中京，并建号称帝，当起了皇帝。于是，耶律延禧就派当时的南面军帅耶律余睹前去征剿张撒八，并成功地把他抓了回来。之后，他平步青云，一直坐到副都统之职。

这时候，按照契丹惯例，耶律余睹应该拿着工资，吃着皇粮，一边悠闲地漫看云卷云舒，一边考虑着明天应该去哪里享受生活。

但很遗憾，他不是普通的官员，而是文妃萧瑟瑟的妹夫，也是秦王耶律敖卢斡的姨丈。这就注定了他不能安安稳稳地混一辈子了。

因为他的外甥耶律敖卢斡实在太优秀了，以至于契丹上上下下都对他寄予厚望，期盼着昏庸无道的耶律延禧赶紧驾鹤西去，让他接任大宝。

这自然而然就引起了萧奉先的羡慕嫉妒恨，结果萧奉先"恨屋及乌"，把所有跟耶律敖卢斡有关系的人都拉入了黑名单，当然也包括耶律余睹。

当萧瑟瑟事件爆发的时候，耶律余睹正在军中，有人连夜跑来给他报信，让他赶紧逃命。

耶律余睹一听，顿时愣住了，就算他不是一片丹心为国，却也兢兢业业、恪尽职守，如今却被一个奸臣诬陷谋反，该怎么办呢？

镇定下来以后，耶律余睹意识到，面对一个昏君和一个独揽朝政的奸臣，自己恐怕是有一千张嘴也没法证明清白了。

为了活命，他马上带领部下一千多名亲兵逃往金国。

当时正赶上大雨滂沱，道路泥泞难行，耶律延禧根本不管这么多，派北府宰相萧德恭、四军太师萧干等人带兵前去追捕耶律余睹。

几个人一路追到闾山县（今天的辽宁北镇境内），忽然坐下来商议："皇帝老儿宠信萧奉先，导致萧奉先整天目中无人，不把我们放在眼里。耶律余睹是皇室雄才，平时不肯向萧奉先低头，才导致萧奉先对他不满，最终招来祸患。如果现在我们把他抓回去，只怕以后我们也会跟他一样的下场，所以我们不如放他走。"

于是，他们放走了耶律余睹，回去后谎报说没有追上耶律余睹。

萧奉先看到耶律余睹逃到了金国，害怕如果这时候追究萧德恭几个人的罪责，会引发更多叛乱，就建议耶律延禧给萧德恭几个人加官晋爵，大肆封赏。

耶律余睹一进入金国，金国的探子就马上报告给了完颜阿骨打。完颜阿骨打顿时心花怒放，觉得这是灭亡契丹的一个大好时机，开始紧锣密鼓地整顿兵马，准备一举踏平契丹，统一草原。

就在这时，耶律余睹派人带着他的亲笔信来到了上京。

他在信中表示，耶律延禧昏庸无道，意志消沉，整天沉迷于打猎，完全不考虑朝政，而且宠信奸佞小人，疏远忠臣良将，乱施刑罚，肆意增加赋税，导致民不聊生，可以说完全是个扶不起的阿斗，而萧奉先本身并没有什么才能，完全凭借阿谀奉承、溜须拍马才混得风生水起。

他在信中又说，自己也曾经向耶律延禧献计献策，可是都被萧奉先扣下了，对此，耶律延禧根本一点察觉都没有，可见他已经昏庸到了什么地步。他认识到这一点以后，才知道契丹气数已尽，而大金国正蒸蒸日上，开疆拓土，可谓是天意如此。

所以，他之前就跟朋友约定今年夏天一起来投奔大金国，没想到被萧奉先发觉了。如今，萧奉先要追查这件事，自己只好提前行动，由于时间太紧，只带了附近三千户部族、五百辆车和数万头牲畜逃亡，最终被契丹兵马追捕进入大金国。

然后，耶律余睹的使者又情真意切地表达了耶律余睹对大金国的无限崇拜之情，希望完颜阿骨打能够收留他。

完颜阿骨打听得心花怒放，二话不说，就恩准了耶律余睹的请求。

没过多久，耶律余睹就带着部下来到了大金上京。完颜阿骨打按照接待宰相的规格，亲自设宴款待了耶律余睹，让他继续担任他所带来的部族的首领，并表示只要他能够在灭亡契丹的大业中建立战功，肯定还会给他更多封赏。

耶律余睹一听，大喜过望，马上把自己所掌握的契丹军情全部告诉了完颜阿骨打。

完颜阿骨打知彼知己，顿时觉得信心倍增，马上传令下去，任命耶律余睹为先锋，弟弟完颜杲为都统，雄赳赳、气昂昂地跨过辽河，直扑契丹中京。

在耶律余睹的带领下，金兵一路攻城略地，势如破竹，很快就攻占了中京，拿下了泽州。

这下耶律延禧傻眼了，他一看金兵气势恢宏，来者不善，也顾不得什么皇帝形象了，连忙跑到了南京、西京等比较安全的地方，继续他人生最大的爱好——打猎。

当金兵攻陷中京的消息传来，正在南京打猎的耶律延禧顿时被吓得魂飞魄散，留下耶律淳镇守南京，就匆匆忙忙地往西逃去。他一路逃出居庸关，在鸳鸯泺停下来，结果一听是耶律余睹带着金兵来追杀自己，真是又急又气。

这时的萧奉先同样心急如焚，他并不担心大金国如何崛起，他唯一担心的是耶律余睹带着金兵杀回来是为了报复自己，并想借助大金国的力量立晋王耶律敖卢斡为皇帝。

这样一想，他就坐不住了。于是，他马上找到耶律延禧，说："耶律余睹是皇族后裔，怎么会忍心看着契丹灭亡呢？他这次带着金兵杀回来，肯定是为了立他的外甥晋王为皇帝。如果陛下为了江山社稷考虑，就不要怜惜一个儿子了，不如公布他的罪行，把他杀掉。这样一来，耶律余睹肯定不战而退。"

耶律延禧一听，觉得十分有理，于是就下令赐死晋王耶律敖卢斡。

但遗憾的是，耶律余睹并没有就此退兵，而是继续攻城略地，帮助金兵攻打契丹。

你不知道的契丹

在契丹，头下军州所属的人户，既要依附于领主，又从属于国家，在缴纳赋税的时候，也得既缴给领主，也上缴国家，所以被称为二税户。契丹法律规定，所有九品以下官员和井邑商贾人家，所缴的税都归头下，只有酒税上缴上京盐铁司。

由于契丹皇帝、贵族都十分推崇佛教，所以经常把户民或所属人户作为施舍赐给寺院。这些民户所缴纳的赋税，一半归寺庙所有，一半归朝廷所有。所以，他们也被称为二税户，或者被称为寺院二税户。

等到契丹灭亡以后，头下的二税户也随之消失了，但是寺院二税户却仍然存在。在大金国灭亡契丹的战乱时期，很多寺院都隐匿实情，把这些民户当作低贱的奴婢户役使，结果导致各地官司此起彼伏。最后，在金国皇帝的命令下，二税户才逐渐被放免为民。

孤注一掷的自救——北辽王朝

看着契丹在大金国的铁骑下苟延残喘，一天比一天日薄西山，耶律延禧不但不身先士卒，带领将士们反抗，反而越逃越远，干脆逃到了夹山里去，镇守南京的一些大臣坐不住了，他们实在无法容忍契丹帝国的百年基业毁在耶律延禧手里，更不想让自己成为亡国奴，于是，便商量想要立耶律淳为皇帝。

耶律淳是兴宗耶律宗真的亲孙子，当年耶律乙辛杀害了皇太子耶律浚，就想立他当太子，无奈耶律洪基根本不搭理他，甚至因此迁怒耶律淳，把他打发去了外地做节度使。后来，耶律延禧即位，他才渐渐有了大展拳脚的机会。

在耶律延禧眼观六路，耳听八方，意识到上京十分危险，匆匆忙忙逃跑的时候，耶律淳因为各种原因，被迫留了下来，没能跟着耶律延禧逃跑。

这本来是一件十分悲剧的事情，却成了耶律淳的机会，更多的人发现他是个人才。

就在耶律延禧逃跑后没多久，出身于季父房的耶律章奴带着兵马返回上京，抵御金兵。

耶律章奴是个狂热的爱国分子，他早就对昏庸无能、除了擅长逃跑什么都不擅长的耶律延禧十分不满了，这次看到契丹的国土大片大片地被金国吞没，而耶律延禧仍然跑得比谁都快，他再也按捺不住内心的不满了，决定改立新帝。结果找来找去，他就相中了耶律淳。

于是，耶律章奴跟耶律淳的儿子耶律阿撒、大舅子萧敌里、外甥萧延留暗中商量，要废除耶律延禧，拥立耶律淳为皇帝，并派萧敌里和萧延留去通知耶律淳。

耶律淳早就被耶律乙辛事件搞得心理阴影了，一听说耶律章奴等人要立自己当皇帝，顿时吓得魂飞魄散。这可不是一件小事啊，就算耶律延禧不在了，也该是由他的儿子们继承皇位，风水怎么转，也转不到他耶律淳的头上来吧。

于是，他二话不说，就偷偷地派人把萧敌里和萧延留抓了起来，并亲自把他俩送上了西天，亲自提着他们的人头跑去找耶律延禧请罪，以示自己对耶律延禧的赤胆忠心，结果导致耶律章奴受了刺激，越来越疯狂，最后因为到处打砸抢烧而被杀，改立耶律淳为皇帝的事情也就不了了之了。

这件事之后，耶律淳为了反金，自己招募了一支军队，起名"怨军"，开始更加积极地实施反金行动。

然而，由于他所招募的人都是一些闲散的勇士和逃亡的无业游民，导致整个军队没有丝毫组织观念和纪律观念，虽然平时一个个都十分凶猛，但真到了战场却屡战屡败。不过，这并没有影响耶律淳，他仍然屡败屡战，想尽办法与金军周旋。

这让南京的大臣们再次看到了希望。

于是，当耶律延禧从南京仓皇逃往西京，进而狼狈地逃进深山老林的时候，留守南京的大臣李处温、耶律大石、张琳、萧干等人经过商量，一致决定立耶律淳为皇帝。

耶律淳仍然坚决不肯同意，任凭几个人磨破了嘴皮，也是稳如泰山，丝毫不为所动。众大臣们眼看语言攻势根本毫无威力了，干脆来个赶鸭子上架，直接把黄袍披在了耶律淳身上，同时跪倒在地，高呼万岁。

耶律淳顿时傻了，不知如何是好。

李处温等人一看，耶律淳已经犹豫了，于是趁热打铁，用"唐肃宗李亨在安史之乱后，逃亡的途中，被众人拥戴为皇帝，然后带领将士浴血奋战，最终平定叛乱"的故事来说服耶律淳，希望他能够为了大局考虑，带领契丹兵马击退金军，重震帝国雄风。

耶律淳被众人的一番鼓励说得热血沸腾，内心汹涌澎湃，马上答应了大臣们的请求，改元"建福"，称天锡皇帝，下诏降耶律延禧为湘阴王，并组建了独立政权，统治着南京、西京、平州（也就是今天的河北卢龙）以及皇都、辽西等地方，这就是我们所说的北辽王朝。

这时候，金兵已经拿下了朔州、应州等地，耶律淳知道自己不是金兵的对手，慌忙派遣使者前往宋王朝，表示愿意免除岁币，跟宋王朝缔结友好。但是，宋王朝和金国刚刚缔结"海上之盟"，完全不搭理他的请求。

无奈之下，耶律淳只好派遣使者前往金国，表示愿意做金国的附庸国，只求金国跟契丹和解。遗憾的是，还不等阿骨打回复他，他就因病驾鹤西去了。

耶律淳在弥留之际，留下遗嘱，要求立耶律延禧的儿子秦王耶律定做接班人，由李处温等大臣辅佐，萧德妃为太后，主持军国大事。

宋王朝听说契丹又经历了一次政权更迭，马上抓住时机，大举来犯，一口气打到了燕京，最终在契丹守军的奋勇抵抗下退兵。

当时，带领宋军北伐的大臣是童贯，他浴血奋战了一场，结果基本等于无功而返，心里十分郁闷，时刻想着再次卷土重来，夺取燕云地区。

这天，他灵光一闪，想到了一个人。

这个人叫赵良嗣，也就是建议宋徽宗跟金国结盟的马植，因为向宋徽宗赵佶屡献良策，被赐名赵良嗣。他跟契丹大臣李处温的儿子李奭是好朋友。于是，童贯就让赵良嗣给李奭写了一封信，动之以情，晓之以理，总之就是劝他开城投降。

李处温本来就看到耶律淳称帝，战局也没什么转变，现在耶律淳死了，契丹更是危在旦夕，正在殚精竭虑地考虑着自己该怎么办，看到赵良嗣的信，豁然开朗，马上命令儿子写了一封回信，表示他会挟持萧德妃献地投降。

后路找好了，李处温顿时放下心来，仿佛看到了美好的明天正向他遥遥招手，做梦都能乐醒了。但很快，现实就向他证明了"乐极生悲"的道理——他的计划还没来得及实施，就被从弟李处能告诉了萧德妃。

萧德妃勃然大怒，立即派人逮捕了李处温父子，并痛痛快快地了结了他们。

没过多久，金兵再次攻打北辽，萧德妃知道自己不是金国的对手，就三番五次派人来见完颜阿骨打，请求立耶律定为皇帝，并心甘情愿地做金国的附庸国。

完颜阿骨打正打得精神振奋，根本没空搭理萧德妃的请求，直接挥兵而下，以迅雷不及掩耳之势攻占了南京，萧德妃带着文武百官狼狈而逃。

萧德妃等人马不停蹄地逃了半天，忽然意识到一个严重问题——下一步该怎么办？去哪里呢？放眼整个契丹，竟然忽然没了他们的容身之所。

这时，耶律大石站出来了，他建议萧德妃投奔耶律延禧。他觉得，虽然他们私自废了耶律延禧，但是现在的皇帝耶律定是他的儿子，他应该不会太过为难他们。

但他们千算万算，都没有算到，耶律延禧根本不买儿子的账，直接命人把萧德妃绑起来杀死，并追废耶律淳为庶人。

就这样，短暂的北辽王朝昙花一现般诞生又灭亡了！

你不知道的契丹

契丹占领燕云地区以后，这一带的陶瓷工业开始兴起。这一地区的陶瓷工业在一定程度上借鉴了定窑的陶瓷技术，同时又融合了契丹境内各地陶瓷的烧制经验，形成了独特的风格。

如今，在北京地区辽墓和塔基出土的瓷器中，有很大一部分都是契丹帝国燕云地区的本地瓷窑烧制的。1988年，在密云治仙塔出土的三十多件陶制彩绘塔形经筒中，有一件绿釉璎珞纹净瓶，釉质和造型都非常好，其他白瓷圆碟、方碟也都轻薄莹润，这些都是契丹瓷器中的精品，代表了契丹南京制瓷业的工艺水平。

两败涂地的趁火打劫——宋金海上之盟

契丹与金国打得轰轰烈烈、热火朝天的时候，南面的宋王朝也没有完全置身事外，自娱自乐，而是时刻高调地保持着隔岸观火的姿态，准备等契丹与金国两败俱伤以后，坐收渔翁之利。

不过，很快就有一个人改变了宋徽宗赵佶的想法。

当时赵佶派太监童贯等使节带着礼物去给耶律延禧祝寿，童贯在回来的路上，路过卢沟桥在驿馆里休息的时候，一个人披星戴月地赶来拜访他。这个人就是马植。

马植原本是契丹的一个小官，可是混来混去，始终混不出名堂，就想趁机向童贯毛遂自荐。见到童贯以后，他先分析了一下当今局势，然后表示这时候最好的策略不是坐山观虎斗，而是跟金国建立同盟关系，然后东西夹攻，灭掉契丹，收回幽云十六州。

童贯一听，顿时惊呆了，觉得马植这个建议简直是孔明之计啊。于是，他就带着马植回去见了宋徽宗赵佶。

赵佶觉得马植的建议非常好，决定马上着手实施，便打着购买马匹的旗号，陆续派遣使节从山东半岛出发，渡海进入金国，跟完颜阿骨打联系。

这时候，金国的大军已经兵临契丹上京城下，并将上京城里三层外三层地围了个水泄不通——耶律延禧还在外面兴致勃勃地打猎，根本没打算回来救援。上京守城的将士浴血奋战，据守不降。

完颜阿骨打完全不以为意，对马植说："你先看完这场战争，然后我们再谈条件！"接着就下令攻城。

没用半天时间，契丹帝国的皇都上京就彻底被攻陷了。

马植震撼了，金兵的战斗力基本等于神兵神将级别了，完全不需要宋王朝的帮助就能灭掉契丹帝国。所以，当完颜阿骨打提出结盟的三项内容时，他想都没想就答应了。

这就是宋金之间著名的"海上之盟"：

金国负责攻取契丹的中京后南下，穿过松漠，直到长城古北口（今天的北京密云东北）。宋王朝负责攻取契丹的南京，然后北上，也到长城古北口。两国以古北口关隘为界限，互不超越。

完颜阿骨打同意宋王朝收回幽云十六州。

宋王朝要把进贡给辽的货物和银币，进贡给金国。

虽然以后宋王朝还得继续臣服于别人脚下，但赵佶仍然很高兴，毕竟这时候金国已经攻下了契丹帝国统治的大部分地区，宋王朝只需要攻下南京一带，就能够换回幽云十六州，怎么看他都是捡了个大便宜。

盟约签订以后，赵佶神清气爽，马上命令童贯为统帅，调集兵马，准备北伐。就在这时，南方爆发了民变，赵佶只好命令童贯先去平定叛乱。这一去就是两年。

两年以后，刚刚平定完叛乱的童贯，意气风发，觉得自己兵强马壮，气数已尽的契丹根本没法跟他对抗。所以，他带领兵马一路赏景喝茶，慢悠悠地北上，在契丹与宋王朝的边境摆开了阵势。

这时候，金兵已经拿下了契丹帝国的中京，耶律延禧被迫逃进了夹山，耶律淳刚刚当上皇帝没几天。

耶律淳听说童贯带着兵马陈兵境上，就派人去劝他不要抛弃两国百年的友谊，结交金国这样的豺狼，否则只会种下无穷无尽的祸根。

童贯在自己国内刚打了个胜仗，正春风得意，当然没工夫理会耶律淳的"谆谆教诲"，再说契丹现在已经是穷途末路，从哪方面分析，他童贯也不会放着这么好的便宜不捡。所以，他毫不犹豫地撕毁了耶律淳的请和书，表示要用拳头说话。

就在这段时间里，耶律淳悲剧地含恨而终，他的老婆萧德妃执政。萧德妃跟"怨军"的统领郭药师关系一直不好，听说萧德妃主持军国大事，郭药师气得怒发冲冠，咬了咬牙，带着手下投靠了宋王朝，同时还送上了涿州、易州两州土地。

出师未战，就先获得了战果，宋徽宗赵佶不由得龙颜大悦，马上催促童贯挥军北上。

萧德妃已经被来势汹汹的金兵打得焦头烂额，恨不得直接找个地缝钻进去，发现宋军的动作以后，不想搞得腹背受敌，就马上派遣使者韩昉觐见童贯，表示契丹愿意世世代代归附宋王朝，请求宋军撤军。

童贯正想着来个"二连冠"，当然不肯善罢甘休，直接撕毁降书，挥军而上，准备一举拿下南京。

但人算不如天算，正当童贯和宋徽宗赵佶隔着千里之地，遥遥举杯相庆，为自己收复失地，建立伟大功勋洋洋得意的时候，令他们没有想到的事情发生了——面对浩浩汤汤的宋朝大军，向来只会被金兵追着打的契丹兵，忽然间如神附体，毅然决然地奋起反抗，将宋军杀得死伤无数，溃败而逃。

这一切，完颜阿骨打都看在了眼里。他不禁暗暗惊讶，实在没想到宋军竟然如此不堪一击，所以，他马上改变了作战计划，在穿过平地松林以后，放弃了古北口，直接从居庸关南下，以迅雷不及掩耳之势拿下了燕京。

赵佶一看完颜阿骨打毁约南下，心里很不痛快，就派马植前去质问阿骨打，同时索要幽云十六州。大臣蔡京、王甫更是异想天开，命令马植除了索要幽云十六州，还要要回当年刘仁恭送给契丹的平州（今天的河北卢龙）、滦州（今天的河北滦县）、营州（今天的河北昌黎）三州。

完颜阿骨打听了马植的话，怒极反笑，明确表示宋朝根本没有履行约定，所以"海上之盟"早已经作废，现在还想来捡现成的便宜，当然不可能。不过，完颜阿骨打却同意把太行山以东的七州交给宋王朝，但是，因为燕京是金兵攻陷的，所以燕京的赋税都应该交给金国。

赵佶当然也很清楚自己理亏，本来并没有对要回土地抱有希望，如今一听，金国能够奉还七州，不管什么附加条件了，马上全部无条件同意。

赵佶不会想到，完颜阿骨打这时候之所以会让步，完全是因为他知道宋王朝根本就是只纸老虎，他随便伸伸手就能捏死，所以他现在的友好只是在酝酿着更大的阴谋，那就是几年后的挥师南下，发动"靖康之变"。

而完颜阿骨打看起来是这次盟约的最大收益人，他却不知道自己这时候的能力根本不足以消化庞大的契丹帝国和宋王朝的广阔疆域，以至于没得意几天，金国就被蒙古铁骑踩在了脚下！

可以说，宋王朝发起的这次趁火打劫的"海上之盟"，归根结底，没有一个人是赢家！

你不知道的契丹

契丹的南京又称为燕京，府被称为"幽都"，统领着顺州、澶州、涿州、易州、蓟州、景州六州和析津、宛平等十一个县。南京城是在唐朝幽州旧城的基础上修建而成的，所以，城内仍然按照唐朝坊市分开的制度，居民区称为坊，闹市称为市。

南京一带是整个契丹帝国经济最发达的地方，也是契丹帝国财政的最主要来源地，只南京城内的人口就达到了三十万，既有汉人，又有契丹人。从契丹人取得幽州，把幽州旧城改名为南京以后，这个名字一直沿用了两百多年，直到金国灭亡契丹，并把国都迁到这里，在残破的旧城上建造新的城市，才改名为中都。

九死一生也逃不过命中注定——大辽灭亡

在经历两百多年风雨洗礼以后，如今的契丹帝国已经摇摇欲坠，仿佛只要动动手指，就能轻而易举地把它击垮。但令人惊喜的是，到了穷途末路的时候，契丹皇帝耶律延禧却忽然如神附体，变得福大命大了，竟然三番五次化险为夷，死里逃生。

第一次死里逃生

早在耶律延禧听说耶律淳撒手人寰，他老婆萧德妃权摄北辽国政的时候，耶律延禧就一面怒火中烧，一面很清醒地派人到西夏及其周边地区召集人马，前来救援。

虽然召集来召集去，效果都不怎么样，但毕竟还有一些部落和被打散的契丹兵应召而来。

这让被逼进深山的耶律延禧稍稍感到了些许安慰，于是他把召集来的人马聚集在抚州（今天的河北张北县境内）石辇驿，准备在这里修筑工事，防御金兵再次攻打夹山。

没想到，正当耶律延禧亲自带着人马风风火火地修筑工事的时候，金兵气势熏天地杀来了。

耶律延禧顿时吓得魂飞魄散，拔腿就想跑，定睛一看，却发现这队耶律余睹和完颜阿骨打的二儿子完颜宗望所带领的金兵只有一千多人，而他的手下现在却有两万五千多兵马，实力悬殊，可见一斑。

耶律延禧马上转忧为喜，特别是当他看到自己的军队正把金兵里三层外三层地包围了起来，任他们插翅也难飞的时候，他马上喜笑颜开了，觉得这次金兵死定了。于是，他找了个适合观战的地方，打开遮阳伞，大大方方地坐了下来，准备看一场围剿金兵的好戏。

耶律延禧的行动都被耶律余睹看在了眼里，耶律余睹顿时两眼放光，看到了胜利的希望，马上把这一切告诉了完颜宗望。完颜宗望抬头看了看耶律延禧，心中大喜，马上带领一队人马朝着耶律延禧杀来。

大辽遗迹南塔

耶律延禧正兴高采烈地观战，忽然看到一队人马朝自己杀来，吓得魂飞魄散，拔腿就跑。正浑身干劲地准备杀金兵一个片甲不留的契丹兵马，一看皇帝都逃跑了，顿时没了战斗的心思，也跟着四下溃逃而去。

这一次，幸好耶律延禧跑得快，还边跑边把随军辎重丢弃在路边，才延迟了金兵的追击，让他死里逃生。

第二次死里逃生

耶律延禧逃进夹山以后，萧德妃和耶律大石等人就投奔而来了。耶律延禧的怒气还没消，下令绑了萧德妃，却设宴款待掌握兵权的耶律大石。他觉得，耶律大石和他所带领的七千多人马在身边，就等于增加了一份保险，心里也踏实了很多。

但还没等耶律延禧心里安稳几天，完颜宗望就再次带兵来攻打夹山了。

耶律延禧得知以后，惊慌失措，马上命令耶律大石带兵前往居庸关阻击。但耶律大石根本不是金兵的对手，很快就败得一塌糊涂，他本人也被金兵俘虏。

金兵强迫耶律大石做向导，迅速地向西杀进，以迅雷不及掩耳之势攻掠了耶律延禧在青冢（今天的内蒙古呼和浩特市的昭君墓）的辎重要地，并俘虏了耶律延禧的老婆、孩子。

当时，耶律延禧并不在青冢，听说自己的老婆孩子都被抓了，气得暴跳如雷，马上带领五千人马气势汹汹地杀来，结果被金兵打了个落花流水。

耶律延禧这才冷静下来，慌忙地逃命。逃出一段距离以后，他发现金兵竟然紧追不舍，于是急中生智，派人把自己的印玺送去金营，假装投降，并趁机逃回了夹山。

第三次死里逃生

金兵看打了两三次，都没能抓到耶律延禧，便决定改变一下策略，双管齐下——一边继续攻打，一边派人前去招降。

这时候，耶律延禧身边的兵马已经所剩无几了，看到金兵派人来招降，他十分犹豫：一方面他实在不甘心就这么当了亡国奴，另一方面他也知道这样下去自己迟早都是死。所以，他就一边应付着金兵，跟他们谈条件，一边考虑到底该怎么做。

就在这时，一直密切注视着契丹局势的西夏国王李乾顺，意识到如果自己再对契丹坐视不管，恐怕契丹灭亡以后，下一个就该轮到他了。于是，经过再三考虑，他派人给耶律延禧送来了橄榄枝，邀请他到西夏避难。

耶律延禧正为该何去何从而忧心不已，见李乾顺邀请自己去避难，不由得大喜，马上就答应了。

但这却遭到了身边将领们的一致反对，最终，统军将领耶律敌烈见耶律延禧冥顽不灵，就带着青冢之战中逃出来的耶律延禧的儿子耶律雅里向西北奔逃而去。

耶律延禧根本不搭理他们，带着部下渡过黄河，准备前往西夏避难。

然而，就在他们到达金肃军（今天的内蒙古准噶尔旗西北）北面，梦想着马上就能重新吃香的、喝辣的，过着神仙般生活的时候，一个意外的消息传来了——西夏已经归附了大金国。

原来李乾顺向耶律延禧递出橄榄枝以后，金国马上就得到了消息，于是就派人去找李乾顺，表示如果耶律延禧逃到西夏国，那么李乾顺最好把他就地绑了，乖乖送去金国，否则金国将踏平西夏。李乾顺顿时就吓傻了，马上表示愿意归附金国。

这下耶律延禧郁闷了，进也不行，退也不行，无奈之下，只好在原地停留了下来，同时派人四处招募兵马。

没过多久，完颜阿骨打驾鹤西去，被抓的耶律大石趁机逃了回来。与此同时，居住在阴山的室韦诸部也带着兵马赶来救驾。

耶律延禧看到耶律大石平安归来，阴山室韦又跑来相助，顿时欣喜若狂，觉得这是"天之助我"，不由得意气风发，信誓旦旦地表示要跟金兵决一死战。

但耶律大石并不赞同耶律延禧的做法，他觉得现在契丹元气大伤，最好的办法是养精蓄锐，而不是拼个鱼死网破。但是，耶律延禧正高兴得忘乎所以，根本听不进他的话。耶律大石十分郁闷，考虑再三以后，带着两百人马跟耶律延禧分道扬镳。

耶律延禧完全不为所动，气势汹汹地带着部下离开夹山，一路攻城略地，迅速地拿下几座城池，如入无人之境。

这让耶律延禧成就感大增，不由得飘飘然起来。然而，就在这时，金兵突然横空杀来，截住了契丹兵马的退路，并杀了契丹兵马一个措手不及。

但耶律延禧福大命大，再一次成功地化险为夷，带着几个部下仓皇逃回夹山。

第四次死里逃生

没过多久，宋徽宗赵佶突发奇想，想把耶律延禧弄来宋王朝，以此要挟金国，要回幽云十六州剩下的土地。所以，就派一个和尚拿着他的亲笔信，跑去夹山找耶律延禧。

耶律延禧虽然不怎么相信赵佶，但觉得有地方可以避难，总比在这里等死强，就马上答应了。

于是，宋徽宗就派人拿着正式的诏书来了，封耶律延禧为皇弟，地位比自己的儿子们还高，又为他建造了一千间房子，配设了三百女乐。

耶律延禧一听，心里顿时乐开了花，马上收拾东西，准备前往宋王朝。

但还没等动身，耶律延禧忽然灵光一闪，觉得这么做不太靠谱，毕竟宋人一向不靠谱，谁知道赵佶会不会是第二个李乾顺呢？

耶律延禧越想越不靠谱，所以就一拖再拖，最后也没动身。

也正是因此，他才又躲过了一劫。因为金兵早已经得知了宋徽宗请他去宋王朝的消息，已经在夹山外面做好了埋伏，就等着他自己送上门来！

灭亡早已是注定的结局

之后，党项族的首领又邀请耶律延禧去他们的部落避难。

这时候的耶律延禧真的走投无路了，看到党项人这么诚心诚意地邀请自己，就马上答应了。

结果，还没到达党项族，耶律延禧就在路上遭遇了金兵。这一次，幸运女神没有再次光顾他，他被金国将领完颜娄室俘虏。

存在了两百多年的契丹帝国，也随着耶律延禧的被俘虏，而轰然倒塌。

你不知道的契丹

在北辽皇帝耶律淳和摄政的萧普贤女去世后，耶律敌烈和百官们商议拥立耶律雅里为帝，是为北辽第二位皇帝。耶律雅里性情宽容仁慈，非常讨厌杀人，哪怕逃跑的人被抓回来，他也不会处罚，前来归附的人，他也总是给升官，当然，对待百姓也非常好。所以，北辽建立以后，很快就有很多部族和逃散的契丹兵前来归附。

然而，耶律雅里并没有人们想象中那么好，而是跟他老爸耶律延禧一样，荒废政事，整天忙着击鞠打猎。结果，才当了半年皇帝，耶律雅里就因为在打猎方面太过鞠躬尽瘁，而劳累致死。

之后，圣宗耶律隆绪的五世孙耶律术烈继任皇帝，但才坐上皇位一个月，就被部下杀了，北辽政权也因此而灭亡。

第八章
帝国最后希望的终结：西辽王朝

在契丹帝国即将灭亡时，一个人带着两百勇士远走西域，这个人就是耶律大石。为了收复失地，复兴旧国，他在遥远的西域建立了新的王朝——西辽王朝。在这里，西辽王朝迅速崛起，并不断开疆拓土，将契丹人的剽悍与强大表现得淋漓尽致，一度成为中亚的一颗明星。然而，契丹帝国气数已尽，在挣扎了百年以后，契丹帝国最后的希望还是终结在了蒙古铁骑的碾压之下！

二百契丹勇士的最后远征——耶律大石之立

在契丹帝国摇摇欲坠，耶律延禧被打得惨不忍睹时，随着耶律大石与两百契丹勇士的西去，西辽王朝再一次点亮了契丹人最后的希望。

耶律大石是太祖耶律阿保机的第八代孙，从小就接受了最好的皇家贵族教育，不仅能骑善射，而且精通契丹文和汉文，可以说是文武双全、才华横溢，是契丹帝国的最后一颗明星。

在完颜阿骨打起兵造反的第二年，耶律大石正式入朝为官，从翰林应奉，一路做到兴军节度使，逐渐成为契丹举足轻重的一员。

后来，耶律大石与李处温等人拥立耶律淳为皇帝，在耶律淳死后，被迫无奈，与萧德妃一起投奔躲在夹山的耶律延禧。

耶律延禧本来十分恼火耶律大石等人废除自己，拥立耶律淳的行为，但看到耶律大石带着七千骑兵，能给自己解决很大一个难题，就兴高采烈地既往不咎了。

耶律大石当然也没有让他失望，在被抓以后，哪怕被金兵威逼利诱，后来又给他高官厚禄，也没有让他背弃自己的祖国。而是找到机会，就马上逃回了耶律延禧身边。

这时候，耶律延禧几次死里逃生，觉得自己命不该亡，看到耶律大石逃回来，又有阴山室韦赶来救援，顿时心花怒放，觉得"天之助我"，决定马上出兵，收复失地。

耶律大石十分清醒，他很清楚金军的强大，自然也知道契丹兵马的不堪一击，所以他毫不客气地否定了耶律延禧的想法，表示之前金国刚开始起兵的时候，契丹军队还比较完好，可是耶律延禧只会逃跑，根本不考虑打仗的事。现在金人已经占领了大半个契丹，契丹国势衰弱至此，却想主动出击，这无异于以卵击石，根本就是自寻死路。

耶律延禧正豪气冲天，准备一展抱负，听到耶律大石的评论，当然十二分的不爽，看耶律大石死活不肯支持自己，于是决定完全不搭理耶律大石，自己带兵去。

看到耶律延禧冥顽不灵，完全是个扶不起的阿斗，耶律大石十分失望，干脆杀掉了耶律延禧派来监视自己的萧乙薛和坡里括，带着两百铁骑，连夜离开了耶律延禧的大营，向西出发。

为了逃避耶律延禧的追兵，耶律大石带领部众日夜兼程，越过苍茫的大雪山，渡过奔流的黑水河（今天的茂名安旗百灵庙北七十里的爱必哈河），来到鞑靼人的聚居地，并受到了鞑靼人的热情接待和帮助。

但耶律大石并没有在这里留下来，而是离开鞑靼人的聚集地，继续向西，一路到了可敦城。

可敦城曾经是契丹帝国在西北部的一个军事重镇。从阿保机建国称帝开始，契丹就十分重视西北地区，阿保机更是几次亲自带兵征讨西北诸部。耶律隆绪时期，太后萧绰的姐姐、皇太妃萧胡辇曾经带兵平定西北叛乱，并在可敦城设建安军节度使司，选调两万诸部族军驻扎在这里，使可敦城成为西北边防重镇。

这里远离契丹帝国的中央统治，所以，金国挥军西进，契丹各地震荡不安的时候，西北地区仍然过着桃花源一样的安定生活，军力也没有受到任何损失。

耶律大石正是了解了这一点，所以带着部众一路向西，来到可敦城，并在这里召集当地七州长官和十八部首领开会。

在会议上，耶律大石慷慨激昂地说："我的祖先艰难创业，经历几个皇帝，历时两百多年。这两百多年里，金国向来是我们的属国，如今，却以下犯上，逼迫我的家国，残害我的百姓，攻占我们的州邑，让天祚皇帝蒙受屈辱，流离失所，日夜痛心疾首。今天，我仗义而西，希望借助诸位的能力，消灭仇敌，收复失地，复兴契丹。你们难道不跟我一样，日夜担忧契丹的安危，考虑跟我一起救助君主，解救百姓于水火之中吗？"

耶律大石慷慨激昂、言简意赅的话，顿时如同一块丢入湖水中的石子，激起千层浪，在场的人都被他忧国忧民、以天下为己任的情绪所感染，忍不住潸然泪下，痛哭流涕，纷纷表示一定助耶律大石一臂之力！

于是，耶律大石就在当地建立了国家，设置官吏，训练精兵，打造兵器，很快就具有了一定规模。

不过，耶律大石并不着急复仇，他知道现在自己的能力还不足以与金国抗衡。目前，最好的办法就是休养生息，养精蓄锐。

西北当地牧草茂盛，甚至到了冬天，也只是枯萎，而不凋零，不仅马可以趴在上面，人也可以趴在上面，始终柔软如同毡毯。耶律大石到来之后，实力很快就壮大起来，战马过万，牲畜不计其数。

与此同时，耶律大石积极展开外交活动，努力跟邻国搞好关系。没过多久，西北很多部族都明确表示要支持耶律大石了，鞑靼人更是明确表示力顶耶律大石，拒绝卖马给金国。

金太宗完颜吴乞买看到耶律大石迅速地壮大，立刻意识到这是一个危险的信号，他不敢松懈，下令让镇守西北的将领严加戒备。

当时，完颜吴乞买正忙着休整兵马，准备南下攻打宋朝，所以没有足够的精力顾及契丹的"余孽"。也正因此，耶律大石才获得了几年时间，迅速聚集力量，并逐渐开始了试探性的扩张。

在行动之前，耶律大石与大臣们开了几天几夜的会，认真分析了当前的形势，结果发现，他们最向往的神圣事业——光复旧疆，重建契丹帝国是目前最不可能实现的梦想。因为不管是政治、经济，还是军事实力，新兴的大金帝国都正处于直线上升期，而且都稳稳地甩他们好几条街。

这下耶律大石郁闷了，难道他们就只能守着目前的"一亩三分地"生存吗？这样下去，别说重建契丹帝国，就是发展壮大都没有希望！

忽然，他灵光一闪，发现了一块"新大陆"——中亚。中亚的高昌回纥王朝、哈喇汗王朝，经过几个世纪的发展，早已经衰落，是最容易攻取的地方。

于是，耶律大石决定暂时放弃东征，改为先向西发展，扩大领域，等有了更加雄厚的物质基础以后，再卷土重来，征服金国，重建契丹帝国！

你不知道的契丹

契丹帝国从建立开始，军事首领夷离堇都是从同一个显贵家族中选举产生的，后来这种选举制度又推广到了南、北府宰相的选任。这样一来，世选制度就成了确保贵族地位得以持续发展的有效制度了。不过，世选制度一般只适用于北面官。按照契丹法律规定，皇族四帐都是北宰相的候选家族，国舅五帐则都是南宰相的候选家族，但事实上，北宰相大多出身于皇后的娘家，南宰相多出身于皇族。

南面官任选的主要途径是科举，主要有乡荐、府解、及第三等。刚开始的时候，虽然每年都会有科举考试，可是由于参加的人数很少，规模也相对较少，及第的人也只有寥寥几人。直到"澶渊之盟"以后，由于与宋王朝交流增多，需要的汉人官员越来越多，进士的数量才有了显著增加。按照契丹法律规定，参加进士考试的人只能是汉人，契丹人和"贱庶"比如奴隶、屠夫、医生、算命的等，都不能参加。

菊儿汗威震中亚——定都八剌沙衮

耶律大石做好决定以后，带着兵马开始西征，首先经过的地方就是新疆。

这时候，曾经统治新疆地区的突厥汗国、回纥汗国早都已经灭亡了，如今，这里主要由高昌回纥王国和葛逻禄、样磨等民族建立的哈喇汗王朝共同统治。

耶律大石分析形势以后，并没有打算在新疆长久待下去，所以就给高昌回纥可汗毕勒哥写了一封信，表示自己只是借道去大食。

毕勒哥原本看到耶律大石带着兵马浩浩汤汤地杀来，心里正忐忑不安，等看到信，知道他并不是冲着自己来的，马上高兴得尖叫起来，并亲自把耶律大石请到皇宫中，为他接风洗尘，举行了三天三夜的欢庆宴会。

等耶律大石要离开的时候，他又送了耶律大石三万只羊、一百匹骆驼、六百匹马，明确表示愿意归附西辽，这才依依不舍地跟耶律大石挥泪道别。

耶律大石的军队继续向西，很快就进入了吉尔吉斯境内。当地人并没有高昌回纥人那么热情，反而对耶律大石充满敌意，结果双方越谈越僵，干脆用刀剑说话了。

耶律大石并没有把吉尔吉斯人放在心上，他觉得这只是个小部落，不值得大动干戈，他现在要做的是养精蓄锐，保存实力，准备钓更大的鱼。所以，他并没有跟吉尔吉斯发生多么重大的战争，就果断地继续向西而去了。

没过多久，耶律大石就来到了哈喇汗国，同样遭到了哈喇汗国的抵抗。但相对于耶律大石的大军来说，哈喇汗国的小规模武装反抗简直不足挂齿，很快就被他彻底镇压了。

这时候，耶律大石在额敏河流域发现了一块"宝地"，大喜过望，就在这里建造起叶密立城（也就是今天的新疆额敏县），并把这里作为根据地，在此招抚当地部族。

一时之间，当地部族，或者威慑于耶律大石的军事力量，或者出于对耶律大石和契丹的诚心诚意膜拜，纷纷投靠而来，城内户数一下子达到了四万多。耶律大石所统治的疆域也空前扩大，东到土拉河，西至额敏河。

这时候，耶律大石虽然是实际上的皇帝，但在名义上却只是一个普通首领而已，这让他在处理政务的时候遭受到了一定的困扰，也让治下百姓心里十分不踏实，觉得这只是一个临时政权。

耶律大石意识到这一点以后，连忙召集大臣开会，商议对策。结果，商量来商量去，大家都是一个答案——为了安抚人心，继续契丹的帝系，耶律大石应该称帝！

这正符合了耶律大石的愿望，于是，耶律大石在叶密立城正式称帝，同时又入乡随俗，按照突厥风俗，号称菊儿汗，也就是"汗中之汗"的意思，尊号"天志皇帝"，建元"延庆"，并追封爷爷为嗣元皇帝，奶奶为宣义皇后，册封元妃萧氏为昭德皇后。

就这样，契丹帝国终于又在遥远的西域地区重新崛起了！

建元称帝以后，耶律大石精神更加振奋，开始考虑进一步扩大自己的领域，增强实力。

就在这时，东部哈喇汗王朝的新可汗伊卜拉欣派人送来了求救信。

原来，东哈喇汗国内的葛逻禄、康里等突厥部族正大张旗鼓地发动叛乱，面对着此起彼伏的叛乱，伊卜拉欣简直欲哭无泪，毫无办法——东面是宿敌高昌回纥，南面是吐蕃在虎视眈眈，北面是荒无人烟的大草原，西面是早已经撕破脸皮的西哈喇汗国和以前的靠山塞尔柱王朝。

而且，就算他肯重新归附于塞尔柱王朝，请求援助，塞尔柱王朝的大君桑贾尔现在又在遥远的呼罗珊，等他赶来救援，估计东哈喇汗国也已经灭亡了。

正被逼得无路可走的时候，伊卜拉欣忽然灵光一闪，想到了正带着数万兵马驻扎在东方边境的耶律大石。于是他马上派人前往叶密立城，把葛逻禄人和康里人的强大、奸诈统统告诉了耶律大石，并一把鼻涕一把泪地控诉葛逻禄人和康里人的罪大恶极和欺人太甚，请求耶律大石救他于水深火热之中。

耶律大石没想到刚站住脚，就有人这么瞧得起自己，马上爽快地答应了，带兵帮助伊卜拉欣击退了葛逻禄人和康里人。

然而，当叛乱平定、东哈喇汗国重新天下太平以后，耶律大石却不想走了，他觉得天下没有免费的午餐，自己帮东哈喇汗国击退了强敌，就该拿到应得的报酬。于是，他占领了东哈喇汗国的都城八剌沙衮地区，降封伊卜拉欣为伊利克-伊·土库曼，也就是土库曼王，只把喀什噶尔、和阗一带留给伊卜拉欣，并让他成为自己的附属国，其他的全部占为己有。

八剌沙衮地区位于楚河谷地，左边靠山，右边临水，平原一望无际，气候适宜，土地肥沃，水源充足，所以农业十分发达，水果种类繁多，盛产葡萄美酒，是一块名副其实的"风水宝地"。

耶律大石得到这块土地以后，如获至宝，马上定都于此，并改名为虎思斡耳朵，也就是契丹语中"强有力的宫帐"的意思。之后，为了更好地管理这块土地以及周围城邑，他又陆续派遣了一些管民官。

从此以后，耶律大石一边兢兢业业地带领百姓休养生息，努力发展经济，一边不断对外作战，扩大领地，扩充军事。

这样过了十年，西辽王朝渐渐在这片土地上站稳了脚跟，经济和实力都有了很大程度的提高。

看着百姓安居乐业，国力蒸蒸日上，耶律大石忍不住怀念起故国来。他的老祖宗们打下的数百年基业，也曾经像西辽王朝一样从贫穷渐渐走向繁荣富强，甚至称霸整个草原，但是如今，故国早已不堪回首。

一想到契丹的灭亡，耶律大石就吃不好、睡不着，做梦都梦到契丹沦陷在金国的铁骑下，契丹百姓正遭受着金国的凌辱，他的老祖宗们正在九泉之下日日夜夜寝食难安。

经过一番慎重考虑以后，耶律大石觉得时机到了，是时候实现契丹"中兴"，光复旧国了！

于是，耶律大石任命六院司大王萧斡里剌为兵马都元帅，率领七万精兵东征。

萧斡里剌带领西辽兵马一路向东，很快就来到喀什噶尔，驻守在这里的契丹帝国的汉军和契丹兵马马上归服了萧斡里剌，并跟随他征服了和阗。

然而，就在他们打算继续向东，一鼓作气，收复失地的时候，他们发现由于沙漠太过辽阔，向东前进了万里，也没见到一个人影儿，相反，他们自身携带的牛马却一只接一只地死去，导致大军士气低下，人马疲惫不堪。

萧斡里剌见状，意识到问题的严重性，经过再三考虑，他决定放弃东征，带着兵马班师回朝。

此时，耶律大石正在宫帐中焦急地等待捷报，没想到等来的却是萧斡里剌无功而返的消息，他愣了半天，终于长叹一声，筹备十年的复国梦，就这样破灭了！

你不知道的契丹

西辽王朝之所以能够在中亚站住脚跟，很大的一个原因就是耶律大石在信仰上的开放性。早在契丹帝国时期，佛教就已经成为"国教"，在社会上广泛传播，在西辽帝国也是如此。

但是在中亚却截然不同，除了高昌回纥王朝信奉佛教，撒马尔罕和花剌子模则大部分信奉犹太教，其余更广阔地区则流行伊斯兰教。

了解到这些情况以后，耶律大石充分表现了对各国人民信仰的尊重，甚至以穆斯林的方式给下属写信，叫他根据当地伊斯兰宗教首领的意见处理事情。

正是因为耶律大石采取了比较宽松的宗教政策，使得各种宗教信仰的人都得到了尊重，从而为西辽王朝赢得了天下太平和当地百姓的拥戴。

耶律大石的巅峰绝唱——摧毁塞尔柱帝国

复国梦的破灭让耶律大石暂时放弃了继续东征的念头，但是他并没有因此而一蹶不振，而是集中精力壮大西辽。

很快，在西辽的土地上，没了沉重的赋税，没了劫掠的土匪，短短几年之间，百业兴旺，天下太平，到处都是一片欣欣向荣、蒸蒸日上的景象。

随着时间的推移，耶律大石更加清楚地认识到，在未来的一段时间里，收复旧土恐怕只能是梦想了。所以，这时候，他已经不再热衷于东征，而是开始计划着西进，开拓新的疆土，就算不能回到东方，也要在西方重振契丹帝国的威名。

于是，统治中亚大片地区的塞尔柱王朝就成了耶律大石最大的挡路人。

一开始西进的时候，耶律大石几乎没遇到什么障碍，就顺利地进入了费尔干纳谷地，到达了和田。在这里，他遇到了西哈喇汗国大汗马赫穆德·伊本·穆罕默德，并遭到了马赫穆德的强烈抵抗。

但西哈喇汗国的军队战斗力根本没法与西辽军队相提并论，结果西哈喇汗国败得一塌糊涂，马赫穆德狼狈地逃回撒马尔罕。

顿时，撒马尔罕沸腾了，人们惊慌失措，忐忑不安，惶恐地等待着西辽的铁骑杀来，仿佛世界末日即将到来。然而，西辽并没有乘胜追击，而是停了下来，巩固新的领地。

马赫穆德知道自己不是耶律大石的对手，想来想去，他决定求助于自己所附庸的塞尔柱王朝，并对塞尔柱王朝苏丹桑贾尔说穆斯林遇上了灾难，怂恿他保卫穆斯林。

消息一经传开，周围的国家也都变得十分不安，表示一定要先下手为强，除掉西辽，并纷纷派出兵马加入到桑贾尔的队伍中。

桑贾尔很快就集中了十万多兵马，他看着黑压压、一眼望不到头的军队，顿时心情大好，觉得凭借自己的十万大军，区区一个西辽根本不足为惧。所以，他就慢悠悠地先花了六个月检阅军队，然后才慢悠悠地带领大军渡过阿姆河，开进河中地区。

就在这段时间里，马赫穆德也没闲着，而是跟葛逻禄人闹得不可开交，最后马赫穆德发现自己实在不是葛逻禄人的对手，再次向桑贾尔求援。

桑贾尔这时候正洋洋得意，看到自己的附属国被欺负，脸色瞬间就变了，表示一定替马赫穆德讨回公道，并马上对葛逻禄发起进攻。

葛逻禄人听说桑贾尔要带着十万大军杀来了，吓得魂不附体，立即向菊儿汗耶律大石求助。

耶律大石这时候还不想跟强大的塞尔柱王朝为敌，所以，他本着和平发展的原则，给驻扎在撒马尔罕的桑贾尔写了一封信，为葛逻禄人求情，请他原谅他们。

但是，这时候，桑贾尔有十万大军在磨刀霍霍，他正为自己的军事实力而飘飘然，根本不把因故国被灭而被迫西来的耶律大石放在眼里，所以，他完全不理会耶律大石的说情，反而写信让耶律大石信奉

契丹图腾柱

伊斯兰教，否则就用拳头说话。之后，他觉得还不够过瘾，又在描述自己的军队能用各种武器战斗之后，恐吓耶律大石说自己的将士甚至能用自己的箭截断须发。

耶律大石看完信以后，让桑贾尔的使者拔下一缕胡须，又给他一根针，让他截断自己的胡须。使臣当然没法完成这个高难度任务，耶律大石也没有为难他，只是对桑贾尔的话提出了质疑："既然你都不能用针截断胡须，那么什么人能够用箭截断胡须呢？"使臣顿时羞得满脸通红，一句话都说不出来。

双方的和平局面就此破裂，都开始磨刀霍霍，准备拼个你死我活。

桑贾尔带领兵马北渡阿姆河，耶律大石则带领由契丹人、包括葛逻禄人在内的突厥人和汉人组成的西辽军队，开进撒马尔罕。两军在撒马尔罕北面的卡特万草原相遇，并在这里展开了一场空前绝后的精彩战斗。

战争正式开始前，桑贾尔把自己的军队分为左右中三路，左路由西吉斯坦国王指挥，右路由桑贾尔的宰相指挥，中路则由桑贾尔亲自带领，桑贾尔的后卫和后勤等全部压后。只听他一声令下，十万大军就气势磅礴地摆开了阵势。

大敌当前，耶律大石当然不敢大意，他先认真观察了桑贾尔的阵型，也把自己的军队分成了左右中三路，左、右两路各有两千五百名精兵。

然后，他又根据地势部属作战计划。卡特万草原背靠大山，西辽军队的背后就是山脉，那里有一条长长的峡谷。耶律大石决定充分利用地理优势，把自己的中军安排在峡谷的前方。

战斗开始以后，双方的中军陷入了僵持状态。桑贾尔一方的左路军插入了耶律大石军队的中军与侧翼之间，使得耶律大石的中军和左路军被迫向左移动，军队阵营出现了一个缺口。

桑贾尔顿时大喜，马上命令队伍全力攻击缺口，耶律大石的阵营顿时陷入了苦战。

然而，很快，桑贾尔就笑不出来了。

耶律大石并没有因为一开始的失利就自乱阵脚，而是始终保持沉着冷静，根据形势迅速地作出判断，马上命令被分割开的右路军迂回到桑贾尔的后方，攻击桑贾尔的后卫军，他自己则带领被挤压向左回旋的主力军攻击桑贾尔的右路军。

形势瞬间扭转，耶律大石的军队虽然正面洞开，但明显稳占上风，因为桑贾尔的军队此时已经陷入了三面受敌的困境。

桑贾尔却丝毫不以为意，觉得自己兵多将广，哪怕只用人海战术，也足以消灭西辽兵马。所以，分析形势以后，他觉得这样"置之死地而后生"未必不是好事，由于受到压迫没法后退，将士们肯定会拼死向前冲。

但是，桑贾尔不会想到，他在没有知彼知己的情况下，这样贸然挺进，根本就是自寻死路——因为前面正是耶律大石看中的那条峡谷。

桑贾尔的军队终于被一点点挤压进了峡谷，最后，经过一番激烈的战斗，桑贾尔的队伍中数万人被杀，西吉斯坦国王和桑贾尔的宰相、老婆都被耶律大石俘虏，桑贾尔好不容易才带着仅存的残兵败将狼狈而逃。

这场战争，耶律大石以绝对的劣势，打败了数倍于己的塞尔柱王朝军队，获得了绝对的胜利。之后，桑贾尔一蹶不振，没过几年，纵横中亚的塞尔柱王朝就彻底消亡了。耶律大石也成功地征服了西哈喇汗国，达到了他事业的巅峰！

你不知道的契丹

卡特万战役结束以后，耶律大石春风得意，马上乘胜攻打了塞尔柱王朝的另一个附庸国花剌子模。在那里，西辽军队大肆屠杀人民，洗劫村落，搞得生灵涂炭、民不聊生，吓得花剌子模人一听到西辽军队的消息就面如土色，魂飞魄散。最后，花剌子模的国王迫于无奈，只好派出使臣来到西辽军营，表示愿意效忠于西辽王朝，并每年缴纳三万金狄纳尔和其他贡品。耶律大石对此十分满意，这才与花剌子模缔结和约，宣布撤军。

女帝统治之下的盛世再现——承天太后改制

在契丹人的观念里，虽然不能说男女完全平等，但女性的地位一直都很高，特别是在皇权统治中，后族一直都有着举足轻重的地位。

在西辽王朝，这一传统也得到了很好的继承与发扬光大。

卡特万之战以后，没过多久，戎马一生的耶律大石就走到了人生的尽头，荣登极乐了。弥留之际，他传位于年幼的儿子耶律夷列，并让老婆萧塔不烟权摄国政。

萧塔不烟并不满足于垂帘听政，而是直接跑到了前台，不仅称制，而且改元"咸清"，号称"感天皇后"。

萧塔不烟很有统治才能，在她的治理下，西辽王朝社会安定，百姓富足，国力蒸蒸日上。但这并没有威吓住周围不安分的回纥。

回纥一直摇摆在西辽与金国之间，这时候看到耶律大石驾鹤西去，留下孤儿寡母当家作主，就派出使者来到金国，在献上贡品的同时，也把西辽目前的情况描述了一遍。

金国皇帝顿时龙颜大悦，马上封粘割韩奴为武义将军，派他出使西辽，查看具体情况。

粘割韩奴一路风尘仆仆，经过高昌回纥来到西辽境内，正好碰上在外打猎的感天皇后。粘割韩奴仗着自己国大势大，根本不把感天皇后看在眼里，言语之间十分无礼。

这让感天皇后十分生气，她根本不理会粘割韩奴的恐吓威胁，命人把他给杀了。

感天皇后天不怕、地不怕的气魄顿时震惊了金国和西辽统治区内的人，也让一个人见识到了一个女帝该拥有的摄人气魄。

这个人就是感天皇后的女儿耶律普速完。耶律普速完完全继承了老妈的强悍生猛，甚至青出于蓝而胜于蓝。

感天皇后在摄政七年以后，把政权交给了儿子耶律夷列，耶律夷列当了十三年皇帝就去世了，他的儿子们还都很小，所以留下遗诏，让妹妹耶律普速完权国。

于是，耶律普速完正式走进了人们的视线，她完全照搬老妈的传统——称制，改元"崇福"，号称"承天皇后"。

上台以后，耶律普速完做的第一件事，就是收拾一直都不听话的葛逻禄人。

葛逻禄人当年臣服于耶律大石，目的自然是想得到西辽王朝的庇护，脱离西哈喇汗国的统治。但他们没有想到，卡特万战争结束以后，耶律大石就哼着小曲班师回朝了，还把河中地区还给西哈喇汗国的宗室，让他们作为自己的附庸国继续存在。

虽然耶律大石明确规定，西辽王朝统治区的赋税要比以前大大减少，日子也过得比以前滋润多了。但是，葛逻禄人心里仍然十分不爽，因为他们仍然游牧在河中地区，所以仍然要受到当地领主——西哈喇汗国的管辖和压迫。

这样日久天长，葛逻禄人内心的愤懑和不满越积越深，终于在耶律夷列亲政后的第七年忍无可忍，带头造反了。

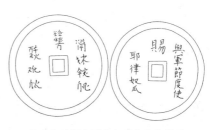

承天太后赐与耶律奴瓜的金钱背面

虽然之后耶律夷列很快就平定了叛乱，但葛逻禄人仍然不肯死心，屡战屡败，屡败屡战，有事没事就给西辽王朝惹点小麻烦。

耶律普速完早就对葛逻禄人忍无可忍，决定彻底解决葛逻禄人的问题。于是，她下令让西哈喇汗国把布哈拉和撒马尔罕地区的葛逻禄人迁到东哈喇汗国的领地喀什噶尔，并要求他们到达那里以后禁止携带武器，必须从事农业或者其他劳动。

西哈喇汗国的国王接到命令以后，大喜过望，他一直就对葛逻禄人十分头疼，现在终于可以名正言顺地把这个烫手山芋送出去了，他感动得热泪盈眶，忍不住膜拜耶律普速完——这个女帝真的太英明了！

于是，西哈喇汗国王认认真真地开始执行耶律普速完的命令。结果，理所当然地引起了葛逻禄人的暴动。

这些葛逻禄人已经在河中地区生活了百余年，不是说让他们迁走，他们就肯乖乖迁走的。更何况，葛逻禄民族是一个崇尚战争的民族，几乎人人都是战士，突然让他们放下武器，改行种地，他们心里当然十分不满。

原本他们已经对耶律普速完的命令有所怨言了，而西哈喇汗国王又这么兢兢业业，恪尽职守，严格执行命令，容不得半点通融，甚至有公报私仇的嫌疑，这就彻底激怒了葛逻禄人。

他们在首领的带领下，聚集起来，向布哈拉进军。

布哈拉城的长官是个聪明人，他一面派人赶去向西哈喇汗国王报告，一面派人去跟造反的葛逻禄人谈判。他说当年契丹人经过这里的时候，放弃了抢掠和屠杀，而葛逻禄人，作为穆斯林战士，却把手伸向别人的财产和鲜血，那是十分卑鄙的，并表示只要他们放弃抢掠和袭击，就缴付他们足够的钱。

葛逻禄人一听，觉得很有道理，又看到对方这么低声下气、诚心诚意地来恳求，就决定大慈大悲地恩准他的请求，但却开出了一个天价。

布哈拉城的长官二话不说，就同意了葛逻禄人的要求。

就这样，使者在两边不断跑来跑去，就给西哈喇汗国王争取到了足够的时间秘密发兵。结果，西哈喇汗国的军队从背后突袭葛逻禄叛军，葛逻禄叛军大败，除了一小部分逃到了花剌子模，其余大部分都乖乖地放下兵器，被押送到了喀什葛尔。

解决了葛逻禄人这个大麻烦，耶律普速完就把矛盾对准了胆敢收留葛逻禄人的花剌子模。

这么多年来，花剌子模虽然名义上臣服于西辽王朝，每年都按时缴税，但由于跟西辽王朝中间还隔着一个西哈喇汗国，是真正的"天高皇帝远"，所以，一直不怎么把西辽王朝当回事，整天胡作非为，大片混沌。

这时候，花剌子模国王沙伊勒-阿尔斯兰看到西辽王朝的皇帝耶律夷列死了，继承人还是个奶娃娃，整个帝国由一个女人掌管着，感到十分不屑：一个女人能有什么作为呢？所以，就明目张胆地收留了葛逻禄人。

然而，沙伊勒-阿尔斯兰千算万算都没有算到，他完全看不起的这个女人比她死去的哥哥脾气更加火爆——耶律普速完一怒之下，带领大军浩浩汤汤地向西进发，前去讨伐不听话的花剌子模。

沙伊勒-阿尔斯兰连忙休整兵马，出兵反击。

然而，花剌子模的军队根本没法跟西辽大军相提并论，等到西辽大军一到，寸草不留，花剌子模毫无悬念地一败涂地。沙伊勒-阿尔斯兰顿时吓得魂飞魄散，直接从马背上摔了下来，急急忙忙派人前去西辽军营求和。

没过多久，沙伊勒-阿尔斯兰就病死了。当时，沙伊勒-阿尔斯兰的大儿子特克什正留守在毡的（今天的哈萨克斯坦的克孜勒奥尔达东南方），所以，他的小儿子、特克什同父异母的弟弟苏丹沙就在老妈图尔罕的辅佐下，抢先登上了王位，并命令特克什回朝觐见。

特克什听说以后，顿时火冒三丈，他知道，这时候，自己坚决不能回去，否则就等于承认了弟弟苏丹沙的国王地位，而且还可能从此一去不复返，被迫去面见已经驾鹤西去的老爸。可是，凭借毡的一城之力，还没法跟苏丹沙相抗衡。那该怎么办呢？

想来想去，特克什把目光投向了西辽，于是在图尔罕王后派兵前来征讨的时候，连夜骑马逃亡到了西辽，向承天皇后耶律普速完求助。

特克什一把鼻涕一把泪地向耶律普速完哭诉王位原本是他的，后妈和弟弟篡夺王位不说，还想要置他于死地，请求耶律普速完为他主持公道，并表示只要能够夺回王位，就把花剌子模的所有财宝都拿来孝敬耶律普速完，以后年年进贡，岁岁来朝。

耶律普速完一听，顿时心情大好，觉得出兵帮助特克什的确是一桩十分划算的买卖，既能送个人情，还能把一向都不听话的花剌子模收服，何乐而不为呢？

于是，她派遣驸马萧朵鲁不带领大军，护送特克什回国，苏丹沙和老妈图尔罕听说以后，顿时吓得魂飞魄散，连忙丢弃王位逃走了。

就这样，特克什登上了花剌子模的国王宝座，西辽王朝也因此加强了对花剌子模的统治。

女帝耶律普速完共执政十四年，在她统治西辽期间，西辽不断聚集力量，对外派兵扩大领域，国力达到了鼎盛。

你不知道的契丹

虽然西辽王朝的鼎盛归功于女帝耶律普速完，但事实上，西辽王朝的衰落和内乱也从她开始，可以说是真正的"成也承天，败也承天"。为什么这么说呢？

原来当年耶律大石为了拉拢西辽开国功臣、六院司大王萧斡里剌，就把耶律普速完嫁给了萧斡里剌的大儿子萧朵鲁不。但是，后来耶律普速完却跟自己的小叔子萧朴古只沙里私通，还将丈夫萧朵鲁不从驸马降为东平王，不久又把他害死了。

萧斡里剌知道儿子萧朵鲁不被害死的真相以后，怒火中烧，带兵杀入皇宫，射死了耶律普速完和萧朴古只沙里，并立耶律夷列的二儿子耶律直鲁古为新皇帝，改元"天穆"。然而，耶律直鲁古即位以后，他对西辽王朝的实际控制力已经大大减弱，同时，辅政大臣们又开始奢侈腐化，再加上连年对外用兵，对内加重剥削，西辽王朝开始走向衰弱。

一切从与古尔王朝的战争开始——转向衰落

卡特万战争之后，西辽王朝的强大对手塞尔柱王朝渐渐走向了衰落，但这并不表示西辽王朝从此就可以安享太平了，因为另一个王朝阿富汗古尔王朝正悄然将魔爪伸向西辽王朝境内。

西辽王朝的统治贵族们不会想到，正是这个敌人的到来，如同一颗定时炸弹，彻底引爆了西辽王朝的根基，使得西辽王朝彻底走向衰落。

古尔王朝原本是阿姆河以南的一个超级大国，渐渐不甘心于现状，派兵占领了巴里黑（今天的阿富汗马扎里沙里夫西北）。巴里黑城原本是西辽王朝的附庸，每年都乖乖地向西辽王朝纳贡、送缴土地税，古尔王朝占领这里以后，就马上停止了向西辽王朝缴纳贡赋。

接着，古尔王朝又与花剌子模发生了冲突。

原来塞尔柱苏丹图格里尔被杀以后，首级被献给了花剌子模的国王特克什，特克什为了提高自己的威信，就派人把图格里尔的首级送给了阿拔斯王朝的君主哈里发。

阿拔斯王朝早已经日薄西山，有名无实，但是哈里发明显没有意识到自己的弱势，而是在拿到图格里尔的首级以后，欣喜若狂，觉得花剌子模人都是有文化、有教养的人，不像塞尔柱人那样野蛮，就想趁机捞点好处。于是，他就派人去跟特克什说，希望特克什能够把伊拉克的领土归还给他这个名义上的君主。

特克什好不容易得到的土地，当然不肯轻易交给哈里发，一怒之下，他挥军直下，直扑巴格达。

哈里发顿时吓得魂不附体，马上派人向特克什求和，但特克什正在气头上，根本不搭理他。万般无奈之下，哈里发只好向古尔王朝的君主加苏丁求救。

于是，古尔王朝与花剌子模的冲突正式拉开序幕。

特克什看到古尔王朝的大军浩浩汤汤地杀来，心里发虚，没有十足的把握取胜，就向西辽王朝求援，并表示如果西辽王朝不趁机好好教训教训古尔王朝，恐怕花剌子模也会像巴里黑一样，被古尔王朝吞并，继而直取西辽王朝。

巴里黑的丢失一直都是西辽皇帝耶律直鲁古心里的伤疤，这时候听到特克什派来的使者这么说，心里更加窝火了。他越想越生气，最后决定答应特克什的请求，趁机教训教训古尔王朝，于是就派大将塔阳古带领大军征讨古尔王朝。

塔阳古带着西辽大军雄赳赳、气昂昂地渡过阿姆河，进入古尔王朝境内，一路烧杀抢掠。与此同时，他又派人去给古尔王朝下达最后通牒——要么放弃巴里黑城，要么送缴像以前一样的贡赋。

巴里黑城的长官断然拒绝了塔阳古的要求，并联合周围一些城堡的军队，共同袭击西辽军队。

结果，西辽军队大败，被一路追杀到了阿姆河，许多士兵被赶入河中淹死了。

消息传到西辽王朝，耶律直鲁古顿时傻眼了。但他仍然不甘心，于是，就派人去花剌子模，向特克什索取损失赔偿。

如果是在以前，西辽王朝提出索赔这样的无理要求，特克什肯定会无条件答应。但是，如今，"领教"了西辽王朝的军事实力以后，特克什不再唯西辽王朝之命是从了，严词拒绝了耶律直鲁古的要求。

耶律直鲁古勃然大怒，马上派兵攻打花剌子模，却被花剌子模打了个落花流水，并丢掉了布哈拉城。

不过，鉴于多年来对契丹人的观察和了解，特克什知道契丹人并不是好对付的，所以很快他就跟耶律直鲁古握手言和了，并乖乖地按时按量送去贡赋。

也正是因此，花剌子模再次跟古尔王朝发生战争，并向西辽王朝求救的时候，耶律直鲁古二话没说，就派塔阳古率领一万兵马赶去救援。

古尔王朝苏丹听说以后，连忙带兵逃跑，却被西辽大军围追堵截了。结果，西辽王朝毫无悬念地胜了。

然而，这场战斗却没有给西辽王朝带来实际的好处，反而让它付出了惨痛的代价。最最悲催的是，这场战斗为花剌子模的发展扫清了道路，花剌子模正式开始崛起。

这时候，特克什已经驾鹤西去了，他的儿子摩诃末继承王位。摩诃末一直在默默地注视着西辽王朝的动静，当他发现花剌子模的实力正蒸蒸日上，毫不逊色于西辽王朝的时候，他不再甘心于做西辽王朝的附庸。于是，他果断地停止了给西辽的年贡。

耶律直鲁古当然不同意，马上派宰相马赫穆德巴依前去质问摩诃末，催促他赶紧纳贡。

摩诃末正忙着休整兵马，准备对付钦察汗国，不希望这时跟西辽王朝闹翻，可是他又不想以藩属的身份接待使臣，所以就让老妈图儿罕可敦替他处理这件事情。

图儿罕可敦以尊崇的礼节接待了西辽的使臣，缴纳了所欠的贡赋，并派了几名贵族跟着马赫穆德巴依返回西辽，向耶律直鲁古表达迟纳年贡的歉意，并保证以后绝对会按时按量缴纳。

但很明显，这并不是摩诃末的本意。等他凯旋之后，他马上再次停止了纳贡，并完全无视西辽王朝的存在，开始征服将整个河中地区。

随着疆域的扩大和实力的增强，摩诃末日益骄横起来，他想当整个伊斯兰世界的解放者，成为伊斯兰世界的帝王。然而，他自己还是西辽的藩臣，每年还向西辽进贡钱财，怎么能够解放整个伊斯兰世界呢？他感到十分郁闷。

就在这时，布哈拉爆发了由桑贾尔领导的人民起义，摩诃末顿时眼睛一亮，知道机会来了。

布哈拉是西哈喇汗国的第二大城市，从西哈喇汗国归附西辽以后，基本处于半独立状态了。它的实权掌握在一个世袭的宗教家族手中，人们习惯性地将其称为"布尔罕王朝"，首领被称为"萨德尔·贾罕"。

萨德尔·贾罕不仅占有大片土地，而且掌握着布哈拉城中大部分的商队和手工业作坊，即便如此，他们仍不满足，经常以西辽王朝的名义征收高额赋税。这样日积月累，布哈拉的百姓就忍无可忍了，终于在桑贾尔的带领下起兵造反，剥夺了萨德尔·贾罕家族的财产，把他本人也赶出城去了。

摩诃末了解这些情况以后，觉得这是征服河中地区的大好时机，便带领兵马长驱直入，一举拿下了布哈拉，平定了当地的人民起义。

但摩诃末知道，虽然此时的西辽王朝在耶律直鲁古的统治下，朝廷里闹得乌烟瘴气，军队战斗力也大大降低，但仅凭他一己之力，还不足以跟西辽王朝相抗衡，所以他找到了西哈喇汗国的国王奥斯曼。

奥斯曼早就想摆脱西辽王朝的统治，甚至还冲制了自己的钱币，摆明了就是要跟西辽王朝分道扬镳。看到摩诃末来找自己合作，二话没说，就同意了。

这下耶律直鲁古忽然清醒了，他知道自己不能再这样放任摩诃末下去了，就调遣了三万大军，浩浩汤汤地朝河中地区杀去。

结果，摩诃末与奥斯曼大败，摩诃末只好带着残兵败将悻悻地返回老家。

回到老家以后，摩诃末并没有因此而一蹶不振，而是卧薪尝胆，埋头厉兵秣马，发誓要一血河中战役的耻辱。

两年以后，摩诃末觉得时机成熟了，便私下拉拢了西哈喇汗国，使之成为自己的附庸，又煽动河中地区的穆斯林支持自己，甚至为了鼓动他们的情绪，宣布对西辽王朝发动"圣战"。一切准备就绪以后，摩诃末带领兵马卷土重来，杀进河中地区。

双方在怛罗斯附近进行了激烈的战斗，最后，西辽军队溃败而逃，其主帅塔阳古被摩诃末俘虏。

从此以后，摩诃末威名大震，花剌子模帝国正式脱离西辽王朝，开始独立，并迅速地进入了鼎盛时期！而西辽王朝，随着花剌子模和西哈喇汗国的叛变，其他属国也纷纷叛变，王朝彻底迈向最后的破灭！

你不知道的契丹

奥斯曼跟摩诃末联盟对抗西辽失败以后，奥斯曼终于意识到，西辽王朝虽然外强中干，但百足之虫，死而不僵，仍然不是可以随便反抗的。为了保命，奥斯曼马上派出使者前往西辽，请求耶律直鲁古把公主嫁给自己。结果，耶律直鲁古一口拒绝了奥斯曼的请求。

奥斯曼原本想安安分分地做回西辽的附属国，如今看到耶律直鲁古完全不给自己面子，恼羞成怒，干脆咬咬牙、跺跺脚，一转头重新投靠了花剌子模。之后，又跟随花剌子模起兵造反，脱离了西辽王朝的统治。

引狼入室带来的悲剧——王朝的灭亡

就在西辽王朝渐渐走向衰落的时候，一个人跋山涉水跑来了西辽，投奔耶律直鲁古。这个人就是乃蛮部的王子屈出律。

乃蛮部原来居住在吉利吉斯地区，后来游牧在阿尔泰山一带，耶律大石建立西辽王朝以后，曾一度归附西辽王朝，后来脱离了西辽的统治，归附了金国。

蒙古帝国兴起以后，乃蛮部被成吉思汗打垮，王子屈出律和大量部民死里逃生，一路向西经过别失八里，越过天山，来到库车。他们在库车山里东游西荡，随身携带的粮食很快就吃完了，又找不到救济之所，最后只能作鸟兽散了。

经过一番慎重考虑，屈出律决定投奔西辽王朝。这让耶律直鲁古十分开心，他不但热情接待了屈出律，还把自己的女儿嫁给了他。

屈出律的好日子过了没几天，摩诃末就起兵造反了，接着东方的属国、属部也纷纷起来造反，西辽王朝顿时陷入了内忧外患的境地。

这深深触动了屈出律的神经。他虽然小日子过得很滋润，但时常有种寄人篱下的感觉，再想到自己被成吉思汗打垮的部族，心里异常痛苦，总是忍不住希望有朝一日能够重新聚集力量，成就一番事业。

看到西辽属国的叛变此起彼伏，屈出律意识到自己的机会来了！于是，他向耶律直鲁古提出请求，希望耶律直鲁古允许自己去纠集乃蛮旧部，靠这些人的力量来支援和强大西辽王朝。

耶律直鲁古一听，顿时龙颜大悦，觉得自己果然没有看错人，这个女婿的确很勇敢、很可靠，就接受了屈出律的请求，赏赐他大量财宝，并封他为可汗，让他去自由地招兵买马，扩充军事力量。

屈出律得到财宝以后，马上来到叶密立和海押立一带召集自己的族人，又跟其他部落结成联盟，实力顿时大增。

然而，谁都没有想到的是，实力大增之后的屈出律并没有按照约定，带领兵马回来帮助耶律直鲁古平定叛乱，解除危机，而是率领军队进入西辽直辖领地，大肆烧杀抢掠。

之后，屈出律又给正跟西辽大军打得昏天暗地的摩诃末写了一封信，希望跟他联手夹击西辽王朝，瓜分西辽的土地。摩诃末大喜，俩人一拍即合，当下开始联手攻打西辽。

屈出律带兵打败了西辽军队，烧杀抢掠了乌兹干，顿时飘飘然起来，带领军队马不停蹄地直扑西辽王朝的皇都八剌沙衮。

这下耶律直鲁古真的震怒了，一怒之下，他亲自带领兵马前来迎战屈出律，并成功地打败了屈出律，俘虏了屈出律的大半士兵。

屈出律无奈之下，只能带领残兵败将向北逃去，重新集结兵力，等待时机卷土重来。

皇天不负有心人，没过多久，屈出律就等到了一个大好时机。

他听说，花剌子模和西辽王朝的战争结束以后，西辽军在返回的途中，由于纪律败坏，大肆烧杀抢夺，搞得沿途各地鸡犬不宁，百姓惊慌失措。

当西辽军返回八剌沙衮的时候，城中百姓听说来的军队一路杀戮、抢劫，以为是敌人来了，所以紧闭城门，拒绝大军入城。无论西辽将领如何解释，城中百姓仍然表示坚决不信，最后，西辽军无奈之下，用大象把城门攻毁，这才得以入城。入城以后，西辽军屠杀三天三夜，血流成河，尸体堆积如山。

与此同时，由于长期应付叛乱，再加上挥霍无度，西辽王朝的国库早已经空空如洗了，财政出现了极大的困难。宰相马赫穆德巴依担心耶律直鲁古让自己"捐钱"，就提议把士兵们抢夺回来的财物集中收归国库。将领们听说以后，心里都十分气愤，纷纷带着自己的部下离开了。

这样一来，西辽王朝不仅成了一个财政上的空壳王朝，更成了一个陷入水深火热之中的悲剧王朝。

屈出律了解到这些情况以后，马上觉得自己的机会来了。于是，他带领兵马埋伏在耶律直鲁古外出打猎的必经之路上，趁耶律直鲁古外出打猎的时候袭击了他。

屈出律念在耶律直鲁古曾收留他的份上，同时也是为了稳定自己的统治，并没有杀害他，而是尊他为太上皇，皇后为皇太后，每天早晚都去给他们请安问好。这样过了两年，耶律直鲁古就抑郁而死了，屈出律成了西辽王朝名正言顺的皇帝。

然而，屈出律显然不是一位好皇帝，他不仅昏庸无道，而且胡作非为，搞得民众怨声载道，不满之声越来越严重。

屈出律原本是一位景教徒，迎娶耶律直鲁古的女儿为妻以后，就听从了妻子的话，改信了佛教。屈出律觉得各地的反对势力都是因为信仰不同，于是，为了镇压反对势力，巩固统治，他开始对伊斯兰教实行高压政策。

屈出律在每一户居民家中都安排了一个士兵，让士兵对百姓严加监视，结果这些士兵滥用职权，到处奸淫烧杀，胡作非为。

拿下新疆的和阗以后，屈出律同样下令强迫当地百姓放弃信仰伊斯兰教。但百姓的反抗声非常强烈，无奈之下，屈出律做出了妥协——要求当地百姓要么选择改信基督教或者佛教，要么穿上契丹服装，两者必须选择一种。当地穆斯林不愿意改变宗教信仰，只好被迫穿上契丹服装。

不仅如此，屈出律还强迫百姓中断了穆斯林的礼拜，封闭和捣毁了经文院校。

和阗百姓一开始咬咬牙打算隐忍，所以换上契丹服装，但是看到屈出律丝毫没有罢休的意思，仍然想出各种残暴行径来对待他们，他们终于忍无可忍了，开始了强烈的反抗。

然而，面对西辽王朝残暴的军队，他们的反抗简直微不足道，很快就被镇压了。绝望的和阗百姓只能默默地寄希望于祈祷，日日夜夜地祈祷，希望有朝一日能够脱离西辽的统治。

没过多久，他们的梦想就实现了——成吉思汗派遣大将哲别率领两万兵马，从遥远的东亚赶来攻打西辽王朝了！

当时屈出律正跟阿力麻里的不扎儿汗打得难分难解，听说蒙国帝国打来了，吓得面如土色，也顾不得不扎儿汗了，连忙向西逃跑。

蒙古大军不费吹灰之力就击溃了西辽军队，拿下了西辽皇都八剌沙衮。长期遭受西辽压迫的百姓和西辽官员纷纷起兵响应，一时之间，屈出律如同过街老鼠，人人喊打，被逼无奈之下，他只好向南逃跑，最终在瓦罕走廊东部的达拉兹山谷被杀——西辽帝国宣告灭亡。

从此，契丹帝国彻底退出了历史的舞台，草原历史揭开了一个新的篇章——蒙古帝国时期。

你不知道的契丹

耶律直鲁古在位的时候，喀什噶尔与和阗的统治者、土库曼王穆罕默德·本·玉素甫起兵造反，耶律直鲁古派兵前去镇压，结果活捉了玉素甫。屈出律当上皇帝以后，忽然想起了玉素甫，就把他从大牢里放了出来，表示只要玉素甫肯发誓服从自己，就放他回去，帮他恢复王位。

玉素甫欣喜若狂，马上答应了屈出律的要求，于是，屈出律就派人把他送回喀什噶尔。然而，此时喀什噶尔早已经选出了新的土库曼王，而且还得到了西辽皇帝的承认，听说玉素甫这个旧国王要回来，贵族们都纠结了，害怕他会找自己的麻烦。于是，他们就派人在路上刺杀了玉素甫。这样一来，喀什噶尔、和阗的贵族们就等于正式宣布要跟屈出律为敌了，屈出律勃然大怒，开始隔三差五地派小部队去骚扰喀什噶尔，最后，喀什噶尔与和阗被迫归附屈出律。

附录
契丹历史简表

六世纪末期	古八部时期	契丹人开始与中原王朝接触，并向外扩张，结果被打得四分五裂。直到五十年后，才重新相聚在一起。
六世纪末期~公元730年	大贺氏联盟时期	重新相聚在一起的契丹人进入了部落联盟时期，联盟长都从显贵氏族大贺氏中选出，所以，从这时开始，契丹进入了大贺氏联盟时期。 在这一时期，中原王朝经历了隋朝，进入了唐朝，唐太宗李世民在松漠地区设立松漠都督府，任命契丹首领为都督。
公元730年~906年	遥辇氏联盟时期	可突于杀了大贺氏出身的可汗李邵固，立遥辇氏的屈列为可汗，契丹正式进入遥辇氏联盟时期。
906年~926年	耶律阿保机时期	906年，耶律阿保机以世选制成为契丹族的新可汗。 909年，征服黑车子室韦。 911年，征服奚族。 911年、912年、913年，耶律阿保机的兄弟们相继谋反，皆被平定。 916年，正式称帝，建国。 916~923年，带兵南下。 924年，西征。 925年，灭亡渤海国。 926年，病逝。
927年~947年	耶律德光时期	930年，耶律倍投靠后唐。 936年，石敬瑭割让幽云十六州。 947年，南下称帝。同年病逝。

927年~951年	耶律阮时期	947年，军中即位。同年横渡之约。 951年，被耶律察割杀害。
951年~969年	耶律璟时期	耶律璟在位期间，几乎每年都在忙着镇压叛乱。 直到969年，被属下杀害。
969年~982年	耶律贤时期	耶律贤在位期间，进行了一系列改革，使得契丹帝国内部政治稳定，农牧业兴旺，帝国开始进入中兴时期。不过，由于耶律贤体弱多病，很多政务都由皇后萧绰帮忙处理。
982年~1031年	耶律隆绪时期	这一时期，契丹帝国进入了鼎盛时期。 982年，即位，其母萧绰代为执政。 986年，宋太宗发动雍熙北伐。 1004年，与宋朝签订"澶渊之盟"。 1009年，亲政。 1029年，大延琳之叛。 1031年，病逝于大福河行宫。
1031年~1055年	耶律宗真时期	1031年，即位。生母法天皇后摄政。 1034年，夺回皇权，囚禁生母于庆陵。 1042年，重熙增币。 1044年，征伐西夏。 1055年，病逝。
1055年~1101年	耶律洪基时期	1063年，滦河之乱。 1075年，十香词案。 1077年，皇太子耶律浚被耶律乙辛杀害。 1083年，以谋投奔宋朝罪，将耶律乙辛斩首。 1101年，病逝。
1101年~1125年	耶律延禧时期	1102年，萧海里反叛。 1105年，成安公主和亲西夏。 1112年，"头鱼宴"上阿骨打拒绝表演。 1114年，完颜阿骨打正式反叛。 1121年，误杀萧瑟瑟，耶律余睹反叛投金。 1120年，宋金商定海上之盟。 1122年，耶律淳建立北辽。 1123年，耶律雅里即北辽皇帝位，半年后灭亡。 1125年，耶律延禧被俘虏，契丹帝国灭亡。

1124年~1143年	耶律大石时期	1124年，带领两百勇士出走西域。 1132年，在叶密立城称帝，又按突厥部习俗称菊儿汗。 1134年，定都八剌沙衮，并将其改名为虎思斡耳朵。派萧斡里剌带兵东征，无功而返。 1141年，卡特万战役，摧毁塞尔柱帝国。 1143年，病逝。
1143年~1150年	感天皇后改制时期	1143年，耶律夷列即位，其母萧塔不烟摄政并改制，号称感天皇后。 1150年，将政权交还耶律夷列。
1150年~1163年	耶律夷列亲政时期	1150年，亲政。 1163年，去世。
1163年~1177年	承天皇后改制时期	这一时期，西辽对外用兵，对内生聚，国力达到了鼎盛！ 1163年，耶律夷列的儿子继位，其妹耶律普速完摄政并改制。 1164年，迁徙葛逻禄人。 1172年，扶植特克什当上花剌子模国王。 1177年，因与小叔子萧朴古只沙里偷情杀害丈夫，被公公萧斡里剌射杀。
1177年~1211年	耶律直鲁古时期	1177年，被萧斡里剌立为皇帝。 1198年，派塔阳古西征古尔王朝，战败。 1206年，桑贾尔领导人民起义。 1208年，屈出律投奔西辽。 1210年，摩诃末对西辽宣布进行"圣战"，西辽大败。
1211年~1218年	屈出律时期	1211年，屈出律袭击耶律直鲁古，攫取西辽政权。 1213年，耶律直鲁古死去。 1218年，屈出律被杀，西辽灭亡！